大学生创新能力培养与创业实践研究

张　静◎著

湘潭大学出版社
XIANGTAN UNIVERSITY PRESS

图书在版编目（CIP）数据

大学生创新能力培养与创业实践研究 / 张静著．
湘潭 ： 湘潭大学出版社， 2024． 12． -- ISBN 978-7
-5687-1698-7
Ⅰ． G640；G647.38
中国国家版本馆 CIP 数据核字第 202573405D 号

大学生创新能力培养与创业实践研究

DAXUESHEGN CHUANGXIN NENGLI PEIYANG YU CHUANGYE SHIJIAN YANJIU

张静 著

策划编辑： 丁立松
责任编辑： 丁立松
封面设计： 万典文化
出版发行： 湘潭大学出版社
社　　址： 湖南省湘潭大学工程训练大楼
电　　话： 0731-58298960 0731-58298966（传真）
邮　　编： 411105
网　　址： http://press.xtu.edu.cn/
印　　刷： 长沙创峰印刷有限公司
经　　销： 湖南省新华书店
开　　本： 787 mm×1092 mm 1/16
印　　张： 12
字　　数： 263 千字
版　　次： 2024 年 12 月第 1 版
印　　次： 2024 年 12 月第 1 次印刷
书　　号： ISBN 978-7-5687-1698-7
定　　价： 68.00 元

Foreword 前言

在全球化与信息化的浪潮席卷下，创新能力已成为国家竞争力的重要体现，而创业精神则是推动经济社会持续发展的动力源泉。尤其在当今知识经济时代，创新和创业已逐渐成为社会发展、科技进步与人才培养的关键驱动力。作为培养未来社会栋梁之才的摇篮，高等教育不仅要传授知识、培养技能，还应当着力培养学生的创新意识、创新思维及创业实践能力。大学生作为国家未来的希望与社会发展的核心力量，他们的创新能力和创业潜力不仅决定着个人的成长和成功，也在很大程度上决定着社会的未来。

随着国家对创新创业的高度重视，大学生创新创业教育逐渐成为高等教育改革的重要组成部分。在此背景下，本书应运而生。本书结合当今国内外大学生创新与创业教育的最新研究成果，深入探讨了如何在高等教育中全面提升大学生的创新能力，并为其创业实践提供理论支持与实践指导。通过对大学生创新创业过程中的关键因素进行系统分析，本书为高校教师、教育管理者、创业导师以及广大大学生提供了全面的创新创业教育体系与实用的创业指导策略。

全书共分为七个章节，内容涵盖大学生创新能力的各个方面。第一章从创新能力的内涵、特征及其培养背景入手，系统阐述了创新与创业教育的重要性，并分析了当前大学生创新创业教育面临的挑战和机遇。通过深入分析大学生创新能力的内涵和特征，本章揭示了创新能力在现代社会中的独特价值与意义。第二章则进一步具体化了创新能力的培养策略。包括创新精神、创新思维的培养以及创意方法和创意能力的训练。本章旨在帮助学生理解创新的核心要素，掌握创新思维的基本框架，并通过具体方法促进学生创新思维的形成与提升。第三章重点分析了大学生创业所需的各项基本素质。从创业所需的知识体系，到情商与智商的结合，乃至创业所需的观察力、思考力与实践能力，本章深入探讨了创业者在创业过程中应具备的各类能力。第四章则提出了提高创新与创业能力的具体策略。这一章的核心是如何构建社会支持体系，如何深入挖掘高校教育资源，并通过激励学生的主动性与自觉性来实现创新创业能力的系统提升。第五章关注创业过程中团队合作的重要性。本章介绍了如何有效组建和管理一个高效的创业团队，并详细讲解了如何编写商业计划书、如何参与创业大赛，以及如何将创意转化为可落地的创业项目。第六章着眼于创业实践中的关键问题——商业模式与资金筹集。本章分析了如何选择合适的商业模式、如何进行创业资源的整合，以及如何有效筹措创业所需资金，为大学生创业者提供了深入的分析和实际操作建议。第七章则帮助学生理解如何捕捉和识别创业机会，并针对创业过程中的不确定性进行风险管理。通过本章的学习，学生能够更好地评估创业机会的潜力，识别潜在风险，并在创业过程中做出有效应对。

本书内容全面，涵盖了从创新能力培养到创业实践的方方面面，具有很强的理论性与实践性。通过这些内容，读者不仅可以获得系统的创新思维和创业知识，还能够在实际操作中应用所学，为自己未来的创业之路做好充足的准备。更为重要的是，本书为高等教育体系中的创新创业教育提供了一套具有可操作性的方案，为高校教师和管理者提供了实践经验与教学模式的创新参考。

随着中国经济的转型升级，创新创业教育的深入推进已成为培养未来领军人物和社会栋梁的关键步骤。大学生作为新兴社会力量，他们的创新能力与创业精神，已不仅仅是个人成就的体现，更是国家创新型社会建设的基石。因此，如何全面提升大学生的创新与创业能力，不仅是教育者的责任，也关系到国家未来发展的战略需求。

本书的最终目标，是通过理论与实践的结合，帮助大学生在复杂多变的社会环境中捕捉创业机会、提升创新能力，并为他们提供全方位的创业指导与支持。我们希望通过本书的帮助，能够激发大学生的创新潜能，增强他们的创业意识，并为他们踏上创业之路提供坚实的理论与实践基础。本书在创作过程中参考了许多同行的研究成果，在此一并表示感谢。同时，由于时间关系，本书难免有一些疏漏之处，有请各位读者予以斧正。

作　者

2025 年 5 月

Contents

目 录

第一章 大学生创新能力综述

第一节 创新能力的特征

一、创新的概念和特征

创新就是推陈出新，能够用新的与众不同的方法和途径来解决问题，创造新事物和方法。当今世界是一个创新的时代，创新是一个民族进步的灵魂，是一个国家兴旺发达的不竭动力。

创新的基本特征：①“独创性”和“革新性”是创新的本质内涵。独创和革新是创新在人类实践活动中的具体而根本的体现。没有创造性，当然也难有什么新颖性，也就不是什么创新了，创新能力也就无法体现。②价值性。创新符合社会意义和社会价值。③实践性。创新是一个过程，是在实践基础上实现主体客体化和客体主体化的统一的过程。创造力是人的一种潜在的能力。人的创造潜能可能表现在某一个领域，要求具备该领域或相关领域的知识，令自身在这个领域的“先天”潜能得到开发、启动和激活，这需要主体在创新实践过程中把这种创造潜能开发出来。如果在某一个领域没有这方面的“先天”条件，只要经过创新实践去培养，开发主体的创新思维，也同样能够创造出某个领域内的新成果。④整合性。创新过程是一个包括主体创新因素在内的整合过程，即主体从事创新活动既需要创新个性因素，又需要创新环境因素，而且是这些因素的内外整合过程和结果。⑤联想和叛逆性。从思维的角度来看，它与传统思维要有一定的差别，它通常是通过发散思维和逆向思维的方法，从发散思维和逆向思维的角度去考虑问题而达到目的的。创新是一种有目的的行为，而创新能力则是实施这种目的行为所必须具备的能力，因此又具有联想性和叛逆性。

二、创新能力的概念和特征

（一）创新能力的概念

创新能力是指怀疑、批判和调查的能力；是人们产生新认识、新思想和创造新事物的能力；是指研究者运用知识和理论，在科学、艺术、技术和各种实践活动中，不断提供具有经济价值、社会价值和生态价值的新思想、新理论和新方法的能力，包括发现问题、提出假设、论证假设、分析问题、解决问题，以及在解决问题过程中进一步发现新问题，从而不断推动事物发展变化等；是个体运用已有的基础知识和可以利用的材料，并掌握相关学科的前沿知识，产生某种新颖、独特、有社会价值或个人价值的思想、观点和方法的能力。创新能力是人类区别于动物的本质特征和标志之一，是主体通过有目的的创新行为表现出来的积极的心理取向。

（二）创新能力的结构

人们从事创新活动需要多种能力，而不是一种或几种能力的简单结合就能达到创新预期目标的。要使主体能创造出符合社会需求并能体现出个人价值的新事物，并具有独特性和革新性的产品，就必须使创新能力的构成要素联成一个整体，发挥主体创新综合效应，因此很有必要对创新能力的基本结构做一分析。

1. 创新思维能力是创新能力的核心

创新思维能力是一个由抽象思维与形象思维、发散思维与聚合思维、横向思维与纵向思维、逆向思维与正向思维，以及潜意识思维与显意识思维的有机整合体。通过创新思维主体的内在整合形成具有创新特质的思维，包括 5 种特质：流畅性、敏锐性、变通性、独创性和精密性。创新思维的这 5 种特质相互联系，最终整合成一个创新思维能力的整体。

2. 创新智力化能力是创新能力的基础和手段

创新智力化能力是创新主体的创新知识和创新智力，即创新所需要的一般能力内在整合外化的结果，需要主体调动积极性，在长期的智力积累下厚积薄发。

3. 创新人格化能力是创新能力的动力和方向

创新能力的形成离不开创新主体的人格因素，其包括创新个性特质和创新精神。创新主体人格化能力就是创新主体的创新个性特质和创新精神因素作用于创新活动而形成的能力，包括主体的价值判断选择能力、团结协作能力、适应社会生存能力、应变能力、组织管理能力、忍耐力、冲动力以及公关能力。

4. 创新能力是创新思维能力与创新人格化能力和智力化能力的内在整合体

创新思维能力是创新能力的核心，是发散思维与聚合思维等的内在整合体；创新人格化能力是创新能力的方向和动力，是创新性的价值集中体现；创新智力化的能力是创新能力的基础和手段，创新知识是基础，创新技能是手段。创新能力是创新个性因素和社会因素内在整合的结果。因此，创新能力必然是创新思维能力、创新人格化能力和创新智力化能力三者的内在整合。

（三）创新能力的典型特征

人的创新能力可以分为理论创新能力、方略创新能力、知识创新能力、技术创新能力和制度创新能力五个基本方面。这五方面的创新能力，无论是哪个领域，都具备某些共同特点，这就是创新能力的一般典型特征。

1. 及时性

当社会发展和经济环境改变到某一阶段，则会需要一种与之相适应的新观点、新理论、新产品和新工艺，此时只有这种需求及时地应运而生，才能创造出恰当的社会效益和最大的经济效益。这种情况，谁抢在别人之前做成了这件事，则能收获成功，即我们常说的“一步先，吃遍天”。如果迟缓、懈怠和观望，就会落在别人的后边，让他人捷足先登，创新也就很难成立了。

2. 突破性

突破的意思是打开缺口，突破不一定是创新，但创新一定有突破。之所以把突破性列为人的创新能力的特征，是因为其在人的创新能力中的必要性。创新意味着对旧习惯、旧模式、旧布局以及旧程序的改变和完善，这就是突破。突破即要发现问题和提出问题，即我们需要突破的点，通常是已有的成果中存在的不足与尚未解决的矛盾。提出问题是科学研究的新起点，因为提出问题意味着看到了新的可能。提出问题实质上是对现实的否定性怀疑，这种否定性怀疑产生了创新的动力。人们是在解决一个又一个的矛盾中前进的，在矛盾中寻找突破和实现突破，才能推动事情的发展，使人类文明不断前进。没有突破性，事物就会处于徘徊、停滞以及倒退的状况之中；具备突破性，一打开缺口，便具有了创出“新生”的可能。而要去突破，就需要不断尝试。哲学家波普尔的证伪主义认为科学不能被证实，只可能被证伪，证伪的过程在“问题——猜测——反驳——问题”中实现。证伪就说明要突破已有的，要不断尝试，以找到最有效的方法。人的创新能力在不断突破与尝试中得到锻炼和增强，其结果也是在不断突破与尝试中得到验证。不管是知识的创新，还是技术的创新，都必须在一定的领域、范围或有关结构上，有突破性进展、创造性思维、创新性设计和工艺等。没有突破，就称不上创新。恩格斯称赞马克思在经济学和历史学领域里有“两大发现”：一是剩余价值理论，一是历史唯物论。这是在前人研究的基础上取得的突破性进展。爱因斯坦的相对论是对牛顿宇宙理论体系的一个重大突破，并确立了现代宇宙学。

3. 实践性

实践是人们认识世界和改造世界的活动，它具有客观性和物质性的特点。创新，必须建立在实践的基础上，它是在前人实践的基础上的创新，而创新的设计、构想和知识体系，又必须通过实践来检验，并不断丰富和完善。有的创新是通过科学实验来完成的，而科学实验也是一种实践。创新的实践性还意味着创新不是为了创新而创新，而是为了实践，为了改变世界。如果不在一定的领域或范围内改变世界，创新就没有多大意义了。

4. 综合性

创新是人们综合运用前人的经验、知识和理论体系，进行新的实践，并总结概括出新的经验、新的知识和生产出新的产品。创新性要求人们有分析综合的能力，善于把零碎的、不完整的和不系统的经验、思维以及设计方案等经过综合与整理，成为系统和完整的理论和设计方案。创造文明者不一定全知全能，但在他所从事的专业领域内，他应当熟悉把握相关的知识和技能，综合地运用现代科技成果，以拓宽新的领域，取得新的进展。

5. 普遍性

人的创新能力并非只存在于政治家、科学家、工程师、作家、艺术家和军事家等高智商或优秀的人身上。事实上，只要是一个健康的、在某领域有一定知识和实践经验的人，在他的身上都存在创新能力。这种能力潜伏在人们身上，只是由于客观环境或本人主观能动性的差异，这种潜能没有被释放出来。

6. 能动性

人的创新能力的启动来源于人的主观能动性，故而，人的创新能力的首要特征便是能动性，即主动地利用客观条件并改造客观条件的特性。人的创新能力是一个通过思维与实践相结合，自觉地、有目的地以及有计划地反作用于客观世界的过程。要对客观世界产生反作用力，即在客观世界有所创新和有所作为，就必须发挥人的主观能动性。人的创新能力的能动性依据于对目标的本质认识，也依据于人自身的需要，是对人和对象世界之间的价值关系的认识和把握。创新，不能被动等待或者一味地观望，不去发挥人的能动性，创新就落不到实处。人的创新能力的能动性不仅在于主动地去反作用于客体，而且在于思维的相对独立性。人的创新能力的作用本身就意味着不同于前人，不能单纯模仿，而是要发展独立思考、独立判断以及独立得出结论的能力。思维的独立性并不意味对他人的观点不闻不问，而是不盲从前人的经验与已有的观点。在独立思考问题中，积极地发挥自己的主观能动性，才能另辟蹊径，发现新问题，并找到解决问题的新方法。

7. 联动性

人的创新能力是在人的后天创新实践中锻炼出来的，只有面对实践将创意转化为成果，才是能力的表现。为了达到创新的目标，创新能力需要方法上的支撑与技术上的支持，这是人的创新能力的联动性的一种体现。没有这个技术和方法上的支撑，人的活动就称不上能力，只是一个想法和意念而已。而且，人的创新能力的发挥是在系统之中完成的，而系统内的各要素之间是相互关联的，因此，发挥人的创新能力不仅要求技术和方法上的支持，还要求支撑人的创新能力的技术本身是一个链性结构。由于事物的发展前后关联，相互影响，所以，发挥人的创新能力应该在链性和系统性思维的指导下完成，绝不能走一步看一步。人的创新能力的联动性体现着创新思维的透彻性和创新方法的可行性，同时也体现了技术的有效性。因此，能不能实现联动性对于人的创新能力来说至关重要，具有联动性的创新能力才是切实可行的创新能力。

8. 应需性

人的创新能力是应需而生的，人首先产生了需要，有了创新的冲动和必要，从而才产生了创新能力主观实施的可能和运用方向。当现实不能直接满足人的需要时，人便力求改变现实，以创造更理想的世界，这是人的创新能力发挥的动力来源。而且，应需性证明了人的创新能力的实在性和唯物性，即人的创新能力是根据实践中的需要而来，来自对新问题的解决，创新不是随想臆断，也不是没有意义和章法的行动。因此，应需在此有两种解释：顺应人们的需要和拟应人们的需求。拟应是指提前预见并掌控式地来反应。对于人的创新能力来讲，顺应人们的需要来施展人的创新能力，与拟应人们的需求来发挥人的创新能力是两种不同的方式。它们的区别在于一“含”一“潜”，前者来源于人们现实中迫切需要而尚未实现的目标，并以此发挥人的创新能力；后者关乎引动人们的潜在需求，针对“潜需求”发挥人的创新能力，比起前者，思维更具超前性。满足人们的“含”与“潜”的需求，是人的创新能力得到“显”化的必经之路。

9. 贯通性

创新是建立在一定条件之上的，而不是与现有条件完全脱离。这里的贯通性，是指人的创新能力从思维到实践的贯通过程。首先，人们在思维层面产生创新的“火花”，运用思维的综合能力与分析能力，将创意固定与整合，然后这个创意再从思维层面落到实践层面，从人的“大脑”落实到人的“手”和“脚”，从理论层面贯通到行动层面，这才算是人的创新能力完成了一个完整的过程。其次，人的创新能力在每个层面也都需要贯通性。对于大脑的“运转”来说，如果把大脑比作一台机器的话，那么不具备“贯通性”的大脑，就是生锈的机器，或者是“卡壳”的机器。在行动中，实践行为也是步步相连的，哪怕一个环节出现堵塞，都将妨碍人的创新能力的正常发挥。发展的可持续性和赢远性——既赢在现在也赢在未来，这都离不开创新贯通性的作用。

三、高校大学生创新能力的特点

在本书中，所谓的创新是针对学生而言的，主要是指学生能够以自己独特的方法学习知识和思考问题，并创造出新的理论实践成果。其创新能力指的是在学习过程中领悟、理解和产生，以及教材没有直接提示的、超出教材和讲授范围的、对自身而言的新见解、新思想、新操作和新的解决问题的途径办法，或是发现、发明新颖独特的事物的能力。它涉及一个人的多种能力，如认知能力、观察能力、记忆能力、判断能力、分析能力、想象能力、实验能力、自学能力、吸收知识的能力以及信息能力等，是一名学生综合能力的具体体现。面对知识经济和网络经济带来的各种挑战，今日的大学形象已不再是封闭的“象牙塔”，而是一个多元化的、开放的和展示个性的舞台。在外界环境和自身因素的作用下，大学生的创新能力表现出以下基本特征：第一，主动性。表现为大学生主动地学习、参与各项科研创新活动，充分发挥自身主体的积极作用。第二，实践性。大学生创新能力的培养无论是培养的目的、途径，还是最终结果，都离不开实践。创新本身就是一种创造性的实践，必须坚持以实践作为检验和评价大学生创新能力的唯一标准。第三，协作性。大学生的创新能力不只是跟他们的智力因素有关，个性品质中的协作特征作为非智力因素在很大程度上也影响着他们创新潜能的发挥。第四，发展性。创新能力不是一成不变的，它是一种潜在的综合能力，受多种内外因素的影响。大学生正处于身心不断发展的阶段，其创新能力必然随着个体知识结构和思维方式的进步，以及更多深层次的实践活动而不断提升。

创新能力，有先天性的因素，但主要是后天的培养，是教育培养和社会实践的结果，是人们后天形成和发展起来的一种特殊能力。创新能力的培养包括使学生在学校中具备主动学习的精神、独立获取知识的能力、创造性学习的能力以及创造性意识的形成等，最终目的是使学生走出校门后，成为社会的主动富有创造精神的建设者。

创新能力的特征可以概括为：善于接受新事物，善于萌发新的设想，善于发现问题，善于提出问题，善于在日常生活中提出新的观点和思路，善于提出解决问题的办法，以及善于成功地解决实践中出现的种种问题。在现代社会，创新已成为人的最高需要，是实现人的价值的重要途径。创新是衡量个人主观能动性的尺度，也是体现社会文明程度的标志。文明的现代社会应形成一种良好的社会机制、社会环境和舆论氛围，激励、支持个人的积极性和创造性，以物质文明成果和精神文明成果造福社会，造福人类。

第二节　创新能力培养的背景

一、我国创新思想的主要内容

（一）实施创新驱动发展战略

“创新驱动”就是指企业所具有的创造力和持续创新的原动力，从而形成强大的产业竞争力，驱使和推动经济发展。纵观我国经济社会的发展历程，改革开放时期的生产要素驱动的发展方式奠定了我国科技创新的坚实基础，到如今为创新驱动的转型发展提供了现实的可能。我国要着力从四个方面推进创新驱动发展战略：一是做好科技创新和经济社会发展的紧密结合，如何能发挥市场在创新资源配置中的作用，发挥企业在科技创新中的主体地位，核心是着力构建以企业为主体、市场为导向、产、学、研相结合的技术创新体系，加快建立企业主导产业技术研发的创新体制机制，使企业成为技术创新决策、技术研发投入、科研组织管理和成果推广应用的主体，完善市场导向的创新格局。二是增强自主创新的能力。三是发挥政府管理的重要职能。四是营造良好的政策环境。

实施创新驱动发展战略，就是要推动以科技创新为核心的全面创新，坚持需求导向和产业化方向，坚持企业在创新中的主体地位，发挥市场在资源配置中的决定性作用和社会主义制度优势，增进科技进步对经济增长的贡献度，形成新的增长动力源泉，推动经济持续健康发展。创新改变中国，创新改变世界，我们必须把创新作为引领发展的第一动力，把人才作为支撑发展的第一资源，把创新摆在国家发展全局的核心位置，不断推进理论创新、制度创新、科技创新以及文化创新等各方面创新，让创新贯穿党和国家一切工作，让创新在全社会蔚然成风。

1. 突出科技创新的核心地位

评判一个国家生产力是否先进，除了看经济总量的大小，更要以科技先进水平作为参考依据。例如，美国之所以能保持世界经济领先的位置，不仅仅是经济实力超群，更重要的是科技创新能力保持世界领先，硅谷就是一个最好的例子；以色列虽然是一个小国，但科技水平领先他国，位于世界前列，实力不容小觑；从我国国内来看，引领科技、快速发展的深圳就是其中之一。由此可见，我国要紧跟时代发展的潮流，就必须依靠优越的制度和科技创新，才能实现未来发展跨越和竞争力的提升。

我国经济进入新常态，面临着转型升级，突显出压力不断加大的状态，而创新则犹如火种一般，点燃经济社会的各个领域，引领社会生产方式和生活方式的变革，谁牵住了科技创新这个“牛鼻子”，谁就走好了科技创新这步棋，谁就能占领先机、争拔头筹，激发出内生动力，从而推动经济发展方式从生产要素驱动向创新驱动转变。由此可见，科技创新对于国家健康良性发展具有至关重要的作用。

2. 强调企业创新的主体地位

企业是经济活力的主体，技术创新本质上是一个经济过程，只有以企业为主体，才能坚持市场导向，反映市场需求。企业创新主体地位能否确立，主导作用能否发挥，很大程度上决定了创新驱动战略的成败。

创新驱动企业先行。创新是企业在激烈的市场竞争中的生存之道，是企业获得长期领先优势、在市场竞争中立于不败之地的法宝。21 世纪以来，以企业为主体、市场为导向、产学研相结合的技术创新体系建设取得积极的进展，激励企业创新的政策措施逐步完善，企业研发投入的积极性不断提高，研发能力得到增强，重点产业领域取得一批创新成果，为产业升级和结构调整提供了有力支撑。强化企业创新主体地位和主导作用，形成一批有国际竞争力的创新型领军企业，支持科技型中小企业健康发展。依托企业、高校和科研院所建设一批国家技术创新中心，形成若干具有强大带动力的创新型城市和区域创新中心。

完善企业研发费用加计扣除政策，扩大固定资产加速折旧实施范围，推动设备更新和新技术应用。各类企业瞄准理论创新的前沿，进一步把握新思想、新理论和新突破，一方面企业承担着国家科研重大项目的重任，肩负保障国家安全和振兴中华民族伟大复兴的责任；另一方面面向世界科技竞争，面向市场的需求，企业发挥创新战略的主体作用，由科技创新突出企业核心竞争力，创造高额的创新利润，打通产业、经济以及国家发展的通道，推动经济持续稳定的发展和综合国力的提升。

3. 发挥政府管理的重要职能

新时期我国的创新思想中，强调政府在创新发展中的重要作用。我国政府在创新驱动发展中发挥着主导作用，一方面为创新驱动发展提供了政治保证和资金支撑，可以有效调动国家权力和财税资源，同时还能营造一个政府主导、企业支持和社会各界积极参与的良好环境。另一方面在社会各项事业的组织和协调过程中，提供有力的政策保障和信息支撑，建立平台推动创新主体交流协作，为创新驱动发展提供有力保障。

（二）加快创新人才观建设，创建世界科技强国

1. 在创新实践中发现人才

国家的创新事业需要人才，在坚定不移地走中国特色社会主义道路，实现中华民族伟大复兴的事业中，需要更多的人才。知识就是力量，人才就是未来的希望。要建立良好的选人用人机制，形成广纳贤才、人尽其才的制度体系：完善创新人才的引进机制，广撒海外创新人才网。对人才我们要不拒众流，方为江海。

2. 在创新活动中培育人才

在创新实践中发现人才，培育人才，制订培育模式，建立合理的人才流动机制，统筹好人才强国战略，为实现中国梦迈出坚实的一步。创新人才培育是一个长期的过程，我们要建立长效机制，完善创新人才评价标准和评价方式，对新兴产业和重点领域的人才需求给予大力支持，对新型研发机构的建设、自主选择科研方向、组建科研团队、开展原创性基础研究和面向需求的应用研发的人才给予鼓励和支持。

3. 在创新事业中凝聚人才

优良的环境凝聚人才。人才与环境的关系就像树木与土壤的关系，良好的成长环境对于人才的发展有着积极的促进作用，就像土壤滋养着树木，人才与环境相互影响，人才发展已成为国家创新发展中的关键要素。为科技创新人才创造良好的生活条件，解决生活和工作的问题，提高创新工作效率，在工作中无后顾之忧。全社会要尊重创新人才，保护创新人才与创新成果，建立创新人才权益维护机制。

（三）坚定不移地走中国特色自主创新道路，转变社会发展方式

自主创新道路，其实质是一个国家以怎样的模式（方式）和路径（途径）形成自主

创新能力并能掌控自主知识产权的核心技术和关键技术，在此基础上，形成可持续的核心竞争能力和创造市场商业价值的过程。简言之，国家技术创新的模式（方式）、路径（途径）和创新能力形成过程就是该国的自主创新道路。新中国成立以来，我国在自主创新的道路上，曲折前进，坚持自主创新、重点跨越、支撑发展、引领未来的方针，向创新型国家行列迈进，走出一条中国特色的自主创新道路。

自改革开放以来，科技创新在我国经济社会发展中发挥着巨大的作用，但纵观世界各国，往往越是掌握核心技术的国家，越会成为世界竞争中的领导者，主导世界经济发展格局。新一轮科技革命和产业变革正在孕育兴起，世界新军事革命加速发展。我们要审时度势，抢抓机遇、夺占先机。

二、高校科技创新在国家创新发展中的地位和作用

（一）高校成为国家创新事业发展的主力军

实现创新的关键在于创新人才，纵观全球在创新领域的竞争和不断突破，实际上都是人才的竞争。在我国现阶段，创新人才的主力军和重要后备力量无疑是接受高等教育的大学生。由此可见，高校对于大学生创新能力培养的成功与否，决定了创新人才的产生和质量，从而成为衡量我国创新驱动发展水平的重要因素之一，而作为培养大学生的高校则成为国家创新发展中的主力军。

1. 高校为国家科技事业发展做出重要贡献

大学是培养高层次创新人才的重要基地，是我国基础研究和高技术领域原始创新的主力军。高校特有的功能决定了高校是社会知识创新体系建设中的主力军和国家技术创新体系中的生力军。高校通过创新型人才培养，积极参与重点领域、重大项目、关键技术的基础研究，开展科技创新活动、推进创新研发平台等，在国家和区域创新体系建设中发挥着骨干和引领作用。国家科技创新体系主要由企业研发机构、高等学校（简称高校）、科研院所和科技普及推广中介组织等组成，它具有知识创造、知识传播和知识应用等功能，是支撑国家创新能力建设的根本动力。高校是国家自主创新能力体系的主体之一，肩负着人才培养、科学研究、社会服务和文化传承创新的四大职能，每项职能均要求以科技创新能力为支撑。因此，促进高校科技创新能力不仅是高校自身发展的需要，而且也是国家科技创新体系不断完善的需要。

在从高等教育大国向高等教育强国的历史性跨越背景下，我国创新创业发展处于向纵深推进的阶段，高校充分发挥培养科技创新人才的优势，通过科学培养、重点引进等手段，培养造就了一批具有国际领先水平的学科带头人和具有创新能力和发展潜力的青年学术骨干，充分发挥人才在科技创新中的关键作用。

高校是国家科技创新推进的发源地。高校设置的学科专业中，包含了科学技术各个领域的学科，学科结构呈现多门类和多层次的特点，使各学科相互融合和渗透，有利于产生新的科技创新成果。对于开发和研究新领域的科技创新项目，产、学、研一体推动高新科技产业化，提高自主创新能力具有重要意义；建立高校、政府和企业“三位一体”的模式，形成良性的互动机制，达到三方共赢；通过强化实践教学、联合研发、共建基地，形成校企联合培养的模式，达到高校培养创新人才的目的，全面实施创新驱动发展战略，需要建设高效协同的国家创新体系，充分发挥高等院校的生力军作用，突出人才驱动的核心力量，从而推动国家创新事业的进程，成为国家创新事业发展中的中坚力量。

2. 衡量高校科技创新能力的指标

高校的科技创新能力不仅是衡量一个国家基础研究和原创能力的重要标志，也是衡量高校办学实力、学术水平和竞争能力的重要指标。所谓高校科技创新能力，就是高校在科技创新活动中所表现出来的一种综合能力，是指高校有效利用和优化配置各种科技创新资源（包括人才、机构、设备、场地与经费等有形资源和创新文化、政策机制与组织管理等无形资源），通过知识创新、技术创新、成果转化创新和管理创新等各种科技创新活动，产出高水平科技创新成果（包括论文、著作、专利与奖励等直接成果以及创新人才和成果转化所产生的经济和社会效益等间接成果），并形成具有竞争优势的科技领域与创新特色的综合能力。

高校科技创新能力不是一种单一能力，而是由知识、技术、管理与应用等诸多相互联系的要素构成的有机整体，是由多种能力构成的能力系统，主要包括：一是科技创新基础能力，即高校开展科技创新所拥有的资源优势和基础条件。包括科技创新的人力资源、物质条件和科研基地等，它是产出高水平创新成果的重要前提；二是科技创新投入能力，是指高校能够投入到科技创新活动中的主要创新资源的数量与质量的能力，包括科技人力投入、科技财力投入和科技项目投入等，是产生新知识、新理论、新成果的基础；三是科技创新产出的能力，包括创造和发展新知识、新理论的知识创新能力管理，将新知识、新理论转化为新技术、新方法、新工艺、新流程、新产品和新服务的技术创新能力以及实现科技成果的转移、传播、扩散和渗透，形成现实生产力的科技成果转化能力，具体表现为出成果、出人才和出效益，是衡量高校科技创新水平和创新绩效的重要标志；四是科技创新管理能力，是指高校从战略上、整体上规划、组织、指挥、协调、监督和控制科技创新活动与过程的能力，即要通过战略创新、制度创新、组织创新、机制创新、模式创新和方法与手段创新，建立良性运行机制，营造宽松创新文化氛围，优化配置创新资源，保证创新活动的顺利开展。

高等学校是国家创新体系的重要组成部分，肩负着培养高素质创新人才、发展科学技术和推动高新技术产业化的历史使命。近年来，我国在科研水平与成果数量方面取得了跨越式的发展。充分发挥高校科技创新、学科建设和人才培养等综合优势，加快构建产学研用高度融合的科技创新体系，全面提升高校科技创新和服务社会的能力，全面提升我国的创新能力，为国家和区域创新体系的建设做出应有的贡献。

3. 科技政策对高校创新发展具有重要作用

随着高校对科技创新的日益重视，科技政策对高校科技创新的作用及两者之间的关系也愈显重要。不同制订主体出台政策的侧重点、权威性和紧迫性也不同。

影响高校科技创新的科技政策按其制订主体可分为：①国务院及国家部委：为规范科技创新活动，指导省、地市政府和高校制定的有效的具体政策而出台具有强制性、紧迫性、权威性和指导性的科技法律、法规、条例和规章制度等。②省委及省厅：制订更详尽、具体的科技创新管理和促进的“方法”“计划”和会议决议等可操作性的科技政策。③行业协会、监管部门、社会研究机构或大型项目实施组织管理机构等：其政策主要明确科技创新中行业行为和作用。④地方（区域）、高校：则根据地方经济发展和科技创新现状制订适合本地区或高校自身创新发展，具有较强针对性的科技政策。概括起来，高校科技投入总体包括科技人才政策、资金投入政策和环境建设政策；科技产出的保障政策包括激励机制、税收政策和知识产权政策。

高校创新应适合社会和经济发展的需要，政策对创新的方向、管理及项目执行和技术规范起着重要的引导作用。而且，政策通过推动各种经济发展区、创新示范区和产学研合作项目建设等，通过促进协同创新的政策措施，全面发挥高校在创新上的各种优势，为高校创新创造和谐的协同创新的环境。此外，还可以设立成果转化的专项资金、创办技术对接交易会、成果转化财税扶持政策等方法，为成果转化扫除障碍，提高创新经济价值。因此，有效的科技政策及准确地解读政策是高校科技创新发展的保障。

（二）高校是国家科技成果转化的生力军

衡量一个国家科技创新水平的重要指标之一就是科技成果的转化率，而高校作为科技创新的主体之一，肩负着国家科技创新发展的重任，因此，加快高校科技创新成果转化是国家科技创新的重要战略。

1. 改革促进高校科技成果转化

科技成果转化是高校科技活动的重要内容，高校要引导科研工作和经济社会发展需求更加紧密结合，为支撑经济发展转型升级提供源源不断的有效成果。高校要改革完善科技评价考核机制，促进科技成果转化。高校科技成果的转移转化工作，既要注重以技术交易、作价入股等形式向企业转移转化科技成果；又要加大产、学、研结合的力度，支持科技人员面向企业开展技术开发、技术服务、技术咨询和技术培训；还要创新科研组织方式，组织科技人员面向国家需求和经济社会发展积极承担各类科研计划项目，积极参与国家、区域创新体系建设，为经济社会发展提供技术支撑和政策建议。高校作为人才培养的主阵地，更要引导、激励科研人员教书育人，注重知识扩散和转移，及时将科研成果转化为教育教学、学科专业发展的资源，提高人才培养质量。

2. 科技成果转化促进高校改革发展

近年来，虽然我国在科研水平与成果数量方面有了长足进步，但我国很多科技成果转化率不高，不能较好地服务于经济社会发展。除基础研究外，目前我国一些科研项目在立项阶段就没有充分考虑现实产业的需要，科研项目与市场结合不够紧密，不能有效地面对生产发展的需求，成果落地转化难度较大。高校科技成果转化为高校与教师带来了机遇与挑战。对于高校，科技成果的转化促进区域经济的发展，在与企业沟通合作交流过程中，要与政府和企业建立“三位一体”的产业成果转化模式，灵活调整高校的专业设置和专业的研究方向，不断完善专业内容，让学校与社会“零距离”，进一步加强理论知识与实际的结合。

对于高校科研人员，以往高校教师的科研更多的是倾向于如何发表论文，论文发表在什么期刊上，科研结果是否获奖，而对于老师的评价是拿到了什么样的课题、课题的质量和课题经费的数量，在科技成果转化方面缺少了评价和考核的要求。国家鼓励高校教师在完成本职工作的情况下，到企业兼职同时开展科技成果转化活动，或者离开岗位创业，学校保留 3 年人事关系。高校教师科技成果转化，不仅仅依靠企业的需要被动而行，高校教师也可主动出击创建公司，从而加快科技成果的转化，全方位服务科技成果转化。该政策是国家鼓励高校科技创新成果转化的政策之一。学校要成立技术转移、转化的机构提供专门的服务，通过奖励和股权等方面激励高校科研人员做好科技成果的转化。

（三）提高高校创新能力，适应、把握、引领新常态

转变经济增长方式，引领经济增长新常态要依靠科技创新。创新是第一生产力，科技创新是经济社会发展的第一动力，创新技术已成为提高我国综合国力和经济社会发展的战略手段。当今世界各国，科技创新竞争激烈，在新一轮的科技革命中，高端技术的产业链竞争已成为国际竞争中的方向。科学技术推动着经济社会的发展，成为国际竞争力的优势所在。走中国特色社会主义道路，实现中华民族的伟大复兴，科技创新承担着责任与使命。而创新驱动的源头在高校，因此，高校是适应、把握和引领新常态的有力支撑。在国家转型发展的历史转折点上，高校承担人才第一资源和科技第一生产力的重任，拥有“高端人才供给”和“科学技术创新”的使命，具备创新科技发展的条件和高端人才汇聚的优势，在社会新常态下，兼备实力和能力双重特点。因此，培养、汇聚高科技人才，凝聚科技创新的能量，为我国科技创新提供有力的人才支持和智力支撑，是时代赋予高校的历史重任。高校要抓住国家发展的历史关键时期，适应、把握和引领新常态，成为全面建成小康社会，创建创新型国家的强力支撑。

第三节　创新的来源与创新实践

一、创新的来源

（一）意外事件

意外的事件是世界上很多著名创新发现的来源。但是意外事件也只是其中的一个成因而已。意外事件之所以创造了伟大的创新和发明还得益于那些在意外事件发生过程中所参与的人。我们可以把意外事件看成一个可能孕育宝马的草原或马群，但是最终能否产生好的结果，还需要能识得这些千里马的伯乐。

（二）不协调事件

其实，人类的很多发展和创新，都是因为不协调所激发的。当流程或者需求与现实状况产生巨大的不协调的时候，接触的人类科学家们会努力思考如何去解决。与意外事件不同，以不协调事件为来源的创新主要是一种被动的以事件为中心的创新方式。

（三）流程需求

与不协调事件相似，流程需求作为创新来源往往也是为了解决某些问题。但是关键的不同在于，不协调事件的核心围绕某一事件，而流程需求则主要面对一个需要去完成的任务。换句话说，不协调事件激发人们去创新以解决这些不协调事件，而流程需求则是通过某些预测或者推论提早地发现了问题，并迫使组织创新为发展铺平道路。

（四）市场和产业结构的变化

市场和产业结构发生变化往往会促使创新的出现，反过来针对市场和产业结构的创新，改变现有格局也是一种创新的有效方式。

（五）人口统计数据

人口统计数据不仅仅是人口的总量和规模。人口的总量并不对特定行业的商业需求发生直接作用。人口的组成成分，如年龄结构，哪个年龄段的人占了最大的比重，比人口总量更重要。人口变化还包括受教育的情况、就业的情况、收入的情况。在收入里特别应该重视可支配收入，有一些开支是固定的，比如住房、伙食费、交通费等，是不可节省和挪用的生活成本，而可支配收入就是有多余的钱可以去选择满足自己的兴趣，如旅游、教育等。如果某一个年龄层，可能会是人数最多的、收入最多的或可支配收入最多的，这个年龄层的心态、观念、行为习惯使他们偏好某一方面的消费，那么提供这方面的产品或服务就成为重大的创新机会。

人口变化虽然是不可预测的，但这种变化一旦发生，接下来将会带来什么影响，特别是对产业、对市场需求将会造成什么影响，倒是可以预测和确定的。比如现在出生率下降，能预测将来上小学的人会减少，教育部门就是根据这个来编制规划，设立小学的数目。现在出生的人，6 年后肯定是上小学，12 年后上初中，间隔时间已经定了。未来什么时候，有多少受过教育的劳动力加入就业市场，这都是可以规划的。所以说，人口统计数据是决策者，无论是商人还是政治家，分析和思考问题的第一环境因素，而往往商人和政治家总是非常不重视这个因素。他们老以为人口的变化是个很遥远的话题。利用人口统计数据不仅来自查阅数据，有的时候也来自观察，因为有些变化已经发生了，但无法充分反映在数据上。比如说，现在国内很多大中型城市里有一群外籍或港澳台人士，这部分人无论是集中居住还是分散居住，其生活方式、消费观点都有某种共通性。而这一部分人数虽然不多，却引领了整个白领和中产阶级的消费潮流，其所形成的购买力和市场就变大了。同时，大城市同时有另一个新人群，从内地农村涌入的外来人口，尤其是年轻的外来人口，有一定的知识文化，起初他们的消费能力有限，但是假以时日，他们可能会成为城市主要的消费人群之一。

（六）认知和情绪的改变

对正在发生的变化既要敏感和及时行动，以免错失时机，又要细心观察，避免误判。面对鉴别认知和情绪这种不确定的变化时，他的建议是：创新要从小开始，从具体的一点开始，得到验证之后，再扩大规模。

杯子盛了一半水，有人认为是半满的，有人认为是半空的。同样的事实，看法发生了改变。中国的经济经历了差不多四十多年的高速发展，不可否认，全国人口中获得基本温饱条件的比例大大提高了，农民和农民工的权益，不论是迁移、就业还是经济收入，也得到了更多的重视，有了更多的渠道去满足。但是，比起二三十年前，人们显然对进一步改善有了更高的意愿和期待。

（七）新知识

新知识，特别是科技知识带来的创新正是人们通常所意会和谈论最多的创新，它也最引人注目。

新知识的第一个特点是时间跨度长，因为它要经历一个从知识的发明，到变成应用技术，最后被规模化和市场化的过程，这个过程可能是 25 至 35 年。其第二个特点是通常需要几种不同的知识聚合在一起，才能完成一个创新。如果某项创新所需要的知识不齐备，创新的时机就尚未成熟，需要等待，直至所缺的知识得以补充完善。其第三个特点是市场接受度不肯定。别的创新都是利用已经发生的变化，创新者自己并不制造变化，他要满足的是一个已经存在的需求。唯独知识创新本身就是在引起变化，它必须自行创造出需求，所以它好像赌博，风险很大，没有人可以预见使用者对它是接受还是排斥。从以上可见，新知识是一个耗费时间和资源，难度大、风险高的创新来源。

二、高校大学生创新能力培养实践

（一）高校大学生创新能力培养的特点

青年人是建设创新型国家的中坚力量，分布在不同的组织和团体中，如企业、科研机构和高校等，不同的组织对创新能力的培养方式有所不同。青年中的大多数分布和集聚在高校，接受高等教育的培养。高校具有与企业等组织不同的社会职能，决定了高校对于青年人创新能力的培养具有与众不同的特点。

1. 创新能力培养的范围广

创新能力培养范围的广泛性体现在教学活动的每一个环节，包括教育对象众多、教育内容繁多、教育手段多样等方面。从教育对象上看，创新的主体由精英的少数人逐渐变为普通大众，其中大学生、研究生更是创新活动的重要力量。高校作为向社会提供教育服务的部门，与其他部门、组织不同，它拥有数量庞大的创新主体，接受教育的创新主体范围广，相比其他部门来说，高校拥有更多的教育对象。因此，高校必须积极响应国家政策，加强大学生的创新能力培养，积极将大学生纳入创新主体中来，逐步扩大创新的主体范围。从教育内容上看，高校包含不同学科的多种专业，不同专业对创新能力的要求不同。与其他部门相比，高校对学生创新能力培养的范围更加广泛，必须针对学科属性制定不同的培养计划和教学内容。从教育手段上看，高校对于创新能力培养的手段更加丰富，不同于企业、部门的依靠实践积累经验的方法，高校充分运用学校社团、组织和其他第二课堂活动，进一步扩大创新能力培养的方法和手段。

2. 创新能力培养的专业性强

高等教育在数百年的办学中积累了丰富的经验，以其专业的教学体系、完善的师资力量等使得高校人才培养更具专业性。根据国家的发展和社会的需要，高校着力于培养投身于社会实践的专业人才。与其他组织不同，高校为大学生提供的是系统完善的理论知识、不同学科归属的专业技能、同辈学习的创新氛围，使得高校创新能力的培养更具专业性，培养出社会发展需要的、理论知识扎实的创新人才。

3. 创新能力培养的时效性强

创新能力的发展是在国家和时代背景下不断更新的过程。高校作为大学生教育的主阵地，发挥着为国家和社会发展培养人才的职能和作用。在中国革命、建设、改革的不同时期，创新的要求不同，高校设立的创新能力培养体系也有所不同。

进入到新时代，我国经济开始由高速度发展转向高质量发展，在分析国内外经济形势的基础上，我国深刻认识到自主创新的重要性，建设创新型国家成为新的目标。在政策的引导和经济引领下，高校在人才培养模式和教学结构上做了新的调整，在教学过程中注重学生创新意识的培养，加大对创新教育的投资力度，鼓励学生参加创新实践大赛等。国家发展所需要的创新人才经历了从重工业人才、社会基础建设人才到大数据人才、互联网+人才和高精尖产业人才的转变，因此，高校对于学生创新能力的培养也跟随国家发展而不断变革，体现出较强的时效性。

4. 创新能力培养的任务重

创新能力培养是一种系统全面的过程，高校面对庞大的学生群体，普及化的培养创新能力存在较大的难度。从创新本身特点来看，创新能力本身是最高级别的能力，是一个复杂的活动，其培养内容包括意识、思维、转换力，意志力等，又包括环境教育和方法学习等，这些要素共同构成创新能力培养的完整过程。因此，对于大学生创新能力培养不是一蹴而就的，而是需要培养问题意识、深入开发创新思维、锻炼创新意志，从多层次多角度进行学习和实践，将创新能力从少数学生推及全体大学生难度较大。从培养对象上看，大学生现有的知识水平和综合素质参差不齐，导致创新能力由精英化向普及化的难度较大。随着改革开放的不断发展，我国经济和教育获得跨越式发展，但由于地理、人口、资源配置等因素，各地区教育水平存在差异，这导致高校学生的理论知识和专业技能掌握程度不同，从而普及化的创新能力培养难度较大。

（二）新时代高校大学生创新能力培养的重要意义

1. 有利于提升国家科技水平

中国自古以来的发明创造数不胜数，“四大发明”更是享誉世界。但近代以来，由于教育改革和人才培养的落后，导致中国的科技水平、制造业生产落后于发达国家，甚至一些核心技术只能依赖进口，导致中国制造的关键技术出现“受制于人”的局面。自主创新能力不足导致的技术受限，为中国制造和经济发展带来深远的影响。面对部分关键技术依靠进口，市场份额较少的局面，党中央正确分析国内外形势，坚持实施创新驱动发展战略，加快建设创新型国家战略步伐，坚持加强基础研究、应用基础研究和关键核心技术攻关。新时代大学生作为国家科技创新的重要力量，提升其创新能力能够为创新型国家建设提供源源不断的智慧支持，能够增强国家的自主创新性，并逐步打破发达国家的技术垄断。

2. 有利于实现创新强国

我国进入新发展阶段，国内外发展环境条件产生深刻变化，我们在攻坚克难的阶段面临很多新的机遇与挑战。全球经济环境形势复杂，不确定性和不稳定性增加。随着新一轮科技革命的开始和产业变革深入发展，国家间开展了以经济实力和科技实力为基础的综合国力的竞争。随着科技发展和社会进步，创新在国家实力发展中占据越来越重要的地位，成为综合国力的核心和国家竞争力的关键。国家创新力的竞争归根到底是人才的竞争。新时代要推动高质量的发展，必须贯彻创新发展理念，加快创新型国家建设，才能在激烈的国际竞争中处于更加有利的地位。大学生作为国家的储备人才，他们创新能力的大小，影响我国迈向创新型国家步伐的快慢。增强青年人尤其是大学生的创新能力培养对加快建设创新强国的进程有重要意义。

3. 有利于建设高水平大学

高校作为教育的主阵地，发挥着人才培养和输送的功能。一直以来，高校的教育改革都是国家发展中不可忽视的问题，培养创新型、高素质的人才是高校的责任和发展目标。纵观中国近代以来的发展，高校都是紧跟时代和社会需求，培养社会发展所需要的人才。进入新时代，面对建设创新型国家的战略决策，加快高校教育改革和人才培养方式成为高校发展的重要内容，培养国家所需要的创新型人才，建设一流大学成为高校的重要任务。

（1）创新加快高校人才培养。创新型国家建设的最重要、最核心的问题是创新人才的培养。高校作为人才培养的主阵地，要充分发挥教育作用，而创新人才的培养是一流大学和高水平大学义不容辞的根本任务。对于这一根本任务和目标，高校要创新人才培养模式，加大人才培养力度，将创新能力的提升作为人才储备的主要手段。

创新对高校人才储备的积极作用体现在人才培养内容和人才培养模式上，通过两个方面的改革加大高校创新人才的培养。从人才培养内容来看，纵观中国近代以来高校教育的人才培养都离不开创新。社会发展的不同时期，学校的教学内容不是一成不变的，而是不断根据国家需要、社会发展以及行业需要来充实和创新教育内容。例如，改革开放初期，面对国家大力发展重工业，不断在机械、冶炼等行业发展的需求，当时的高校目标主要是培养有专业技能和专业素养的工业人才，来发挥高校对社会发展的知识支撑作用。随着素质教育的提出，高校在教学过程中更加注重学生综合能力的培养，坚持以人为本的理念，尊重学生个性发展、强调学生问题意识、批判能力、独立思考能力培养和创新思维的培养。其次，创新的发展促进高校在教育内容方面不断改革。高校教学不再局限于理论知识的灌输，而是更多地倡导独立思考和学习，通过实践将创新意识和思维转化为创新能力。在对创新教育逐步重视的环境下，学生理论知识的学习不再局限于课堂而是更多地与实践、操作相结合。通过大力发展社团教育和实践训练，培养学生解决问题的能力，使得高校教育更具有时代性和实用性，高校的发展更加顺应时代发展的潮流。从人才培养模式来看，人才选拔和培养也需要创新。单一的依靠成绩选拔人才的模式已经难以适应社会的需要，在国家推行素质教育和全面发展的号召下，高校在人才选拔机制上也有所创新。高校在选拔人时更加看重个人品德以及综合能力的体现，树立以人为本的教育理念，在评价人才时采用多方面多角度评价，从成绩、社会实践、学校活动等方面进行考核。因此，创新使得高校的人才输送的数量和质量有所提升，更好地发挥了高校的社会服务功能。

（2）创新推动高校履行职能。高校作为国家知识创新体系的主体，为国家和社会发展提供“源动力”。高校有四个基本职能，分别是人才培养、科学研究、社会服务和文化传承创新。高校要依靠创新驱动发展，以国家需要为方向，以一流高校为目标，积极履行高校职能。

在人才培养方面，创新能力的培养为高校履行职能提供动力。高等院校经过长久发展，已经拥有系统完整的知识体系、有专业的教师队伍以及老中青结合的学术团队，但随着国家和社会的不断发展，高校也要不断创新、更新自己的知识体系和人才水平，并为国家的人才需求提供了稳定的输出。在社会服务层面，一方面，高校通过教育创新改革，培养一批有素质有方法的专业教师，完备教师队伍建设，对提升高校的科研能力有促进作用，从而更好地履行社会服务的职能。另一方面，高校对大学生创新能力培养的重视，可以为企业和社会传递创新意识，用创新成果引领社会，有利于营造浓厚的创新氛围。从文化传承来看，创新丰富了高校的文化传承形式。学生通过社团活动、文艺活动，为中华优秀传统文化注入了新的表现形式，向社会，乃至世界展现了中华传统文化的美，一方面促进了优秀文化传承，加强了文化自信；另一方面更好地履行高校文化传承创新的职能。创新驱动是高校履行基本职能的关键一招。

（3）创新促进高校成果转化。高校大学生通过理论学习和实践经历对物质世界有了认识，随后又通过实践不断检验认识。在认识与实践运动中将理论知识、科研想法转化为实物，转化为促进社会生产力发展的产物，这一过程中依靠的就是创新能力的运用。通过创新能力的提升来促进科技成果向现实生产力转化，提升高校科技成果转化率，切实增强高校职能的发挥。

大学生创新能力的培养成为创新成果转化过程中的关键一环。科技成果转化是高校科技活动的重要内容，高校要引导科研工作和经济社会发展需求更加紧密结合，为支撑经济发展转型升级提供源源不断的有效成果。各高校所培育的科研团队在已有专业知识的背景和国家政策的引导下，通过加强创新思维培养，不断进行创新方法的尝试，将创新内容运用到解决实际问题中，最终让科研走进社会，转为促进经济发展的强劲动力，为建设创新型国家提供直接的动力。

4. 有利于加强创新人才的培养

创新能力是人类发展过程中较高层次的能力，它对个人素质和综合能力具有很高的要求。创新能力的培养在高校教育体系是不可缺少的一部分，它对学生个人成长和未来发展方向具有重要的指引作用。

（1）创新推动学生持续发展。高校学生作为社会主义建设的中坚力量，必然要重视学生可持续发展的培养。对于青年人的成长要秉承毕生发展的观念，而创新能力正是个人持续发展的根本动力。

创新能力提升对学生可持续发展的根本动力表现在三个方面。首先，具有创新意识和创新思维能够使学生在日常学习中更有效率地掌握理论知识，并将已学到的知识运用于学习、实践生活中，用丰富的理论知识武装头脑，在学生拥有基本的能力后在真正进入社会大环境时，更加快速适应工作世界。其次，具有创新能力能够使青年人更好地融入社会发展中，并跟随社会的不断进步获得个人长远的发展。个体的成长离不开社会，社会的进步则需要每个个体的参与。因此，个人毕生发展必然要跟随社会发展，要了解社会发展程度，适应社会发展的需求。社会是不断前进发展的，个人必然要拥有一定的创新思维和能力，保持终身学习和成长的理念，让创新成为个体持续发展的推动力。最后，创新能力是青年人毕生发展的推动力。

人的一生都处于不断的探索和发展的道路上，那必然需要一个持久的推动力，那就是创新。青年人要想获得长久的发展和持续的进步，必然要紧跟时代的潮流、国家发展的步伐，做到“活到老学到老”，不断接受、学习新知识、新理论。

（2）创新提升学生综合素质。新时代大学生是社会主义建设的中坚力量，对于社会主义经济建设、优秀文化的传承和中国梦的实现发挥重要的作用，为了更好地承担建设社会主义的目标，必然要加强大学生个人综合素质的培养。大学生的综合素质是指个人的知识水平、道德修养以及各种能力方面的素养，具体表现为学习能力、思考能力、社交能力、解决问题能力、创新能力等多方面。创新能力作为大学生所有能力中最高级的部分，对个人素养和发展方向有重要的作用。当今社会经济竞争就是科技的较量，而归根到底是人才的竞争。在复杂多变的国际竞争中获得有利地位依靠的是创新。随着教育的发展和普及，就业和创业竞争逐渐激烈，如何在激烈的人才竞争中获得优势，加强个人综合能力的培养成为重中之重。

对于大学生综合素质的培养可以分为两部分即学校培养和社会培养。在学校培养中，学校为学生提供基础理论知识的学习，通过对专业知识的了解和吸收产生创新意识和思维。此外学校还提供丰富的实践场地和比赛资源，鼓励学生将创新思维运用于实践。在社会培养中，学生进入社会生产和社会实践活动中，将已有的专业知识与实际工作相结合，并在工作中不断更新、学习，完成个人的发展和成长。学校培养顺利过渡到社会培养的过程，学生的综合素质起到重要的作用，决定学生发展程度的是创新能力。因此，学生综合素质离不开创新能力的培养。新时代的大学生接受高校创新思维和理论知识的培养后，能够掌握合理的知识结构，拥有必要的思维能力和分析问题、解决问题的能力，并通过实践实习加以运用和掌握，从而提升自身的综合素质，增强大学生就业竞争力，提高职业可持续发展能力，为大学生个人持续发展奠定基础。

（三）新时代高校大学生创新能力培养路径

1. 提升高校创新管理水平，为创新能力培养提供方向引领

高校作为大学生创新能力培养的主要场所，必须提高创新教育的管理水平，首先要充分认识大学生创新能力培养的重要性，树立与时俱进的教育观。其次将创新能力培养贯彻在课程、教学等各个教育环境。最后营造尊重创新的校园氛围，与大众创业、万众创新的社会氛围相互作用。

（1）树立与时俱进的教育观。高等学校的发展必须要有教育观念和教育思想的指导。面对国家提出的建设创新型国家的发展战略，高校必须积极响应并及时转变教育理念，以与时俱进的教育观为高校培养创新型人才提供理论指导。创新教育观念的树立包括多个角度，包括以人为本的教育观、创新为核心的教育观、综合学习的教育观等。

首先，高校要树立以人为本的教育观。高等教育的根本任务是人才培养，高校的一切工作要以学生发展为本。高校人才培养方案的制定要考虑学生心理和知识水平的发展情况，在培养过程中考虑学生个性的发展，着力培养爱国爱党、勇于探索、敢于创新的新时代青年。其次，树立创新为核心的教育观。高校要充分认识到创新对于高校人才培养和教育改革的重要作用，将创新放在高等教育发展的核心地位。高校的创新教育既要注重学生创造力、创新思维的培养，还要注重与教学内容的多元结合。因此，树立以创新为核心的教育观，高校必须转变以往精英型的教育观念，要将创新教育推入到每个学生的意识里，思想中，尊重学生的独立性和个性，注重学生个性化培养，在保证专业人才培养规模的前提下，对不同专业不同类型的学生进行创新教育，使得创新内容和形式不断丰富。最后，树立综合学习的教育观。高校对于大学生的培养是多方面多层次的，而大学生创新能力的培养又是个整体工程，因此树立综合学习、综合培养的观念尤为重要。高校对于大学生创新能力的培养主要从两个方面入手。一是相关专业素养的锻炼，大学教育划分为不同的专业，但任何专业都应该具备一定的文化素养和内涵，做到多学科交叉，跨学科交流互补。二是理论与实践相结合。分裂开理论与实践将会导致知识内容固化，要使知识得到更新就必须将专业知识运用于实践中。因此，高校必须合理使用学校各类资源，充分创造校内实践的机会。

（2）选用专业性强的创新教材。教材是教育教学的关键要素、立德树人的基本载体。学习和使用教材是学生掌握理论知识的主要方法，选用新颖、前沿性的教材对高校提升创新管理水平的重要手段，也是创新教学活动和实践活动的重要指导。高校要加强教材的选用流程监督，规范选用机制，使得高质量教材能够有效科普。在教材选用时，既要保证政治方向的正确性，又要考虑专业知识的深度、和学生现有水平的匹配度。选用合适的教材对学生创新能力的培养会有促进作用。要加强对教材的审核，完善教材的更新。教材的更

新具有连贯性和发展性，在教材更新完善时一方面要审核新旧教材的有机衔接，保持课程内容结构相对稳定，另一方面要注意与时俱进性，审核是否纳入专业课的前沿成果和最新的研究成果，使理论教材更具有时代意义和指导意义。

（3）构建师生合作的教学活动。老师与学生最重要的沟通场所是在课堂教学上，其次是课外实践、生活等方面，那么构建师生合作的教学活动将从三个方面展开：第一，转变传统教育模式，建立新型课堂，增加师生间的互动互学。传统的课堂教学主要是以教师讲授为主，师生的互动仅在提问环节，互动较少，这导致学生在课程结束后吸收内容较少。课堂教学是学生掌握知识和培养创新能力的主阵地，要想加强学生的问题意识、质疑精神和创新能力，加强课堂教学的师生互动，就必须要转变授课方式，教师要更加注重课堂讨论，启迪学生思路，老师作为思路的引导者和破冰者，让学生成为课堂的重要参与者，增加学生的课堂参与度。此外，还可以进行翻转课堂，准备简单的课程环节让学生主导，更好地理解和运用知识，增加学生的主动性，加强师生互动。第二，教师引导，导师负责制，组建创新团队。导师的学术水平和学术视野决定了学生提升的高度，导师的研究精神和人格也对学生成长发挥着有形无形的影响，这就是一种学术传承与创新的过程。因此，除了在课堂教学中增加师生互动外，还应该形成以教师或导师为核心的团队学习，由本专业或相关专业学生组成课外实践、科研学习小组，每学习小组或多个学习小组分配指导相应的创新教师，提供实操方法的帮助。一方面增加了师生在课堂外的联系，让学生由被动听变为主动学，能够增加学生的创新激情和主动性，在创新想法产生时及时实践，提升学生整体的创新意识和创新思维；另一方面由不同年级的同学组成团队，由导师提供一对一或一对多的指导，高年级带领低年级进行创新活动，交流的同时进行自我反思；相关专业的同学还可以进行跨专业交流，做到学科融合。第三，开展辅导性讲座，重视学生创新精神教育和创新意志力的培养。教师除了注重第一课堂知识的传授，也应该注重学生心理创新精神的培育和心理健康的辅导，使其拥有更好的心理素质，在面对专业学习上的困难能够坚持不懈寻求解决途径，在遭遇失败时能够保持冷静并理性看待，为创新活动提供精神动力。

（4）举办形式多样的创新实践。实践创新与实践平台是创新活动的载体，创新与实践相互联系，辩证发展的。学生在掌握知识后对实践进行探索产生创新思维，又有实践对创新思维进行检验，从而产生新的认识，完成再次创新。高校作为大学生教学的主要场所，要充分发挥作用，举办具有实际意义的创新实践活动，搭建系统的实践平台。高校的创新实践活动可以从第二课堂活动和校外社会实践入手。

拓展第二课堂，将理论学习与实践相结合。第二课堂是高校人才培养的重要载体，其主要目的是提升学生的实践能力，拓展综合素质。高校要合理利用第二课堂的资源，把握对第二课堂的主导权。首先在社团内容和活动上加大审核，明确实践活动的目标，将提高道德修养、增加志愿活动、加强创新创业培训、增加文化内涵、加强身心健康纳入第二课堂活动的培养目的中。其次加强第二课堂管理。实施学分制、积分制等，加强第二课堂的约束力，有目的地进行第二课堂活动，潜移默化地加强学生的思考能力和执行力，并通过第一课堂和第二课堂的学习加强创新能力的培养。

针对不同学科加强实践实习经验。高校作为学生接受教育的主要场所，不仅提供了专业知识的学习，还承担着学生向社会人士转变的过渡作用。学生在接受了理论知识的学习后，毕业后进入工作世界，其角色从学生转变为工作者、合作者等社会角色，那么高校一定要充分发挥过渡作用，根据专业和学科性质提供实习实践机会。根据学科性质划分可以分为文科、理科和工科等形式。理科和工科的主要实践场所在实验室，相比来说文科实践机会较为缺乏，因此针对不同学科结合实际地开展实践活动尤为重要。加强不同专业的实习实践可以从两个方面进行。首先，加强理工科实验室管理。从实验内容上来看，要加强实验室安全知识管理，定期对实验室操作进行考核，保证学生人身安全及实验室管理。从实验时间来看，延长实验室开放时间，在课后有计划的开放实验室。有需要的学生通过申请能够在课下进入实验室进行操作。从实验考核来看，针对不同学科设置考核机制，可以成立实验小组，进行小组协作和考核，促进学生实验热情。其次，为文科实习创造机会。文科例如教育、新闻、小语种等学科由于专业性质，很多实践活动无法在实验室进行，那么需要学校、学院创造实习机会。学院可以根据学科性质可以和相关中小学、企业等进行合作，为学生提供试讲或实习的机会，一方面可以促进理论知识与实践经验的结合，另一方面让学生进一步了解真实地工作世界，理清个人职业规划。

加大创新比赛的宣传和参加力度，形成以赛促教的实践形式。学科竞赛成为提高大学生实践能力和综合素养的有效手段，通过学科竞赛不断提升大学生的创新能力和创新成果转化力。国家根据不同学科和专业设置了多种类型的竞赛，高校不仅要做到积极参加，还要紧随其后，充分发挥竞赛的积极作用，高校可以从三个方面实施：首先，对多种类型的比赛进行筛选，信息发布。当前各种类型的比赛层出不穷，高校要从竞赛水平、竞赛难度、比赛含金量等各个层面进行筛选，对符合条件的竞赛大力宣传，号召学生参加，激发竞赛热情。其次，高校对学生参加的竞赛提供支持。对于高质量的学科竞赛学生依靠个人能力较难完成，高校要给予充分的支持，包括专业教师的辅导培训、实验场地和实验资金的支持、创新团队的组建以及国家政策的宣讲等各方面，为学生参加高质量竞赛提供保障。最后，高校要积极举办学校特色、地区特色的校级比赛或省级比赛。高校可以以下级学院为单位举办专业特色的比赛，积极营造“人人竞赛，人人进步”的竞赛氛围，充分激发学生的创新意识、问题意识和质疑精神。创新比赛的举办要坚持以学生为中心，将提高学生创新能力作为落脚点，最终形成“以赛促教、以赛促创”的教学新格局。

（5）实行长效激励的考核机制。合理的考核机制是激发学生创新热情的重要手段之一。因此高校要在战略角度上明确创新的重要性，在分析和研究不同学科特点的前提下，对不同专业年级设置不同的考核要求，着重将创新成果纳入学业考核中。首先，针对不同年级设置不同的创新成果比例。针对大一到大四的不同阶段设置比例不同的创新成果考核，在大一、大二阶段设置课程成绩比重较大，选用10%左右的比例给予创新成果的考核。在高年级阶段加大创新和实践成果的占比，并对不同等级的创新成果进行考核，激发学生的创新热情，加强理论知识与创新活动的融合。其次，综合考核，适当激励。创新活动带来的积极作用不仅能够提升自身能力，还能带来一定的物质奖励，通过分析问卷我们发现，超过半数的同学认为增加学分、获得评优资格、增加个人能力、充实实践经验等都可以有效的激励学生参加创新活动。因此高校应该在合理的前提下适当激励，对有突出成绩和特殊成就的学生在就业、升学、推优过程中优先考虑。通过重视创新活动，考核创新成果的方式能够进一步鼓励学生培养创新思维，激励学生参加创新活动，从而逐步提高高校整体创新水平。

(6) 营造潜移默化的创新氛围。环境对人的影响是潜移默化的，积极的教育环境能够促进教学活动的实施。高校作为新时代大学生教育的主阵地，营造良好向上的创新环境和氛围对大学生创新能力培养具有重要意义。营造的创新环境和氛围对大学生创新思维的养成和创新实践的实施具有重要影响。

大学生创新环境包含众多场合和环境，既有教学的课堂环境，又有日常活动的校园环境。因此，优化学生创新环境要从课堂环境、校园环境和创新活动环境三部分入手：

首先，营造双主体参与教学的课堂模式。课堂教学是学生获得知识的主要途径，专业知识的学习、学科前沿的了解都通过课堂进行传输。传统的课堂大多是由老师讲授学生聆听，这种授课方式导致学生接收效率较低，所学的知识有时还未运用到实践活动时就已经遗忘，使得创新活动缺少知识的支撑。面对国家和社会对于创新的重视，高校必须及时改变教学模式，将创新逐步纳入课堂教学，改变课堂环境。

其次，完善校园创新氛围。除了课堂教学融入创新教育外，校园氛围的营造对于创新能力培养也起着重要的作用，高校营造创新氛围主要通过校园文化建设和校内实践活动方面。一是高校应将创新教育融入到校园氛围。校园文化作为影响创新能力培养的外在因素，在创新人才培养中起着基础性、导向性作用。通过在不同学院设置宣传栏，进行相关专业最新创新成果和杰出创新代表人物的宣传，充分宣传创新的重要性。二是加强对社团的管理和干预。大学生创新能力体现在多个方面，包括领导能力，合作能力、沟通能力，都是创新能力培养中不可缺少的部分。学生通过参加社团活动，谋求合作，高校通过加强社团管理，使社团真正发挥“同辈成长”的作用。加强社团建设使得学生在丰富课余时间的同时，注重创新思维的培养。

最后，加强创新活动管理。国家每年会开展各类的创新类比赛，高校作为主要参加者和组织者，是学生获取比赛信息和参加活动的主要渠道，因此，高校应加强对创新活动的管理。高校在对创新活动管理上要加强宣传指导和信息更新，加强创新比赛宣传可以在学校官网上开设专栏，将每年针对不同专业开设的国家级和省市级比赛进行罗列，并将每年比赛结果和作品进行罗列，以供同学及时了解专业前沿和发展前景。此外，学校还应开设创新教育部门，吸纳不同专业优秀教师，以便对学生参赛作品积极指导。通过对课堂环境、校园环境和创新环境的优化，逐步营造出大众创新的良好氛围。

2. 打造创新师资团队，为创新能力培养提供师资保障

高等学校是国家培养高层次创新人才的重要基地，高校教育者作为专业知识和创新教育的主要传播者，其自身工作理念和方法对于创新能力培养影响深远。因此构建专业教师队伍，提升教育者综合素质至关重要。

（1）组建专业的教师队伍。教育者作为高校教育的主体，作为创新能力培养的重要影响因素，其教育水平和综合素质直接影响到教学效果的呈现。高校教师创新能力的提升是高校创新教育的重要保障，因此吸纳和组建专业的创新教师队伍、加强创新师资力量对于高校创新教育和大学生创新能力提升具有重要意义。对于高校来说，专业创新教师队伍建设能够有效提升学科水平，支撑学科发展；能够更好地促进创新成果的产生和转化；能够激励队伍里的教师不断成长，最终形成良好的成长氛围。对于学生来说，教师拥有一定的创新知识能够在日常的学习和生活中对学生创新意识进行启发，能够采用科学、与时俱进的方法激发学生创新热情，对学生的创新实践做出更好地指导。因此，组建具有创新意识的教师团队尤其重要。在高校教师招聘环节，可以适当向国企、优秀企业、行业领先企业倾斜，通过考核模式挑选“双师型”教师，将行业、企业优秀人才纳入高校教师队伍，为高校教学带来更先进、实用的知识，提高学生的实践能力。

（2）完善教师的选拔机制。构建高水平教师团队要从教师的选拔、培养、发展各个层面进行。首先，在创新教师队伍选拔上，要坚持引育并举的原则，通过推荐、选拔等方式挑选不同专业对学科前沿和创新政策了解的老师，同时增加选拔条件，选拔的教师要求不仅拥有过硬和专业知识，还要有创新思维。由选拔的老师组织专业的创新团队，学习和传授系统的创新方法和手段，通过队伍发展加强不同学科间的交流与合作。其次，在教师发展方面。以师资力量整体提升为目标，根据教师个性化和专业化发展需求，安排教师定期进行创新类课程学习，如研讨、培训、学术交流等，提升教师创新水平、教育水平和管理水平等。此外，还要求教师对国家发展、专业创新前沿时时了解，坚持不停学习，将最新的教育科研成果运用到教学中。最后，构建合理的教师吸纳体制，形成“人才蓄水池”。

（3）创新教师的考核机制。构建人才队伍固然重要，但更重要的是留住人才，让教师拥有更广阔的发展空间，优化教师发展环境。因此制定合理的教师评价机制至关重要，做到科学评价，针对不同学科特点设置不同的评价指标，分类分层地对人才进行评价，逐渐形成稳定的教师队伍。

首先，高校要建立综合全面的教师考核机制，打破“唯论文”的考核方式，以综合的眼光建立考核标准。在教师评价机制中纳入师德师风考核、课堂教学质量、学生评价等多方面的考核标准。创新理论教师作为学术型教师，参加的科研活动多以课堂教学和创新活动为主，在考核时应具体问题具体分析，来激发创新教师的教学热情。其次，构建分类评价制度，以发展的眼光建立考核标准。高校是不同学科和专业的集合，那么高校教师也有不同的教学方法。对于不同类型，不同专业的教师业绩应该分类分级评价，杜绝“一刀切”的考核方式。要充分认识到创新的艰巨性，创新成果转化的时间性，在对创新成绩考核时充分考虑到客观条件的影响。通过完善教师考核机制，为教师创新教学水平提升提供保障。

3. 提升学生创新认知，为创新能力培养提供内在动力

大学生的创新能力是一个完整的体系，是由创新意识，创新思维、创新方法和创新转化力为要素的整体，整体又分为三个维度，即思维意识、方法技巧和成果展现。因此，在大学生创新能力的过程中，要筑牢三维根基，充分发挥学生的主观能动性。

（1）加强学生创新思维培养。创新意识和创新思维是“三维根基”中的第一维度，以创新意识为基点，创新思维为核心，从理论上引导学生。加强创新思维的培养主要从以下三个方面入手：

第一，摆正对“创新”的认识，培养创新意识。创新的内涵在不同时期有不同的变化，随着我国改革的不断加深，创新已经成为内涵丰富的时代精神之一，创新的内涵也从狭义的发明新东西、创造新事物，延展到科学上的发现、体育竞技中的突破、某单位、事物形态功能的革新等。高校对于大学生创新意识的培养尤为重要，学校要明确不同专业在创新上的不同表现，紧随国家发展和社会需求不断深入创新内涵，提高学生的创新意识。同时从高校层面加强大学生应对不断发展的新兴技术、复杂多变的网络环境的处理能力、对纷繁复杂的数据信息的筛选能力，培养敏锐的观察力，发现问题和独立思考的能力。在专业知识的学习方面，学生要牢牢掌握本专业基础知识，为创新意识的培养奠定知识基础。

第二，培养创新精神。创新精神包括观察力，意志力，坚持、创新激情等多个方面，它是创新思维转化为创新成果必不可少的部分，创新精神是创新能力培养的情感动力。缺乏创新精神会在创新行为实施过程中缺少坚持力，最终导致成果难以展现，因此，培养学生的创新精神尤为重要。创新精神的培育主要有内在和外在两个方面：创新精神的内在培育主要依靠学生个人，新时代大学生作为独立的人具有主观能动性和自主选择性，因此，在学习生活中，要有意识地增强创新精神，将知识学习与精神培育齐头并进，通过同辈相互辅导、参与课外实践、构建师生沟通桥梁等方式磨炼创新意志，增强实践毅力、加强抗压力等。创新精神的外在培育主要依靠高校。首先高校要树立培育创新型人才的目标，积极落实教育改革，对大学生创新精神进行积极引导。高校是学生获得知识和教育的重要场地，而课堂教学又是最重要的环节之一，因此，高校在课程设置上要融入专业前沿教育，做到专业知识与时俱进，不断更新。在教师素养方面，要求教育者明确创新教育的目标，提升教育的趣味性和可操作性。通过教学手段和教育者起到思想引领的作用。其次高校应提供课外实践帮助大学生树立创新精神。只有树立正确的创新观念和精神，才能更好地学习到创新方法和进行创新活动。教育活动除了课堂学习外，课外实践也是大学教育的重要部分，课外实践包括社团活动、社会实践等形式，高校在课外实践环节要发挥引导作用。

第三，树立创新思维。创新思维是人在对现象分析后产生的一种有意识的思考，它是创新能力培养的核心。树立创新思维对新时代大学生创新能力的培养至关重要。

从学生自身因素来说，树立创新思维首先要有扎实的知识基础，了解知识的前提下可以对本专业发展前景和未来发展空间有更好的见解。其次有独立思考的意识和能力，培养强烈的问题意识，在日常生活和学习中能够跳出“舒适圈”，摆脱思维的固化，有意识地观察和思考问题，多问几个“为什么”“怎么做”，寻求解决问题的不同方式。

通过三个方面加强创新思维的培养，这是受教育者创新能力培养的首要环节。

（2）鼓励学生以创新方法学习。创新方法是创新能力培养的重要环节，是人们将知识、信息、技术等融合总结出的经验性、规律性的方法技巧。学习创新方法必不可少，而创新方法的掌握主要来自专业创新方法的学习和实践的积累。一方面受教育者要不断学习和掌握专业的创新方法，通过参加创新能力培训，了解到常见的创新技法，并通过不断的练习和实践，将方法技巧与自身能力相结合，逐步形成科学分析、筛选有用信息、科学实验等创新基本能力。另一方面受教育者要通过了解方法—实践—掌握方法的过程熟练掌握创新技法，尝试用创造性方法解决实践的问题。例如，在生活和实践中，掌握列举分析型技法，对研究对象进行形态、功能、特性等分析，对其本质全面分析，以便形成独到性的设想和观察角度。

创新方法的学习是一个长期的过程，需要通过不断的积累并配合创新能力的其他要素发挥作用，最终达成创新成果展现的目的。

（3）激励学生参加创新实践活动。学习的目的在于应用，创新思维和创新方法学习的目的在于实践的运用。第二课堂活动是创新实践的重要部分也是创新能力培养的重要手段。第二课堂主要是指课堂教学活动之外的，学生利用课余时间学习知识、锻炼能力、陶冶情操的学习、交流活动，而学生参加第二课堂主要通过社团、班级和个人。培养高校大学生创新能力要灵活运用第二课堂，学生首先要转变意识，认识到参加第二课堂活动不仅是学分获得的一种手段，更是在校期间锻炼综合能力的良好媒介，要充分运用学校创造的第二课堂环境，做到文艺活动和实践活动并行。其次受教育者要学以致用，融会贯通。社团和班级为单位的第二课堂活动能够将专业知识与实践相融合，例如，辩论社、大学生建模社等社团为不同专业的大学生提供了实践的机会，增加生生互助和师生联系，合理的利用社团等第二课堂可以更好地锻炼个人的创新能力。第二课堂活动与主要课堂教学相辅相成，都是受教育者提高自身创新能力的有力手段。

大学生创新能力培养必须同时从思想、理论和实践三个层面一起发力，通过系统学习训练，掌握丰富的专业知识、完善的知识结构，充足的实践经验才能拥有将创新能力转化为社会生产力的能力，才能产生社会效益，从而提升自我价值和社会价值。

4. 促进创新成果转化，为创新能力培养提供持续保障

创新成果是创新能力的物质表现，是高校创新能力培养效果的最终呈现。高校对创新能力的培养的最终目的是转化为能够促进国家发展、高校发展的创新成果。因此制定完善的转化机制、保障经费的支持和探究多方面的培养模式对创新成果转化有重要意义。

（1）完善成果转化的保障机制。在重视人才的背景下，创新成果和知识产权的保护尤为重要。要更好地激发学生创新热情，维护创新成果的权益，必须有一定的保障机制和激励手段。

首先高校指导学生树立创新成果保护意识，采取恰当的保护措施。学校通过开设公共课、讲座等形式，加强著作权法、专利法等相关法律的宣传教育和普及，让学生充分认识到创新成果保护的重要性，提高产权保护意识。其次高校要建立创新成果保护机制。高校应当建立创新成果信息管理部门，对学生和教师创新成果及时登记，进行跟踪归档。最后，完善创新成果考核、激励机制。高校在学生和教师进行考核时要加大知识产权在整个评估指标体系中的比重。在学生升学、评优环节纳入创新成果的比重，在教师的业绩考核、职称评定中纳入知识产权的考核。高校主管部门在对高校教学评估时，也应适当提高创新成果所占的比重。

（2）保障创新经费的持续支持。创新能力的培养需要技术和资金支持，高校要加快创新成果转化，必须要有足够的经费支持。国家层面，为提高高等学校科技队伍的创新能力和竞争实力，进一步推动研究型、创新型大学的建设。教育部在 2004 年《创新团队支持办法》中提到教育部将加大创新团队资助力度，下拨专属科研经费用于创新研究工作，并要求高等学校了解、掌握创新团队的工作状态，协助团队解决科研问题。国家对创新、科研活动的政策、资金支持，促使高校要结合自身特点加大创新经费的保障力度。一方面，高校要积极争取国家政策的支持，争取创新资金的投资。高校要有发展的眼光和前沿思想，及时了解国家发展需要的人才，面对国家和社会的需要培养专业性人才和科研团队。以国家需要和政策支持为导向，争取到创新资金的支持。另一方面，高校要根据自身发展情况，加大对创新成果的支持力度。定期对科研团队的创新进度进行考核审查，对有成效的科研活动加大支持力度和资金保障。及时更新实验室、实践活动的设备，更换老旧、损坏的设备，为创新活动的进行提供资源保障。

（3）进校企合作的培养模式。高校为学生提供了学习知识和锻炼能力的环境，为他们顺利融入社会提供了过渡保证。高校的职能不仅是传授知识，还有培养国家和社会需要的人才。大学生创新能力的培养是一个系统、长期的过程，需要高校、社会和国家共同合作。从高校角度来说，培养国家和社会所需要的实用型人才，提高学生的适应能力，就必须加强校企合作。

一是通过校企合作和校地共建，推进产学研一体化发展。高校通过与企业合作获得企业参加的机会，使学生提前了解工作世界，了解企业发展的关键所在。此外，吸纳优秀学生进入企业实习，实习结束后分享经验所得，让学生提早接触企业，提高学生创新能力。二是高校建立实践基地。高校可以与企业合作在校园内建立创业孵化基地，创新工作室等，针对不同专业学生进行“校企共教”的创新教育。高校还可以在校外与基层组织、社区、地方单位建立实习基地，扎根于基层，培养学生吃苦耐劳的精神和良好的沟通能力。三是打造“双师”型，校企培养模式。在企业中选拔有授课资质的人员、有经验的工程师加入高校教师团队，通过混编或讲座的形式加入高校创新教学，一方面，企业教师可以负责实践教学，增加创新实践活动的次数，提高学生专业的实践水平；另一方面，高校教师负责理论教学，带领学生团队共同解决企业技术难题。发挥学校和企业人才的互补优势，高校为企业输送人才，企业为高校提供资金等保障，将各自的优势结合起来，共同承担国家科研项目研发或重大工程实施。通过高校和企业的合作，使得学生在校期间就对专业发展和人才要求有所了解，一方面能使高校更好地发挥人才输送的职能，另一方面激励学生按照国家和社会所需的人才标准发展，进一步提高创新能力。

（4）制定规范合理的评价机制。创新成果是创新能力的培养的最终体现，是判断创新能力高低的重要影响因素。因此，必须制定规范合理的创新成果评价机制。对于创新成果评价机制的制定要有可量化的标准和评价等级，同时要充分考虑到创新成果转化具有时间久、难度大等特点。

创新成果评价机制的制定，首先要有统一标准，做到评价可量化。评价机制的制定要根据成果类别不同制定不同的验收、考核标准，可分为应用类、技术类等种类，充分考虑不同创新成果类型的特点，制定不同的量化标准，切忌一刀切。其次组建和成立专业的创新成果验收、评价小组，由不同专家从不同角度对创新成果打分，做到评价过程公平公正合理。最后考虑创新成果转化的难度，采取分阶段，注重过程的评价机制。有些创新成果转化需要五年、十年甚至更久的时间，对于这一类创新成果评价，要分阶段进行，将创新成果过程记录情况纳入评价体系中，从而做到综合评价，具体问题具体分析，切忌使用固化标准影响创新成果转化。

第四节　大学生创新创业教育的时代意义

创新创业是缓解就业压力、服务创新型国家建设的重大战略举措。联合国教科文组织甚至将创新创业教育与学术教育、职业教育并驾齐驱，称其为学习的“第三本护照”。创新创业教育是创新教育和创业教育的统一，在理念和内容上又对创新教育和创业教育进行了升华，是促进个体发展、教育教学改革、人类知识积累、社会经济发展的一项伟大事业。

创新创业教育被引入我国是与我国总体的经济发展形势分不开的，尤其是近年来，在经济发展新常态下，经济增长速度放缓，经济发展的驱动力也从投资与要素驱动转向创新驱动。

一、创新创业教育的内涵

创新创业教育是对创新创业的认知、心理、能力等综合素养的培育。从广义上来谈，创新创业教育是在“创新教育”和“创业教育”两个概念基础上衍生出的新概念。创新创业教育是以培养创新创业型人才为目标，高校通过创新教育理念和改革人才培养模式，强化对大学生创新创业意识、思维、精神和能力教育培养的方式和过程，从根本上提高人才培养质量，为国家和社会输出创新创业型人才。

二、创新创业教育的时代意义

（一）创新是“形势所迫”，是应对百年变局的必由之路

当前世界经济正处于第三次和第四次技术革命交汇期，这个阶段创新竞争异常激烈，各个国家普遍都将创新作为国际竞争优势的决定性力量。解决新时代发展不平衡不充分的主要矛盾问题，关键是要深入贯彻新发展理念，着力抓重点、补短板、强弱项，这一切都需要进一步走创新之路。

创新是一个系统工程，包括理论创新、制度创新、科技创新、文化创新等各方面创新。在所有的创新活动中，科技创新和人才在国家发展全局的突出作用，要充分利用改革和开放这两个利器推进国家自主创新。人才是创新的根基，是创新的核心要素。创新驱动实质上是人才驱动。加快形成一支创新型人才队伍，重点要在吸引、培养、用好上下功夫。只有全方位的改革才能焕发制度的活力，推进自主创新的自觉深入，让人才创新创造活力充分迸发。当前，世界正进入以创新要素全球流动为特征的开放创新时代，自主创新也不能闭门造车，只有更深层次的开放才能谋划更高起点的自主创新。

（二）创业是“大势所趋”，是实现高质量发展的战略举措

如果说科技创新解决经济新常态的动力问题，那么创业要解决的是经济发展的主体和活力问题。创业是将科技与资本、设备、人才等生产要素结合起来，它实质上是对科技创新的综合应用和产业化。让市场真正成为配置创新资源的力量，让企业真正成为技术创新的主体。推进以科技创新为基础的创业，推动以制造业创新为主走向制造业与服务业齐头并进，打通科技创新和经济社会发展之间的通道，让一切劳动、知识、技术、管理、资本的活力竞相迸发，释放巨大发展潜能。全社会的创业活动将聚合新的市场主体，激活新的消费潜力，形成新的商业模式，由此，广大中小民营企业将逐步成为市场活力的新的重要源泉，带动中国新一轮高质量发展。

创业的主体是企业家，特别是民营企业家。必须充分肯定我国民营企业在市场经济中的重要地位和作用。资本来源多样化决定了非公有制经济是创业活动的主要力量。推动民营经济发展和激发全社会的创业活动，需要充分保护企业家精神。市场活力来自人，特别是来自企业家，来自企业家精神。激发和保护企业家精神对于增强市场活力、推动经济结构转型升级以及促进经济社会持续健康发展都具有重要意义。

（三）创造是“时代必然”，是凝聚力量实现中国梦的重大选择

如果说创新创业是经济发展的助推力，那么创造则是新时代高质量发展的必然要求。“中国创造”意味着“中国制造”从劳动生产向价值创造、从加工制造向价值链攀升的全面转型，是一场面向国际产业竞争的自觉“品质革命”。伴随中国在全球竞争中主导产业和核心技术的突破式创新，以及企业国际市场占有率的不断提高，“中国创造”正逐步成为全球高质量、高品质的代名词。当越来越多的中国创新企业参与到全球技术标准和贸易规则的制定过程，“中国创造”在全球创新版图的贡献度也将日益凸显。

“中国创造”更是指全体劳动人民伟大的创造精神。创造精神缘起于中华民族艰苦奋斗自强不息的精神传统和文化内蕴，也是中国梦实践中的伟大民族精神的自我升华。“创造”意味着开创、突破和超越的勇气，意味着事业从无到有、革旧鼎新的实践探索。“创造”的主体和依靠力量是最广大的人民群众。新时代倡导创造精神就要努力营造劳动光荣的社会风尚和精益求精的敬业风气；营造“尊重首创精神，保护创造成果”的社会氛围；大力弘扬劳模工匠精神、企业家精神和科学家精神；最大限度激发广大人民群众创新创造的磅礴伟力，最大限度释放全社会创新创业创造的新动能。必须从中华民族伟大精神的高度去认识和把握“创新创业创造”重要论述，以“创造”之精神推动新时代“创造”之伟业，让“创新创业创造”汇聚成新时代经济社会高质量发展的永恒动力。

（四）“创新创业创造”重要论述是有机的思想整体

从科技创新这个逻辑起点到以技术为导向进行各种生产要素组合的创业，再到弘扬伟大民族精神的创造精神，“创新创业创造” 重要论述在行为主体、精神动力和作用机制上构成一个逻辑严谨、逐步提升的思想体系。

在行为主体上，科技创新的主体是广大科技工作者以及全社会所有科技参与者；创业的主体是企业家，特别是民营企业家，他们是创业就业的主要领域、技术创新的重要主体；创造的主体是全体中华儿女，既包含广大的科技教育工作者、大国工匠、民营企业家等知识型、技能型、创新型劳动者，也涵盖千千万万的有创造想法的普通老百姓。这些“创新创业创造” 群体组成了新时代最耀眼的时代新人。

在精神动力上，创新需要大力弘扬爱国、创新、求实、奉献、协同、育人的新时代科学家精神，以科学家的榜样力量引领全社会创新智慧的充分迸发和创造力量的不断涌动；创业需要“激发企业家精神，发挥企业家才能”，冒险、创新、永不满足、服务社会的精神是创业的内在动力；创造既需要激发科技工作者的创新求变精神，也需要激活和保护企业家的创业创造精神，更需要发扬普通民众的劳动和工匠精神。创新侧重思维，创业重在实践，创造强调精神。创新创业是创造的归属和实践，创造是创新创业的灵魂和动力，必须从整体上把握新时代创新创业创造精神的思想实质。

在作用领域上，创新主要聚焦科学技术领域，强调以科技创新为抓手进而推动制度、文化、观念等领域的创新；创业主要聚焦经济发展领域，强调要适应高质量发展不断培育新的市场主体，从而推动经济切实转型增效；创造不仅是指经济领域从传统制造业到高端制造的经济发展模式转变，更是指社会领域新时代所需要的新面貌和新作为，因而适用于绝大多数领域。

创新是推动生产力的最活跃、最原始的动力，生产力的发展必然引发生产关系和上层建筑的变革，最终将推动社会进步。创业是由创新所牵引的，主要作用于经济基础。创造发端于生产力领域中的高附加值创新创业劳动，作用于推动经济增长和社会进步的所有要素的崭新整合。创造也是个体求新求变思维的开端，所有个体的创造精神更是指涉民族精神重塑、社会发展理念更迭等上层建筑，因此它是涵盖各个层面、内涵最为广泛的一种活动。创新驱动发展，创业激活经济，创造提升价值并塑造新的时代精神。

三、我国创新创业教育的政策

自 1999 年清华大学举办首届“挑战杯”中国大学生创业计划大赛，拉开了我国高校开展创新创业教育的序幕以来，创新创业教育在我国已经有 20 余年的历史。在此期间，国家出台了一系列政策文件为我国创新创业教育的发展提供指导。我国创新创业教育的发展历程大致可以划分为三个阶段：萌芽阶段（1999 年—2002 年）、试点阶段（2002 年—2008 年）和全面推进阶段（2009 年至今）。

1998 年 12 月，教育部印发《面向 21 世纪教育振兴行动计划》，提出实施“高校高新技术产业化工程”，要求“加强对教师和学生的创业教育，采取措施鼓励他们自主创办高新技术企业”。

1999 年 6 月，《中共中央国务院关于深化教育改革，全面推进素质教育的决定》出台，提出要实施素质教育，高等教育要重视培养大学生的创新能力、实践能力和创业精神，普遍提高大学生的人文素养和科学素质。

2004 年，《中共中央国务院关于进一步加强和改进大学生思想政治教育的意见》（中发〔2004〕16 号）提出，要“努力解决大学生的实际问题……要帮助大学生树立正确的就业观念，引导毕业生到基层、到西部、到祖国最需要的地方建功立业。要进一步建立健全大学生就业指导机构和就业信息服务系统，提供高效优质的就业创业服务”。

2004 年，劳动和社会保障部办公厅、教育部办公厅印发《关于在部分高等院校开展“创办你的企业”（SYB）培训课程试点的通知》（劳社厅函〔2004〕234 号），首先选择部分有创业培训工作基础、工作积极性较高的高等院校进行 SYB 培训试点，并为首批试点院校培训一批 SYB 教师。

2006 年，《十四部门关于切实做好 2006 年普通高等学校毕业生就业工作的通知》（教学〔2006〕8 号）指出：“切实加大对高校毕业生自主创业和灵活就业的扶持力度”“全面深化高等教育改革，努力提升高校毕业生就业能力。”

2006 年，劳动和社会保障部办公厅《关于进一步做好 2006 年高校毕业生就业有关工作的通知》（劳社厅发〔2006〕17 号）指出，“加强对大学生的创业培训和创业服务”，要求各地要将大学生创业培训工作纳入当地创业培训工作总体规划，组织有积极性的高等学校开展大学生创业培训工作，引入“产生你的企业构思”（GYB）培训，将“创办你的企业”（SYB）培训作为试点院校选修课程，并加快培养一批高校创业培训教师。

2007 年，《劳动和社会保障部关于进一步加强创业培训推进创业促就业工作的通知》（劳社部发〔2007〕30 号）指出，“创业培训是提高劳动者创业能力的重要手段，是推进创业促就业工作的重要内容”，并要求继续推动与国际劳工组织联合实施的“创办和改善你的企业”项目。

2008 年，《国务院办公厅转发人力资源社会保障部等部门关于促进以创业带动就业工作指导意见的通知》（国办发〔2008〕111 号）提出了加大培训力度、提高培训质量、建立孵化基地、健全服务组织、完善服务内容等政策，这是我国第一个较为完整的创业培训政策体系。

2010 年，《国家中长期教育改革和发展规划纲要（2010–2020 年）》，提出“职业教育要面向人人、面向社会，着力培养学生的职业道德、职业技能和就业创业能力”。

2010 年，人力资源和社会保障部、教育部等《关于实施“2010 高校毕业生就业推进行动”大力促进高校毕业生就业的通知》（人社部发〔2010〕25 号）要求，对高校毕业生初创企业，可按照行业特点，合理设置资金、人员等准入条件，并允许注册资金分期到位。完善整合就业税收优惠政策，鼓励高校毕业生自主创业。

2010年，《教育部关于大力推进高等学校创新创业教育和大学生自主创业工作的意见》（教办〔2010〕3号）提出“加强创新创业教育课程体系建设、加强创新创业师资队伍建设、广泛开展创新创业实践活动、建立质量检测跟踪体系、加强理论研究和经验交流”等举措，形成了创新创业教育、创业基地建设、创业政策支持、创业服务“四位一体”的格局。

2012年5月，《教育部财政部关于印发高等学校创新能力提升计划实施方案的通知》（教技〔2012〕7号）提出，“加快高校机制体制改革，转变高校创新方式，集聚和培养一批拔尖创新人才，产出一批重大标志性成果，充分发挥高等教育作为科技第一生产力和人才第一资源重要结合点的独特作用，在国家创新发展中做出更大的贡献”，为高校创新教育的深入开展奠定了坚实基础。

2012年8月，《教育部办公厅关于印发<普通本科学校创业教育教学基本要求（试行）>的通知》（教高厅〔2012〕4号）提出了面向全体、注重引导、分类施教、结合专业、强化实践的教学原则；确定教学内容为“教授创业知识、锻炼创业能力、培养创业精神”。

2015年，《国务院关于进一步做好新形势下就业创业工作的意见》（国发〔2015〕23号），提出“统筹推进高校毕业生等重点群体就业……加强就业创业服务和职业培训……利用各类创业培训资源，开发针对不同创业群体、创业活动不同阶段特点的创业培训项目，把创新创业课程纳入国民教育体系”。

2015年，《国务院办公厅关于深化高等学校创新创业教育改革的实施意见》（国办发〔2015〕36号）系统提出了“完善人才培养质量标准、创新人才培养机制、健全创新创业教育课程体系、改革教学方法和考核方式、强化创新创业实践、改革教学和学籍管理制度、加强教师创新创业教育教学能力建设、改进学生创业指导服务、完善创新创业资金支持和政策保障体系”。

2015年，人力资源社会保障部办公厅《关于进一步推进创业培训工作的指导意见》（人社厅发〔2015〕197号）提出了“明确创业培训对象和内容、建立健全创业培训制度、加强创业培训课程开发、加强创业培训师资队伍建设、规范创业培训机构发展、创新创业培训模式、强化创业服务等具体举措”，这是对2008版的创业培训政策体系的全面完善和提升。

2016年5月，中共中央、国务院印发的《国家创新驱动发展战略纲要》提出“推动创新创业，激发全社会创造活力”，要求“建设和完善创新创业载体，发展创客经济，形成大众创业、万众创新的生动局面”。

2016年，《人力资源社会保障部教育部关于实施高校毕业生就业创业促进计划的通知》（人社部发〔2016〕100号）提出：实施能力提升、创业引领、校园精准服务、就业帮扶、权益保护五大行动。

2017年6月，科技部办公厅印发《国家科技企业孵化器“十三五”发展规划》（国科办高〔2017〕55号）提出“提升孵化质量，带动创业服务精益发展”，要求：“以创业者的需求为导向，强化‘创业导师+创业辅导师’制度和职业化管理服务队伍建设，扩大孵化器与第三方专业服务机构合作，建立专业化、网络化、开放化的服务机制，扩大创业服务供给，提升增值服务水平。”

2017年9月，中共中央办公厅、国务院办公厅印发的《关于深化教育体制机制改革的意见》指出：“完善提高职业教育质量的体制机制。强调要健全德技并修、工学结合的育人机制。坚持以就业为导向，着力培养学生的工匠精神、职业道德、职业技能和就业创业能力。”

2017年，《国务院关于强化实施创新驱动发展战略进一步推进大众创业万众创新深入发展的意见》（国发〔2017〕37号）提出，“大众创业、万众创新深入发展是实施创新驱动发展战略的重要载体”，要贯彻“人才优先、主体联动”的理念，以人才支撑为第一要素，改革人才引进、激励、发展和评价机制，激发人才创造潜能，鼓励科技人员、中高等院校毕业生、留学回国人才、农民工、退役士兵等有梦想、有意愿、有能力的群体更多投身创新创业。

2018年9月，《国务院关于推动创新创业高质量发展打造“双创”升级版的意见》（国发〔2018〕32号）指出：“近年来，大众创业万众创新持续向更大范围、更高层次和更深程度推进，创新创业与经济社会发展深度融合，对推动新旧动能转换和经济结构升级、扩大就业和改善民生、实现机会公平和社会纵向流动发挥了重要作用，为促进经济增长提供了有力支撑。”这是我国迄今为止最为全面的创新创业政策体系。

2019年12月，《国务院关于进一步做好稳就业工作的意见》（国发〔2019〕28号）指出：“坚持把稳就业摆在更加突出位置，强化底线思维，做实就业优先政策，健全有利于更充分更高质量就业的促进机制，坚持创造更多就业岗位和稳定现有就业岗位并重，突出重点、统筹推进、精准施策，全力防范化解规模性失业风险，全力确保就业形势总体稳定。”

2020年7月，《国务院办公厅关于提升大众创业万众创新示范基地带动作用进一步促改革稳就业强动能的实施意见》（国办发〔2020〕26号）指出，“支持高校毕业生、返乡农民工等重点群体创业就业，努力把双创示范基地打造成为创业就业的重要载体、融通创新的引领标杆、精益创业的集聚平台、全球化创业的重要节点、全面创新改革的示范样本，推动我国创新创业高质量发展”。

2021年10月，《国务院办公厅关于进一步支持大学生创新创业的指导意见》（国办发

〔2021〕35号）指出："纵深推进大众创业万众创新是深入实施创新驱动发展战略的重要支撑，大学生是大众创业万众创新的生力军，支持大学生创新创业具有重要意义。""全面贯彻党的教育方针，落实立德树人根本任务，立足新发展阶段、贯彻新发展理念、构建新发展格局，坚持创新引领创业、创业带动就业，支持在校大学生提升创新创业能力，支持高校毕业生创业就业，提升人力资源素质，促进大学生全面发展，实现大学生更加充分更高质量就业。"

第二章 大学生创新能力培养的内涵

第一节 创新精神的培养

精神是与物质相对应的概念，是人在与外部世界的交往过程中产生的各种心理反应。精神生于内而形于外，它可以调节和控制人的行为，从而影响和改变外部世界。因此，我们可将创新精神定义为人在创新活动中反映出来的精神素质，包括意识、思维、情感、意志和个性等。创新精神可以为创新活动提供动力和具有导向作用的非智力性的心理品质，比如不甘守成、勇于开拓新世界、不断探索、不怕风险和失败等，从而影响和决定创新活动的结果。

创业是以创新为核心的活动，创新精神作为创业者必备的心理品质，往往是决定创业成败的关键因素。大量对创业者及企业家的研究发现，当代中国最缺的不是创业能力，而是创新精神。创新精神的缺失会阻碍企业家能力的提升。

一、创新精神的构成要素

创新精神从结构上可以分解为创新意识、创新情意、创新个性、创新品德和创新思维五个要素。

（一）创新意识

创新意识是以创新为荣，推崇、追求创新的观念，反映了创业者对于创新的认知水平和自觉、主动创新的倾向。创新意识可以分为三个层面，一是创业者对创新的意义、性质等有充分的认知；二是创业者在认知基础上产生了对创新的渴望和需求；三是创业者从对创新的意识渴求升华为行动渴求，进而产生创新动机。因此，创新动机表现为强烈的求知欲、好奇心和创造欲，使创业者体现出敢想敢干、不愿墨守成规、不安于现状、勇于质疑等特征。

（二）创新情意

创新情意是指创新的情感意志，反映了创业者想创新、喜欢创新、乐于创新的情感和敢于创新、不怕困难、百折不挠、把创新活动进行到底的意志。创新情意是创业者创新行为产生和维持的保障机制，是在创新活动中不断形成和发展的。现代创造学、心理学的研究表明，情感、意志在创新活动中的作用十分重要。

（三）创新思维

创新思维是指在强烈的创新意识驱使下，创业者通过综合运用各种思维方式，对头脑中的知识、信息进行新的思维加工组合，形成新的思想、新的观点、新的理论的思维过程。简而言之，凡是突破传统思维习惯，以新颖独创的方法解决问题的思维过程，都可以称为创新思维，它是人的创造性得以发挥和创造成果得以形成的决定因素。对于个人来说，其成长经历、所受的教育和所处的环境会影响他的思维，进而影响他的行为，并最终决定他的创新能力和创新素质。因此，每个人的思维特征包括创新思维的水平都不一样。创业者应根据自己的情况有目的地进行思维训练，从而培养创新思维。

（四）创新个性

创新个性在心理学中又称创造性人格，指具有创新活动倾向的各种心理品质的总和。典型的创新个性包括挑战性、自信心、灵活性、敏感性、冒险性和独立性六种特质。具体表现为：不惧权威，敢于向已知和未知提出挑战，敢于发表不同看法，有胆有识，并善于接受新事物和不同意见，不斤斤计较，对周围的人与事有包容性，遇事沉着冷静，处事果断，善于变通，勇往直前，敢于承担风险，敢于干大事，有远大的目标和追求，有坚忍不拔、不达目的不罢休的精神等。创新个性决定了创业者创新的积极性，并影响创新活动的效能和风格。一般来说，具有创新个性的创业者会由于其人格魅力而体现出较强的领导才能，成为优秀的、受欢迎的团队领军人物，会更善于适应和利用环境，并获得外部资源的支持，从而成为创新创业活动的精神核心。因此，要成为创新型人才，不仅要重视创新思维的训练，更要重视创新个性的培养。

（五）创新品德

创新品德是指人从事创新活动所必须具备的道德品质。创新、创造活动与创新品德息息相关，现实的创新需要正确的品德来指导，否则，创新活动及其结果不仅难以产生积极的社会效益和社会价值，还有可能对社会、对人类带来危害甚至灾难。

善良和关怀往往是创新精神的起点。因为创新是否具有意义，关键在于它改变人类生产生活的程度。富有创新性的人对改变旧的不合理的事物负有责任感，对改变现状、推动社会前进有使命感。只有对人类有着深切关怀的人，才能发现人类共同的问题，并激发创新动机。此外，勤奋敬业、团队合作以及诚信精神都是创新精神的美德。这些美德可以让一个人的思想更精准、更有条理，在面对各种诱惑和利益冲突时，坚守原则，做到黑白分明。

创新精神的五个构成要素之间相互依存、相互影响、相互促进并构成一个完整的创新精神概念。创新意识给人提供想创新的内部动机和动力；创新情意使人乐于创新，敢于创新，并在创新遭遇阻碍时不放弃，坚持到底；创新思维使人善于发现创新点，以创新的方式解决问题，勇于创新；创新个性可以增强人格魅力，使人善于创新；创新品德则使人正确创新，使创新合乎人的正确需要。此外，通过对创新精神五个要素的分析可以看出，创新的意识、情意、思维、个性和品德都可以通过后天的努力加以锻炼和培养。因此，创新精神具有可发展性。古今中外有许多遗传天赋优越，从小就表现出创新、创造的优势，但由于后天的教育、社会影响条件不利，他们最终未能得到充分开发和发展，成为成绩一般的人。相反也有许多遗传素质一般，经过后天的努力最终走向成功，取得优异成就的典型例子。因此，当创业者怀疑自己的天赋和能力时，应相信通过接受教育、加强实践和学习等有意识的努力，一样会在创新创业活动中取得成功。

二、创新精神的内涵

由于创新精神表现形式的丰富多样性，我们不仅可以从结构上对其进行分解，还可根据创新者在创新实践过程中的行为倾向来剖析创新精神的内涵。

（一）质疑批判精神

创新是对现存事物的否定与超越，因此，创新首先需要具有质疑、批判精神，这是创新的前提条件。质疑是敢于对一切已知或未知的领域结合自己的独立思考提出质询和怀疑。它要求人们凡事都要问个为什么，绝不盲信盲从。批判指在质疑的基础上，敢于有根据地对现有知识或结论进行批驳与评判，敢于向权威和陈规挑战。质疑批判精神体现了创业者的独立性和自我意识。一个人云亦云、唯书唯上的人，只能是一个平庸之辈。但是，科学的质疑批判精神并不是简单地怀疑一切、否定一切。质疑和批判的目的：一是在于要从熟悉的现象进入未知的领域，从而获得新知，发展真理；二是在于去伪存真，把原来不正确的东西纠正过来。

（二）科学精神

科学精神是一种敢于坚持科学思想的勇气和不断探求真理的意识。创新不是没有现实根据的幻想，不是无视客观规律的为所欲为，而是以科学性为基础的遵循科学规律的活动。科学精神是创新精神的基石。科学精神作为一种实事求是的精神，要求人们在从事各种创造性活动时把认识建立在符合客观实际的基础上，依据事实、实验、实践做出判断；把行为建立在符合客观规律的基础上，不以想象、偏好、愿望来代替现实可能；把实践的效果作为判定认识的真与假以及创新的对与错的标准，而不是由创新者来说明。科学精神讲究求真求实，反对虚假，讲求实效，尊重客观规律，一切从实际出发，把主观能动性与现实可能性统一起来。科学精神不能保证人们的创新不犯错误、事事成功，但可以保证减少错误，提高成功的概率。违背科学精神的创新，只能是导致失败的创新。科学精神是创新精神的内在规定性，这种规定形成了创新精神的客观性约束，成为创新者判断是否创新、创新能否成功的决定性因素。

（三）开拓精神

创新意味着开拓，意味着进入新的领域，走前人没有走过的路，做前人没有做过的事。面对未知或未行的空间，只有开拓才能进入，只有开拓才有可能创新。开拓精神是一种创造精神，开拓的过程就是创造的过程，即创造出新的方法、新的产品、新的事物。开拓精神又是一种探索精神，因为创新从来没有现成的答案或标准的模式，只能在探索中开拓，在试验中前进。开拓精神表明了创新者的不自满心态，即使取得了相当的成就，达到了相当的高度，也总是把目标定在没有攀登过的高峰上，总是要不断打破纪录，挑战极限。开拓精神不仅鼓励创新者不囿于传统束缚，不满足于现有状态，用积极的、开放的、上进的态度看待世界、对待未来，而且还鼓励主体不怕困难，以创新为使命，不计较暂时的得失，敢于放弃既得的成就。

（四）冒险精神

创新面对的是不确定性空间，不确定性是指不知道未来事件发生概率的状态。德鲁克认为创新有着独特的风险与内在的不可预见性，它是变化不定与难以控制的。因此，创新本身就是冒险，创新需要具备冒险精神。冒险精神主要体现在创新过程中追求成功，不怕失败，并在失败的可能中谋求成功，乐于冒险又能理性地对待风险、控制风险，敢于承担失败的代价，并以必要的代价换取利益。因此，创新的冒险精神不是胡来蛮干，而是和科学精神相统一的冒险精神，是富于理性的冒险精神，是以多种“保险”为依托的冒险精神。

（五）商业精神

创新有着明确的价值目标与功利追求，即创造出新的财富、新的效用，以满足人与社会增长的需要。创新的成果需要通过商业活动实现，因此商业精神也是创新的重要内涵。首先，创新不是简单地标新立异，不是刻意地附和时尚，而是一种需要进行经济核算的行为，也就是权衡资源的投入、重组、消耗究竟能产出多大的价值，以此作为创新决策的依据。其次，创新通过商业化不仅可以解决市场问题，甚至为顾客创造新的生活方式，还可以为创新者带来巨额商业利润，因此，还包含了一种用新方法赚钱的精神。以纸巾为例，以前人们随身携带手帕，但同时也带来了不卫生和清洗问题，人类找到一种低成本的方法来解决，就是将手纸切开，然后包装成小袋，随身携带，用过就扔掉。这个需求是每个人都有的，其产品边界清楚，容易界定产权，所以，被创新出来后便改变了人们的生活。因此，商业精神将创新看作是实现商业回报、发展生产力、促进社会进步的手段，而不是为创新而创新，如果忽略创新精神中的商业精神，就很容易造成创新中的形式主义和资源浪费。

第二节　创新思维的培养

一、创新思维的特点

创新思维是与习常思维相对应的一种思维。习常思维是人们针对常规性问题进行的思维，表现为在现有的经验范围内对以往思维活动的思维重复和模仿，它有现成的程序模式。但创新思维与此不同，它超出已有的经验范围，面对的是新的领域，采用新的认识方法，并开创新的认识成果。创新思维通常具有四种特质：一是流畅性，即思维在单位时间内产生创新性观念的速度；二是变通性，指思维在单位时间内产生新观念类型的多少，表明了思维的发散程度；三是独创性，指思维所产生的新观念稀有、新奇的程度，越罕见，越具有独创性；四是精密性，指思维严谨、缜密、系统、全面的程度。创新思维的四个特质互相联系，构成一个整体。

创新思维具有以下特点：

（一）独特性与新颖性

其主要体现在以下两个方面。首先，在面对新问题和新领域时，创新者必须对事物具有浓厚的创新兴趣，善于求异求变，突破思维定式的束缚，带着开放的思想对新领域或新问题进行孜孜不倦的探索，即使是面对旧领域、旧问题，也能表现出一种独立于前人和他人，有别于当下的思维方式，寻求新的解决途径。其次，创新思维的成果也具有独特性和创造性。思维成果指解决问题的思路和方法。如发现了事物运动的新规律，就意味着给人类现有的知识体系增添了新内容；发明了一种新产品，就意味着在人类的商品市场上增加了新品种；提出了一种新方法，就意味着给人类的方法系统中加进了新成员。这些发现、发明和创造，哪怕是微不足道的创新，都意味着对原有的理论、学说的突破，对现存的工艺、设备、产品的超越。

（二）灵活性与发散性

创新思维活动是一种开放的、灵活多变的思维活动，它的发生伴随有“想象”“直觉”“灵感”等非常规性的思维活动，因而具有极大的随机性、灵活性，不能完全用逻辑来推理。古人所谓“眉头一皱，计上心来”，便是创新思维的一种表现。创新思维不局限于某种固定的思维模式、程序和方法，当情况与条件发生变化时，表现为可以灵活地从一个思路转向另一个思路，从一个意境进入另一个意境，多方位地试探解决问题的办法，因而具有多方向发散和立体型特征。这一品质与思维的敏捷性紧密相关，从而决定了不同的人具有不同的做事效率和方式。例如，有的人遇事足智多谋，善于随机应变，而有的人则头脑僵化，惯于墨守成规。

（三）探索性与风险性

创新思维是一种探索未知的活动，没有成功的经验可以借鉴，没有现成的方法可以套用。因此，创造性思维的过程是极其艰苦的探索过程，其结果也不能保证每次都取得成功，有时可能毫无成效，甚至可能得出错误的结论。这就是它本身所具有的风险性。但是，无论它取得什么样的结果，在认识论和方法论范畴内都具有重要的意义。它即使是结果不成功，也向人们提供了以后少走弯路的教训。

（四）联动性与开放性

创新思维要求大脑在空间上和时间上处于一种扩散状态，具有由此及彼的联动性和从已知推断未知、从现实把握未来的开放性。通常创新思维的联动方向有三个：一是看到一种现象，向纵深思考，探究其产生的原因；二是逆向，发现一种现象，则想到它的反面；三是横向，能联想到与其相似或相关的事物。由此表现出由浅入深、由小及大、触类旁通、举一反三的思维路径，从而获得新的认识和发现。开放性主要是指创新思维需要从多角度、全方位、宽领域地考察问题，而不再局限于逻辑的、单一的、线性的思维，即在思维的时空上，扩大比较的参照系，从多项比较中寻求最佳突破口；在判断是非的标准上，不唯书，不唯上，也不唯经验，而是从没有确定的标准中寻求新的标准，创造有生命力的新事物。

（五）综合性与概括性

创新思维的综合性和概括性体现了对已有智慧、知识的杂交和升华，是一个从个别到一般，由局部到全面，由静态到动态的矛盾转化过程，是认识、观念得以突破，从而形成更具普遍意义的新成果的过程。综合性和概括性主要涉及三个主要的能力：一是“智慧杂交能力”，就是善于选取前人智慧宝库的精华，经过巧妙结合，形成新的富有创造性的成果；二是“思维统摄能力”，把获取的大量概念、信息、事实、资料综合在一起，进行科学的概括整理，形成能够准确反映客观真理的概念和系统；三是“辩证分析能力”，即对客观事物经过细微观察之后，进行深入分析，准确把握最能反映其本质属性的个性特点，从中概括出事物发展的规律。

二、影响创新思维的障碍

人的创造性是生来就有的，只是随着年龄的增长，受到抑制而已。一般来说，影响创新思维的最主要的障碍是存在于创新主体头脑中的传统的、固有的观念以及思维中形成的定势和偏见。

（一）传统观念和固定观念

观念是内化于人脑潜意识中的观点和认识。人们在思维过程中，反复运用某种观点、认识去思考、评价问题，久而久之，这些观点和认识被积淀到大脑深层意识之中而达到了无意识状态，这就形成了观念。在人脑思维加工过程中，主体对材料的选择、组织，对问题的评价、解释，很大程度上取决于观念。历史上，每种观念的产生都是以当时的实践水平和历史文化发展为基础的，但随着实践活动的发展和时代的进步，深藏于人们头脑中的观念则不愿随之改变，成为一种思维的惯性。受这种惯性影响，人们会因循守旧、墨守成规，用老眼光、老办法去面对新问题，并反对思维对现存事物的超越，成为阻碍创新思维的重要因素。

固定观念是指人们在特定的领域内形成的观念。某种观念在该领域内是适用的，但超出这个范围，它们就可能变得不再适用了。由于观念在思维中的惯性作用，人们总是习惯于用固有的观念去认识、评价面对的问题，而忽略这个问题是否超出了原来的领域范围。比如，我们可以用经验在一定范围内解决一些常规性问题，但当问题超出了原有领域而进入一个新的领域，那么原来的经验和观念就会排斥新思想，扼杀新观念，阻碍创新。

（二）思维惯性

我们小的时候在寻找物质需求，青年时代在寻找精神思考模式，而当我们真正成熟后，我们却在努力打破自己刚刚花尽心血建立的惯性思维。惯性思维有利于迅速解决问题，我们会寻找自己最有把握的途径解决问题，但是，这些也会成为我们思考的障碍。我们会抛弃听取别人意见的想法，会阻止别人讲解自己的思考，即使听到别人的想法，我们第一时间考虑的是这个方案应该如何反驳。这些都阻碍了我们接触更多解决问题的途径，阻止了我们思考，当然也有效地解决了一些问题。

（三）寻错思维

有些性格细致的人会迅速捕捉到细节问题，这个有时是解决问题的快捷途径，但是如果这个优势与“寻错思维”或“寻错情结”结合，那么，结果可能是捡了芝麻丢了西瓜。比如在课堂上，老师板书中有个错别字，有个同学给这个细小的错误“吸引”了。他的思考是我怎么合适地告诉老师这个字写错了，当然这个不停地纠结和思考的过程，就会让他远离老师的授课内容和根据老师的授课进行的外延性思考。

（四）表述能力

心理问题的处理途径中有个“叙述疗法”：不停地描述自己的真实情况，并用越来越简练的方法讲述，这样做的好处就是通过删除不必要的情感描述，慢慢发现他的问题与他人的类似问题之间的关系。思维也是这样，通过不断地思辨、厘清关系后发现问题，而很多人表述不清，或者表达能力有限，这些都阻碍了他的思维突破。

此外，很多人对创新活动存在一些认识上的偏见，也会产生思维惰性，阻碍思维创新。有人认为只有高 IQ 的人才会创新；有人认为创新应该是年轻人的事；有人认为创新需要学富五车才行，我还是老老实实按部就班吧！此外，不能宽容失败的社会氛围也会造成人们对失败产生偏见，认为那是没面子、丢人的事，而“枪打出头鸟”的观念和害怕因为自己的“异想天开”及“与众不同”引来嘲笑的趋同心理等，也会对创新思维带来制约，使人们习惯于模仿。

三、克服思维障碍的途径

创新是人脑的机能，人人都有创新的禀赋。要把人的创新潜力开发为实际的创新能力，科学的思维方法具有巨大作用。因此，培育创新思维，是一切有志创新者的基本功。没有创新思维，就谈不上创新。人们的创新思维一旦形成，就会成为其自觉进行创新的力量源泉。

突破思维的障碍，方法很简单，但实现很难。一个苹果掉下“不等于”地心重力说的出现，很多人看见苹果掉下来，但愿意说、能说出来的人却不多。这个需要知识的储备和表述能力的实现，更需要思维的创新性和开阔性。

（一）给自己思考的时间和要求

一个希望能在思维上有所锻炼的人，他应该要求自己，看到一个现象就能提出 2 至 3 种想法，甚至是相左的看法；他也应该在每天固定的一个时间，哪怕只有 10 分钟，写下自己每天最有价值的“关于某一事件的看法”的几种思考。

（二）培养自己的联想习惯

客观问题之间总是有联系的，如果我们养成了联想习惯，我们往往可以从多个事物的联想结果中找到一个事物在联想中的“断线”，发现创新的可能。我们在考虑装盛调料品的罐子时都会考虑它的容量、用途、使用方便性、外观设计等，比如“鸡精”的装载物为密封罐子，容量尽量在 50 克到 100 克，因为它容易引起受潮，所以密封性要求较高，同时鸡精一般是煮时使用，不需要放在餐桌上，所以不用太多考虑外壳美观性，它的使用方便性在于有没有配套合适的“小勺子”；举一反三，我们就可以考虑到油壶，这可能会让你发现创新的机会。目前市面已经有不少的创新油壶，它们创新在哪里呢？它们有一个小孔，在壶盖上，为何需要呢？如果你有联想的习惯，就很容易找到答案了。

（三）寻找和珍惜自己对产品的不满

人们在产品使用过程中的牢骚就是产品可以推陈出新的动力和可能性。如乒乓球鞋要适应打球者的快速移位，同时在运动过程中，在小范围内有大量的汗液，地板会比较滑，自然产生的用户要求是鞋要有抓力。如果发现了用户或你自己的不满，就可以有机会开发出系列产品。现在市场上琳琅满目的各类运动鞋的开发都是来自用户对产品的挑剔和不满。

（四）记录创意，实现创意，修改不足

人们都知道鲜花能表达情感，但如何采用更有创意的方式来传递这种感情呢？有家法式鲜花店就选择了用书本来包装花束的创意。用盒子做成书本的样子，打开盒子看到的是鲜花最完美和盛开的样子，这个创意来自人们“授人以书（玫瑰），手有余香”的说法。书和花在人群中都代表着美好和积极的因素。这家花店将花剪裁后，插于“书”中的花泥中，将书和花合二为一，传递了一种更温馨的祝福，并营造出花店与众不同的品位。

第三节　创意方法和创意能力训练

一、创意方法

（一）属性列举法

属性列举法也称特性列举法或分步改变法。此法强调使用者在创造的过程中观察和分析事物或问题的特性或属性，然后针对每项特性提出改良或改变的构想。

属性列举法是将一种产品的特点列举出来，制成表格，然后再把改善这些特点的事项列成表，这一方法特别适用于老产品的升级换代。此法的优点在于能保证对问题的所有方面做全面的分析研究：通过将决策系统划分为若干个子系统（即把决策问题分解为局部小问题），并把它们的特性一一列举出来，再将这些特性加以区分，划分为概念性约束、变化规律等，并研究这些特性是否可以改变，以及改变后对决策产生的影响，最后研究决策问题的解决方法。

属性列举法实施步骤：

先是将物品或事物分为下列三种属性：名词属性（全体、部分、材料、制法）；形容词属性（性质、状态）；动词属性（功能）。

再进行特征变换。

然后提新产品构想：将变换后的新特征与其他特征组合可得到以下新产品。

具体做法是把事物的特性分为名词特性、动词特性和形容词特性三大类，并把各种特性列举出来，从这三个角度进行详细的分析，然后通过联想，看看各个特性能否加以改善，以便寻找新的解决问题的方案。该法实施简单，既适用于个人，也适用于群体。

（二）形态分析法

形态分析法是瑞士天文学家弗里茨·兹维基（Fritz Zwicky）提出的。该方法是一种系统化构思和程式化解题的方法，通过将对象各要素所对应的技术形态进行组合，从中寻求创新性设想。弗里茨·兹维基认为它是一种简单的、规则地考虑问题的方法。准确地界定构成系统的要素、全面地分析各要素的技术形态是运用形态分析法的关键。

二、创意能力的训练

创新技法种类繁多，但不是每一种创新技法都已发展到成熟的阶段。事实上，基本成熟的、常用的创新技法不过几十种。一种创新技法是否成熟，可以用以下几条标准来加以判断：

技法是否有准确的名称？

技法是否有明确的基本原理？

技法是否有可供操作的程序？

技法是否有典型的创新实例说明？

（一）六顶思考帽

所谓六顶思考帽，是指使用六种不同颜色的帽子代表六种不同的思维模式。任何人都有能力使用以下六种基本思维模式：

白色思考帽：白色是中立而客观的。戴上白色思考帽，人们只是关注事实和数据。

黄色思考帽：黄色代表价值与肯定。戴上黄色思考帽，人们从正面考虑问题，表达乐观的、满怀希望的、建设性的观点。

黑色思考帽：戴上黑色思考帽，人们可以运用否定、质疑的看法，合乎逻辑地进行批判，尽情发表负面的意见，找出逻辑上的错误。

红色思考帽：红色是情感的色彩。戴上红色思考帽，人们可以表现自己的情绪，还可以表达自己的直觉、感受、预感等。

绿色思考帽：绿色代表茵茵芳草，象征勃勃生机。绿色思考帽寓意创造力和想象力。它具有创造性思考、头脑风暴、求异思维等功能。

蓝色思考帽：蓝色思考帽负责控制和调节思维过程。它负责控制各种思考帽的使用顺序，它规划和管理整个思考过程，并负责做出结论。

1. 六顶思考帽的价值

六顶思考帽是平行思维工具，是创新思维工具，也是人际沟通的操作框架，更是提高团队智商的有效方法。

六顶思考帽是一个操作简单、经过反复验证的思维工具，它给人以热情、勇气和创造力，让每一次会议，每一次讨论，每一份报告，每一个决策都充满新意和生命力。这个工具能够帮助人们：提出建设性的观点；聆听别人的观点；从不同角度思考同一个问题，从而创造高效能的解决方案；用“平行思维”取代批判式思维和垂直思维；提高团队成员的集思广益能力，为统合综效提供操作工具。

2. 六顶思考帽的应用

对六顶思考帽理解的最大误区就是仅仅把思维分成六种不同的颜色，但其实对六顶思考帽的应用关键在于使用者用何种方式去排列帽子的顺序，也就是组织思考的流程。只有掌握了如何编织思考的流程，才能说是真正掌握了六顶思考帽的应用方法，不然往往会让人们感觉这个工具并不实用。而帽子顺序的编排仅通过读书是难以达到理想效果的。

帽子顺序非常重要，我们可以想象一个人写文章的时候需要事先计划自己的结构提纲，以便自己不会写得混乱，一个程序员在编制大段程序之前也需要先设计整个程序的模块流程，思维同样是这个道理。六顶思考帽不仅定义了思维的不同类型，而且定义了思维的流程结构对思考结果的影响。一般人们认为六顶思考帽是一个团队协同思考的工具，然而事实上六顶思考帽对于个人思考应用同样拥有巨大的价值。

（二）头脑风暴法

在群体决策中，由于群体成员心理相互作用影响，易屈于权威或大多数人的意见，形成所谓的“群体思维”。群体思维削弱了群体的批判精神和创造力，损害了决策的质量。为了保证群体决策的创造性，提高决策质量，管理上发展了一系列改善群体决策的方法，头脑风暴法是较为典型的一个。头脑风暴法又分为直接头脑风暴法（通常简称为头脑风暴法）和质疑头脑风暴法（也称反头脑风暴法）。前者是专家群体决策尽可能激发创造性，产生尽可能多的设想的方法，后者则是对前者提出的设想、方案逐一质疑，分析其现实可行性的方法。

1. 头脑风暴法原则

（1）庭外判决原则。对各种意见、方案的评判必须放到最后阶段，此前不能对别人的意见提出批评和评价。认真对待任何一种设想，而不管其是否适当和可行。

（2）欢迎各抒己见，自由争鸣。创造一种自由的气氛，激发参加者提出各种荒诞的想法。

（3）追求数量。意见越多，产生好意见的可能性越大。

（4）探索取长补短和改进办法。除提出自己的意见外，鼓励参加者对他人已经提出的设想进行补充、改进和综合。

2. 头脑风暴的要求

为了提供一个良好的创造性思维环境，应该确定专家会议的最佳人数和会议进行的时间。经验证明，专家小组规模以 10 至 15 人为宜，会议时间一般以 20 至 60 分钟效果最佳。

专家的人选应进行严格限制，便于参加者把注意力集中于所涉及的问题。具体应按照下述三个原则选取：

如果参加者相互认识，要从同一职位（职称或级别）的人员中选取。领导人员不应参加，否则可能对参加者造成某种压力。

如果参加者互不认识，可从不同职位（职称或级别）的人员中选取。这时不应宣布参加人员职称，不论成员的职称或级别的高低，都应同等对待。

参加者的专业应力求与所论及的决策问题相一致，这并不是专家组成员的必要条件。但是，专家中最好包括一些学识渊博，对所论及问题有较深理解的其他领域的专家。

头脑风暴法专家小组应由下列人员组成：方法论学者——专家会议的主持者；设想产生者专业领域的专家；分析者专业领域的高级专家；演绎者具有较高逻辑思维能力的专家。

头脑风暴法的所有参加者都应具备较高的联想思维能力。在进行“头脑风暴”（即思维共振）时，其应尽可能提供一个有助于把注意力高度集中于所讨论问题的环境。有时某个人提出的设想，可能正是其他准备发言的人已经思考过的设想。其中一些最有价值的设想，往往是在已提出设想的基础之上，经过“思维共振”的“头脑风暴”，迅速发展起来的设想，以及对两个或多个设想的综合设想。因此，头脑风暴法产生的结果，应当认为是专家成员集体创造的成果，是专家组这个宏观智能结构互相感染的总体效应。

头脑风暴法的主持工作，最好是由对决策问题的背景比较了解并熟悉头脑风暴法的程序和方法的人担任。主持者的发言应能激起参加者的思维“灵感”，促使参加者感到急需回答会议提出的问题。通常在“头脑风暴”开始时，主持者需要采取询问的做法，因为主持者很少有可能在会议开始 5 至 10 分钟内创造一个自由交换意见的气氛，并激起参加者踊跃发言。主持者的主动活动也只局限于会议开始之时，一旦参加者的积极性被调用起来以后，新的设想就会源源不断地涌现出来。这时，主持者只需根据“头脑风暴”的原则进行适当引导即可。应当指出，发言量越大，意见越多种多样，所论问题越广越深，出现有价值设想的概率就越大。

3. 头脑风暴的记录处理

会议提出的设想应由专人简要记载下来或录在磁带上，以便由分析组对会议产生的设想进行系统化处理，供下一（质疑）阶段使用。系统化处理程序如下：对所有提出的设想编制名称一览表；用通用术语说明每一设想的要点；找出重复的和互为补充的设想，并在此基础上形成综合设想；提出对设想进行评价的准则；分组编制设想一览表。

（三）综摄法

综摄法是一种运用类比进行创新的方法，也称类比思考法、类比创新法，其主要思想是“变陌生为熟悉，变熟悉为陌生”，采用会议的方式进行。

1. 综摄法的特点

两大思考原则：

一是异质同化。简单来说，其就是运用熟悉的方法和已有的知识进行分析、比较，提出新设想，即把看不习惯的陌生事物当成早已习惯的熟悉事物。

二是同质异化。其指从新的角度或运用新方法“处理”一些早已习惯的熟悉事物，从而提出新的设想，即把熟悉的事物当成陌生的事物看待。

四种类比的技巧：

一是拟人类比：进行创造活动时，人们常常将创造的对象拟人化。在机械设计中，采用拟人化的设计，可以从人体某一部分的动作中得到启发，常常会收到意想不到的效果。现在，这种拟人类比方法还被广泛应用在科学管理中。

二是直接类比：从自然界或者已有的成果中找寻与创造对象相类似的东西。例如，设计一种水上汽艇的控制系统，人们可以将它同汽车相类比。汽车上的操纵机构和车灯、喇叭、制动机构等都可经过适当改革，这样比凭空想象设计一种东西更容易获得成功。再如，运用仿生学设计飞机、潜艇等，也是一种直接类比的方法。

三是象征类比：所谓象征，是一种用具体事物来表示某种抽象概念或思想感情的表现手法。在创造性活动中，人们可以赋予创造对象一定的象征性，使它们具有独特的风格，这叫象征类比。象征类比在建筑设计中应用较多。例如，设计纪念碑、纪念馆，需要赋予它们宏伟、庄严、典雅的象征格调。相反，设计咖啡馆、茶楼、音乐厅就需要赋予它们以艺术、优雅的象征格调。

四是想象类比：人类的想象力是无穷的，可以通过童话、小说、谚语等来激发人类的灵感，从中获得处理问题的方案。在科技迅猛发展的时代，人们利用幻想解决问题已成为现实。众所周知，著名科幻小说之父贝尔纳具有非凡的想象力，是个幻想类比法的大师。比如，100 多年前还没有收音机，其小说中的人物却看上了电视。

2. 综摄法的实施过程

第一阶段：提出问题，分析问题。创新就是不断提出问题并解决问题，广告的主题就是提出的问题。这个问题可以是外界提出来的，也可以是创意小组自己提出来的。分析问题，就是对问题进行简短的分析，先由专家对问题进行解释和简要的分析，这个过程是将陌生的东西熟悉化（异质同化）。

第二阶段：模糊主题，类比设想。主持人引导小组成员讨论，将与问题本质相似的同质问题在会议上提出，而把原本的问题隐匿起来。将具体问题包含在广义的问题中提出，营造一种可以使构思自发产生的条件，以引起广泛的设想，从而激发创造力，然后使广义的问题逐步清晰和具体化，最终完成创意。

第三阶段：自由联想，无限延展。这一过程是综摄法的关键所在。因为目标十分抽象，与会者可以对问题的讨论进行延展。当某些见解对于揭示广告主题有利时，主持人及时加以归纳、予以引导。这一阶段的目的是在于使熟悉者产生陌生感。如对上段抽象词汇“引力”与“张力”展开类比联想：弹簧的伸缩，拉紧的橡皮，牵引放飞的风筝；编织中的毛衣，字符结构的离散；线团的束缚，伤口的愈合。上述的类似联想还可以有更多，其目的是让思维的链条松弛。

第四阶段：架构互传，牵强配对。这一阶段有两种做法。戈登的做法是把类比联想的事物与主题牵强地进行配对，在这种情况下，通常会激发创意。而另一种做法是把两种元素牵强地联系在一起，同时展开幻想并与主题联系起来。不管采用哪一种做法，小组成员均需要围绕主题和类比元素展开讨论和研究，直到找出表现主题的创意为止。这一阶段由分而合的目的在于使陌生者熟悉。针对联想与主题进行连接：拉紧的橡皮筋可比喻为我们与家、与亲人的关系——“拉得越开，弹得越疼”。牵引放飞的风筝可叙述为“放线——父母让你闯世界；归根——你让父母享天伦”。“线团的束缚”延展为电话线缠绕双腿，诉诸“不要让电话线绊住你回家的脚步”。其中许多类比现象均可发展为广告创新的立足点。

第五阶段：实用配对，制订方案。在此阶段，要结合解决问题的目标，对上一阶段类比联想所得的启示进行艺术、技术、经济方面等可行性研究，将创意构思转化为问题的解决方案，并将方案图形化，拟订具体的广告方案。

（四）逆向思维法

悖逆平常的思考方法，从相反方向思考问题的方法，也叫作反向思维。因为世界上许多事物之间，甲能产生乙，乙也能产生甲。

逆向思维法有三大类型：

1. 反转型逆向思维法

这种方法是指从已知事物的相反方向进行思考，产生发明构思的途径，常常从事物的功能、结构、因果关系等三个方面做反向思维。比如，市场上出售的无烟煎鱼锅就是把原有煎鱼锅的热源由锅的下面安装到锅的上面。这是利用逆向思维对结构进行反转型思考的产物。

2. 转换型逆向思维法

这是指在研究问题时，由于解决这一问题的手段受阻，而转换成另一种手段，或转换思考角度，以使问题顺利解决的思维方法。历史上被传为佳话的司马光砸缸救落水儿童的故事，实质上就是一个用转换型逆向思维法的例子。由于司马光不能通过爬进缸中救人的手段解决问题，因而他就转换为另一手段，破缸救人，进而顺利地解决了问题。

3. 缺点逆用思维法

这是一种利用事物的缺点，将缺点变为可利用的东西，化被动为主动，化不利为有利的思维发明方法。这种方法并不以克服事物的缺点为目的，相反，它是将缺点化弊为利，找到解决方法。例如，金属腐蚀是一种坏事，但人们利用金属腐蚀原理进行金属粉末的生产，或进行电镀等其他用途，无疑是缺点逆用思维法的一种应用。

（五）信息交合法

信息交合法，又称为“要素标的发明法”，或称为“信息反应场法”。它是一种在信息交合中进行创新的思维技巧，即把物体的总体信息分解成若干个要素，然后把这种物体与人类各种实践活动相关的用途进行要素分解，把两种信息要素用坐标法连成信息标于X轴与Y轴，两轴垂直相交，构成“信息反应场”，每个轴上各点的信息可以依次与另一轴上的信息交合，从而产生新的信息。

1. 信息交合法的公理包括以下两点：

（1）不同信息的交合可产生新信息。

（2）不同联系的交合可产生新联系。

其定理则包括以下两个：

定理1：心理世界的构象即人脑中勾勒的映象，由信息和联系组成。

定理1表明：

不同信息、相同联系所产生的构象。比如，轮子与喇叭是两个不同信息，但交合在一起组成了汽车，汽车可行走，喇叭则可发出声音表示“警告”。

相同信息不同联系产生的构象。比如，同样是“灯”，可吊、可挂、可随身携带（手电筒），也可做成无影灯。

不同信息不同联系产生的构象。比如，独轮自行车本来与盒、碗、勺没有必然联系，但杂技演员将它们交合在一起，构成了杂技节目这一物象。

定理2：新信息、新联系在相互作用中产生。

定理2则表明：没有相互作用就不能产生新信息、新联系，所以“相互作用”（即一定条件）是中介。当然，只要有了这种一定条件，任何信息均可进行联系。比如，手杖与枪是风马牛不相及的不同信息，但是在战争范畴（条件）内，则可以交合为“手杖式枪支”。

两个定理告诉我们，世界是相互联系的，而信息则是联系的印记。在联系的相互作用中，不断地产生着新信息、新联系。任何事物均有一定的条件限制。信息交合法也不是万能的，它只不过是一种具有实用价值的思维技巧。它不可能取代所有人类的思维技巧，更不可能取代人类的任何思维活动。

2. 信息交合法的三原则

信息交合法作为一种科学实用的思考与发明方法，这种方法不是随心所欲、瞎拼乱凑，而是要遵循一定的原则。

（1）整体分解原则。先把对象及其相关条件整体加以分解，按序列得出要素。

（2）信息交合原则。各轴的每个要素逐一与另一轴的各个标的相交合。

（3）结晶筛选原则。通过对方案的筛选，找出更好的方案。如果研究的是新产品开发问题，那么，在筛选时应注意新产品的实用性、经济性、易生产性、市场可接受性等。

信息交合法是一种运用信息概念和灵活的手法进行多渠道、多层次的推测、想象和创新的创造性发明技法。我们可运用此法进行创造发明，把某些看来似乎是孤立、零散的信息，通过相似、接近、因果、对比等联想手段搭起微妙的桥，使之曲径通幽，将信息交合成一项新的概括。它有着自己独特的特点，不但能使人们的思维更富有发散性，应用范围也十分广泛，而且这种方法能够有助于人们在发明创造活动中，不断地强化理性的、逻辑的思维能力的培养。同时，在创造性思维、创造教育中，作为培养、培训方法，其更具有系统性和实用性。

第三章　大学生创业活动的必备素质

第一节　大学生创业的知识与学习

一、大学生创业知识与学习能力基础

创业知识是推动大学生创业成功及其所创企业发展的基础力量。创业知识的积累需要持续不断地进行学习，学习是个人成功的要素，也是创业者走向成功的有效途径。大学生需要掌握学习的方法，并具备学习和再学习的能力。

（一）大学生创业的知识基础

大学生创业需要以创业知识为基础。创业知识是指创业者在创业前后经学习和实践取得的有关创业的知识。创业知识具有多向性，夯实大学生创业的知识基础，既需要掌握获取知识的能力，还需要具有驾驭知识、应用知识的能力。

1. 创业知识的基础性

知识有助于消除人们认知上的不确定性，可以引导创业者以创业知识为基础，提高自身的创业能力。创业知识的基础性表现在两个方面：其一，知识是一种力量，在知识与力量之间存在着密切的动力学关系；其二，知识是能力的基础，创业知识是提高大学生创业能力的有效途径。在我国，以华为为代表的高科技产业的崛起，印证了知识，尤其是新知识在推动创新创业发展中的巨大作用。新的知识方程式是“知识=能力”，所以共享知识并使它倍增，这已成为今天创业发展不争的事实。

2. 创业知识的多向性

大学生创业以创业知识为基础，创业者知识的多寡和优劣对创业成功率的影响是现实而具体的。创业者拥有的创业知识具有多向性，创业知识是否扎实、知识存量是否雄厚，与创业者的专业深度、知识广度、学识高度、时间维度密切相关。专业深度涉及创业者对专业的深度认识和延伸，在专业领域进行创业活动，失败的风险相对较低；知识广度是指创业知识所涉及的学科非常广泛，信息流量较大，不仅包含所从事创业领域内的行业知识，还涉及经营、管理、社会、文化、心理等多学科领域交融的综合性知识；学识高度要求创业者必须站在哲学的高度，跳出思维局限去看待创业，这样才有助于改善创业者的心

智模式，以战略眼光对创业做出整体思考；时间维度要求创业者在特定的时间轴内完成创业。从学业到创业的经历以及所形成的经验知识，是创业知识体系的组成部分，是促进创业的宝贵财富。

3. 创业知识的应用性

对创业知识的认识，学术界有两种提法：一种是通常的知识，注重的是知识的获取和存量；另一种是知识的知识，强调的是知识的转化和应用。比较而言，如果说通过学习获取知识重要，那么驾驭和应用知识就更为重要。大学生创业是从学习知识到应用知识、从知识资本向实用价值的转化过程。大学生创业如果缺乏应用知识的能力，不能把知识“盘活”转化为价值，那么再多的知识也只能束之高阁。所以，大学生创业需要具备获取知识的能力，更需要具备应用知识的能力。

（二）大学生创业的学习能力

学习能力是指人们获取知识、应用知识所具有的能力。学习能力是大学生创业必备的能力，有助于消除创业者认识和实践中的不确定性。所以，大学生创业要从提高学习能力做起。

1. 获取与积累性学习能力

创业以知识为基础，创业知识来自平时的积淀和学习，它需要创业者具有一定的学习能力。这种常态化的学习能力包括两个方面：一是获取知识的能力，创业知识的获取关键是创业者要养成善于学习的良好习惯，在潜心学习上保持开放的心态，通过“开放、引进、吸收、消化”对获取的知识进行内化；二是积累性学习能力，在知识学习上，既要学习已有的创业知识，又要在知识更新上不断学习新的创业知识，形成持续学习和连续性的知识积累。学习和积累知识的能力越强，获得创业成功的可能性就越大。

2. 探索与反思性学习能力

创业学习能力具有广义和狭义之分。狭义的创业学习能力是指为追求短期创业成效，通过自我修炼拓展创业思维来开发创业商机。这种创业学习能力带有明确的目的性、功利性、短暂性，是追求创业成效的工具性的能力。广义的创业学习能力是指创业者对已有的认知结构进行加工、重构、内化，对未知领域实现知识存量扩容的更新能力，是创业者对创业思维与创业行为之间的关联进行反思和质疑，注重创业过程的探索性和反思性的学习。探索性与反思性这两种学习方式的结合，体现了在探索中反思、在反思中探索的内在认知逻辑。

3. 应用与创新性学习能力

知识的应用是把所学的知识与具体创业活动结合起来，把知识转化为创业能力的过程，同时也是从“是什么、为什么”向“做什么、怎么做”转换，提高驾驭知识能力的过程。驾驭知识具有掌控之意，包含创业知识的应用与创新两个方面：一是应用知识的能力，体现的是学与用的有机统一，其核心要义是在获取知识的基础上掌握和应用知识，以问题为导向分析和解决创业过程中所面临的各种问题；二是创新性学习能力，主要是从以创新引领创业的发展要求出发，以解决创业现实和未来发展问题为导向，在不断学习新知识的同时，借助创新思维对知识进行重组、转换，提高驾驭知识和解决问题的能力。

（三）创业知识与学习的关系

大学生创业者应对市场挑战的根本之道是学习。创业知识与学习能力之间是一种双向互动关系，创业者学习能力的提升有助于厚植创业知识的存量，创业者知识积累的增多有助于提高学习能力的认知水平。创业知识与学习能力之间的关联互动，构成了创业者的知识体系。

1. 创业知识与学习能力的互动

在大学生创业中，由学习形成的创业知识体系是一个持续学习和不断完善的体系，其过程包括三个方面：一是创业者对创业知识的求识与其学习态度密切相关，态度由认知、情感、行为构成，正确的学习态度有助于激发创业者学习的积极性和主动性；二是创业者的知识学习与学习能力相关，提高创业者的学习能力可以提高学习的效率和成效；三是创业者的知识积累与学习认知有关，知识积累越多，越有利于提高学习能力和认知水平。

2. 创业知识的学习有助于知识的积累

不少大学生进入创业角色时才体会到自身知识的局限和学习的重要性。提高学习能力有助于改进原有的认知，增进知识的积累和转化。在相同创业情境的激发下，不同个体的认知机制和知识吸收能力，导致创业者获取创业知识的数量不同。研究表明，大学生创业者的学习能力以及对创业未知领域的知识感知、吸收、重构的能力与知识的积累和转化呈正比关系，学习力越强，知识积累和转化就越快。创业知识的学习也因此分为两种状态：一是常态的对未知领域的知识进行积累，重构自我。当特殊创业情景与创业者原有认知体系碰撞后，所激发的创新思维促使创业者以不同形式的创业学习来重塑自我、拓宽视野。二是主动打破思维惯性，逃离认知舒适区，始终围绕创业项目的推进而重塑自我。结合当下面临的复杂环境，为了降低创业风险，需要不断复盘，主动学习创业知识。

3. 知识积累有助于提升学习的认知能力

创业者的知识创造能力不是与生俱来的，大多是通过不同的途径对创业经验进行直接或间接观察、学习、模仿、内化形成的。从知识和能力的关系看，由专业性知识、经历性知识和常识性知识组成的创业认知体系，可为创业者创新学习提供认知基础，激励创业者对未知领域充满好奇，产生求知欲望，进而产生创业学习动机。创业知识的积累往往在以下两种情境下触发：一是建立在原始认知模式上的创新学习，创业者在创业之初意识到自身知识存量不足，无法应对创业环境的动态变化时，会为规避创业风险或危机，主动激发自我创新学习；二是创业者创业受挫后，对过往行为进行复盘反思，即当创业结果与预期不一致时，创业者会对已有的思维习惯、认知模式、行动逻辑进行梳理、质疑、批判，这种反思过程同样也是创业知识积累的触发过程。以上两种情境所形成的认知基础反映了创业知识积累是从认知到经验、从经验到学习、从学习到创新、从创新到实践的信息转换过程。这种经过凝练、慎思、优化、笃行的创业知识积累为创业者快速学习、增强学习能力，提供认知基础。

二、大学生创业知识与应用能力

提高学习、借鉴、应用和创新能力，有助于创业者知识的积累和知识体系的建构，也有助于创业者应用创业知识参与市场竞争。所以，养成善于学习思考的良好习惯和品质，提高学习效率和应用知识的能力，是提高大学生创业成功率不可缺失的重要方面。

（一）创业过程的学习能力

大学生创业过程与创业知识的进补是相辅相成的，因为创业离不开创业知识提供的智力支持。创业过程的学习，要求创业者善于学习，并具备快速学习的能力。因为在很多情况下，只有当创业者的学习速度快于市场变化的速度时，才能在捕捉市场机会、识别创业风险、把握创业机遇等方面优于常人。可见，积累创业知识需要高效的学习能力。

大学生创业知识的积累需要具有善于学习的品质和再学习的能力。

第一，大学生创业不仅面临着角色和身份的转换，而且还要积极应对来自市场的各种挑战。大学生创业最缺乏的就是创业知识，因此，大学生选择创业就必须借助学习不断丰富自己的创业知识体系。成功属于那些在创业过程中能够快速学习、思考，又能解决问题、采取行动的人。所以，养成良好的学习习惯、提高学习能力、积累创业知识，对大学生创业成功是至关重要的。

第二，大学生创业知识与大学期间所学的知识有所不同，它更直接面向创业实践，面向市场需要。大学生创业者只有充分认识到自己在创业知识方面存在的缺失，才能虚心向他人和实践学习，从创业知识中获取更多的创业智慧。

（二）创业知识的应用能力

大学生创业不仅需要获取创业知识，更重要的是在创业中能够驾驭知识，使知识转化成创意、产品、服务等，实现知识应用价值的最大化。已有的创业经验表明，但凡成功的创业者，大都具有超强的应用知识能力。

在同一创业情境中因认知基础不同，导致创业决策截然不同的情况时有发生。

第一，大学生创业需要不断丰富自己的创业知识。大学生在创业过程中，由于知识更新的速度越来越快，已学知识难免过时，所以需要通过持续学习来丰富自己的创业知识。

第二，大学生创业需要不断提升创业知识的应用能力。创业知识源于实践又高于实践、指导实践。创业知识的学习，不是为学而学，而是为用而学。所以，当创业知识被赋予资本属性后，也就具有了相应的实用价值。

（三）大学生创业知识的创新能力

经济新常态下的创新驱动，内涵极为丰富，其中就包含有知识的价值转换。大学生创业无论是获取知识，还是应用知识，都是为了进一步创造知识，推动知识向资本的价值转换。以创新引领创业，实现知识向价值转换，关键是要依托创新驱动能力，促进科技发明向科技成果转化。

大学生创业不仅要有持之以恒的创业报国情怀，还要具有创业能力为成功创业提供支持。同时，仅有创业知识是不够的，除此之外，还需要通过不断的技术创新，才能使创业立于不败之地。其中的创业启示是获取创业知识是一个“厚积”的过程，坚持创新就是一个“薄发”的价值体现过程。

第一，大学生创业必须具有先进的创新理念。在市场竞争和创新驱动发展中，企业既是市场主体又是创新主体，大学生创业者无论是参与市场竞争，还是驱动创新发展，只有从创新引领创业的理念出发，才能在创业中激发创新性思考。

第二，大学生创业必须具备一定的创新能力。大学生创业实质上是利用知识、技术、商业模式等创新要素，对现有资本等有形要素进行重新组合的创新驱动过程。大学生创业不仅需要市场头脑，而且还要有足够的创新驱动能力，这是大学生创业走向成功最有效的制胜途径。

三、大学生创业学习能力的提升

大学生创业阶段大致分为：创业启蒙阶段、初创阶段、转型阶段等。每个创业阶段所需要的创业知识和学习成效略有不同，创业启蒙阶段的专业知识学习，初创阶段的行业商业知识学习，转型阶段的企业经营管理等知识学习，都需要以学习能力作为支撑。

（一）大学生创业学习能力的不足

大学生开始创业并不是学习生活的终止，而是进入新领域再学习的起始。从大学生创业的现状看，学习动力不足，知识积累缓慢、知识应用不足等，依然是大学生创业群体普遍存在的突出问题。

1. 创业知识学习动力不足，知识更新缓慢

学习型社会的显著特征是“知识改变命运，学习决定未来”，它从一定意义上揭示了学习在个人成长中所具有的重要作用。在大学生创业中，持续学习是创业者应有的一种品

质。然而，在大学生创业者中，确有一些创业者由于之前没有养成良好的学习习惯，加之缺乏持续学习的意识，致使知识更新缓慢，难以适应创业发展对知识更新的要求。事实上，大学生创业是一个面向创业实践的持续学习和知识更新的过程，如果学习动力不足，知识更新缓慢，又过度把精力放在短期收益或创业成效上，就难以克服因知识进化所带来的认知局限，也难以应对因知识更新速度加快所带来的创业风险和挑战。

2. 创业知识缺乏广度和深度，知识积累不足

由于创业知识积累有限，导致创业知识的广度和深度远未达到创业对知识储备的要求，主要表现为：一是创业知识积累的广度不足，大学生创业需要广博的知识作为智力支撑，但由于以往所学创业知识有限，造成了对有关创业项目的选择、风险评估、企业经营、财务管理、团队建设、战略规划等方面知识的缺失，一旦某个方面出现问题，往往会束手无策，使问题陷入困局；二是创业知识积累的深度不足，大学生创业知识的积累需要广度，也需要深度，如果创业知识的积累缺乏深度，就难以对创业项目深耕细作，也难以形成创业的专长和优势。

事实上，大学生创业者核心专长和优势的形成最终来自创业知识专与博的完美结合。

3. 创业知识应用能力不足，知识创新有限

随着现代科技创新指数不断增长，科技知识的应用使产品的科技含量越来越高，产业不断向高层次发展。在这一背景下，科技成果应用周期缩短，科技知识转化的速度不断加快。反观大学生创业，其中不少创业者由于创业知识应用能力不足、创新有限，不仅难以形成有效的创新驱动，也难以使创业知识转化为创业资本和效能。从这个角度看，在大学生创业中必须重新认识知识应用的价值，因为离开了资本去谈知识创新，或者离开了知识去谈资本都是毫无意义的。

（二）提高大学生创业者的学习能力

大学生创业者的学习能力，实际上指的是个体吸收知识和运用知识并改变工作和生活状态的能力。通常，个人学习力的提升是以创业者的生理条件为基础，由个人的学习态度和学习能力构成，可以简单表述为：学习能力提升=学习态度+学习能力+学习条件。

增强大学生创业知识的学习能力，有助于提高创业知识学习的速度、广度和深度，从获取和应用知识中吸取力量，在知识更新中提高创业的能力素质。

1. 持续学习，提高学习和再学习能力

在学习型社会中，学习日益成为人们的一种生活方式，知识更新不仅包括创造新知识，也包括摒弃旧知识，这需要对知识和学习进程本身进行持续的探索和自我思考。处于知识经济时代的大学生，养成良好的学习习惯和持续学习的意识品质，对于有效利用创业知识的价值、提高创业成功率具有重要的现实意义。创业者持续学习，能力素质就越高，获取知识或知识更新的速度就越快。提高大学生的创业学习能力，一是要树立先进的学习理念，养成终身学习的良好习惯，用先进理念引领学习习惯的养成，有助于实现从大学学习到创业学习的有效对接，保持学习的可持续性；二是注重创业过程的学习，形成“创、学”结合的学习方式，在创业实践中把创业与学习有机结合起来，不断丰富学习的实践内涵；三是强化创业的反思学习，建立问题导向的学习导图，创业过程是不断发现问题、分析问题和解决问题的过程，以问题为导向的反思性学习，是有的放矢获取创业知识的有效途径；四是优化创业的学习方法，注重选择高效学习的方法，方法是大学生创业学习的主体引渡，方法的优化选择、多元并用和功能互补，有助于大幅度提高学习效率。

2. 多向学习，拓展知识的广度和深度

大学生要成为懂技术、善经营、会管理的创业者，必须通过不断提高多向学习的能力拓展创业知识学习的广度和深度，成为创业知识宽、行业知识基础厚、管理知识能力强的创业者。

提高创业者的多向学习能力，一是要拓宽创业知识的学习广度。为与 21 世纪知识进化的速度增长相适应，拓宽大学生创业知识的学习广度，有助于创业者以需求为导向，拓宽创业知识的学习领域，不断完善从创业到经营、从管理到规划、从战略到决策、从投资到风控、从沟通到协调等方面的知识，以广博的知识应对来自市场的挑战。也有助于以着眼于未来为导向，开拓创业知识学习的新视野，通过不断学习创业新知识、拓展创业新领域、掌握创业新技能，增长创业才干，提高创新能力。二是提高创业知识学习的深度。从“术业有专攻”的角度来提高创业者深度学习的能力，不仅要以创业的核心意识为导向，以培养创业者的核心专长为中心展开深度学习，也要以创业者的核心专长为导向、形成核心竞争力为目标展开深度学习，还要以创业的核心竞争力为导向，把核心竞争力与市场需求结合起来展开深度学习。核心竞争力是一个企业通过深度学习持续开发新产品、新服务和不断拓宽市场的能力，同时也是实现创业成功的关键能力。

3. 创新学习，提高知识更新转化能力

在知识经济时代，知识呈爆炸性指数增长，决定了创业者的知识创新必须改变传统的学习方式。如果创业者停止创业知识的学习更新，其发展就会终止，如果创业者不能促进知识向资本价值的转化，也难以形成市场竞争的核心专长和优势。

当前，实现创新性的知识学习，一是以提高学习速度为导向，持续强化创业者知识更新的能力。研究表明，当代知识更新的周期短，速度快，决定创业者必须提高学习速度，才能应对知识更新带来的挑战。二是以提高学习质量为导向，不断增强创业者知识转化的能力。创业知识学习的质量可以用学习的广度和深度来表征，也可以用学以致用或知识向资本转化的程度来衡量。因为无论是知识的学习，还是知识的自我更新，都是为了把知识应用于创业过程，用以解决创业活动面临的各种复杂问题，更重要的是通过知识的转化把发展核心竞争力作为培养获得未来竞争优势的手段。从这个意义上讲，提高大学生创业成功率，不仅要善于学习，注重知识更新和转化，而且要把创新作为发展核心竞争力、保持竞争优势的根本动力。

第二节　大学生创业的智商与情商

一、大学生创业能力与情商智商

在大学生创业能力提升中，如果说智商（IQ）决定创业者掌握创业知识和技能的多少，那么情商（EQ）就决定创业者控制自我和他人情绪能力的大小。提高大学生创业能力，既需要以创业智商为基础，又需要以创业情商为支持。

（一）大学生创业的智力商数

智商是通过对个体信息存量的测量（如记忆力、语言能力、计算能力和感知速度），反映人的观察、认知、思维、语言、计算的能力。创业的智力商数即创业智商，它与智商的含义略有不同，主要指由个体先天智力引导，通过后天创业知识的学习，由创业认知存量形成边界的思维能力。创业智商包含创业者对自身专业知识的运用与支配能力，也包含着与创业相关的创业知识的运用与支配能力。大学生创业者如果创业的智力商数偏低，容易造成自身创业认知受阻或智商优势无法聚焦、创业边界思维缺失，甚至导致创业活动功亏一篑。所以，开发大学生创业智商，有助于充分聚焦创业主体的智商优势，通过认知和洞察力的提升，为创业提供重要的智力支持。

（二）大学生创业的情绪商数

情绪商数简称情商是个体面对刺激源时，能够了解自身感受，控制冲动和恼怒，理智行事，保持平静和乐观心态的能力。创业者的情商，具体是指在创业活动实施过程中，为实现创业绩效最大化，创业主体在自我认知、自我管理、自我激励、认知他人情绪以及处理人际关系等方面，所表现出来的情绪商数。创业者的情绪商数包含以下五个方面的能力：一是自我认知能力，即创业者身处商业情境中，能够洞察周遭环境变化与规律，结合自身优势，对产生的创业动机或捕捉到的商机进行客观评估；二是自我管理能力，即创业者对创业过程产生的“七情”（喜、怒、哀、惧、爱、恶、欲）等情感妥善管理、合理释放；三是自我激励能力，即通过正面情绪调度创业者的注意力，自我鞭策，使创业者聚焦创业目标，保持对创业的高度热忱；四是认知他人情绪的能力，即以创业活动为中心，观察与其建立合作或竞争关系的人际网络，洞察他们的情绪、动机、欲望背后的本质，将活动目标推向利人利己的方向；五是人际关系管理能力，即创业者善于对内维持人际和谐，对外建立良好公共关系的能力。

（三）创业情商与智商的关系

在大学生创业中，创业者的智力由智商和情商构成，二者相辅相成。就大学生创业成功率而言，如果说创业成功或取得成效是创业者智力物化的结果，那么也可以认为大学生创业的成败在很大程度上取决于创业者智商和情商的高低及其整体水平。

1. 创业智商是创业情商得以提升的必要基础

大学生创业智商，是衡量创业个体综合认知水平的主要指标，也是大学生创业必须具备的观察与思考、思维与想象、语言与表达、分析与判断等构成的智力水平。创业者的智商是潜能开发和情商提升的基础，通常当个体生理年龄达到 17 周岁时，智商到达顶峰。随后整个成年阶段大多数人都基本保持不变，直至年老时衰减。创业智商则不同，它会随着创业者经验的积累，拓宽对创业知识和技能的认知边界，提高识别商机、风险研判、规划决策等水平。在这个意义上，创业者智商的高低不仅决定着掌握创业知识和技能的多少，而且还可以为进一步开发和提升创业者情商提供必要的智力支撑。这表明，大学生创业情商的开发离不开一定的创业智商，创业智商越高，越利于创业情商的开发和提升。

2. 创业情商是创业智商发挥优势的必要条件

大学生创业情商，是指准确地识别、评价和表达自己与他人的情绪，适应性地调节和控制自己与他人情绪，以及利用情绪信息的能力。它在创业中可以帮助创业者确定自我角色，建立与他人良好的人际关系，是创业者应对创业人际关系的需要和压力下继续保持创业发展韧性的关键因素。创业情商对创业成功具有关键作用，有助于使创业者的智商得到充分发挥，也有利于消除创业中可能出现的各种人际障碍，进而建立良好的人际关系。当然，智商和情商是创业者个人成长不可分割的两个方面，如果一个人在 EQ、IQ 和相关工作的学习和成长经验这三方面都能拿到高分，那么他的成功机会将会更大。大学生创业亦是如此。

二、大学生创业智商情商的作用

大学生创业智商的潜能开发和创业情商认知能力的提升，对促进创业有重要的价值。创业智商有利于提高所需要的创业知识和专业技能，为发挥优势提供支持；创业情商的人际交往智慧，有利于增强创业者的个人魅力，通过营造良好的人际关系促进创业健康发展。

（一）创业智商与认知能力

创业智商偏高的创业者做事比较执着，专注度较高，相应的边界意识较强，有助于提升自身的认知思维能力和决断力等基础能力。通常，高智商的创业者因高度专注创业发展，而具有较强的自我触底反弹能力。

在大众创业的今天，从初次创业到二次、三次创业已不再是什么稀奇的事情，在这种情境下，以创业者智商为基础的更优秀的学习能力提升就更为重要了。在这方面舒为创业成功的案例对当前大学生创业有以下重要启示：

第一，面对创业失败，要有追逐梦想的欲望，还要有提高智商的智力支撑。

第二，面对创业的得失，要有正确的得失观念，要有正确的认知和研判，还要有能够兼顾理想与现实的智商水平。

（二）创业情商的自控能力

自知是情商的基础，也是良好人际关系建立的第一步。在创业者与人、事、物接触过程中，能正确地从自我认知出发，建立良好的人际关系，是创业活动可持续发展的前提。我国古代思想家老子曾说过："知人者智，自知者明。"创业者的"自知"是一种拥有自我管理、自我激励的内在智慧，而与他人有效互动的能力是另一种人生智慧。创业者拥有了这两种智慧，才能建立良好的人际关系。

（三）智商情商的机会把握

对大学生而言，由智商和情商体现的能力倾向及潜能开发，是创业者走向成功的实在要素，无论是对创业机会的把握、趋避风险，还是创业团队内外合作、建立良好的人际关系，都是以智商和情商为基础，以能力素质为支撑的。

无论是进入职场还是大学生创业过程中，由智商和情商体现出的能力素质，对于把握发展的机遇和提振事业的发展都是不可或缺的。

第一，坚实的专业技能和发展的潜在能力是事业发展的重要基础。大学生创业一定要以创业技能为基础，在创业路上始终保持勤奋向上的状态，开发个人的创业潜能和潜质，这就是古语中"勤能补拙、工能补天"所讲的道理。

第二，良好的职业素养和高情商是取得事业成功的重要前提。实际上，大学生创业的过程，也是个人情商的自我修炼过程和职业素养的提升过程。"高调做事，低调做人"是人之为人的本色，也是事业走向成功应有的情商水平和难能可贵的品质。

第三，高智商和高情商是走向事业成功的智力支撑。大学生创业者要构建团队内外良好的人际关系，这种情商是不可缺失的。

三、大学生创业智商情商的培育

在大学生创业过程中，创业者智商和情商的水平对创业成功有着极为重要的影响，无论是创新创业教育，还是大学生自我成长，都需要精心加强智商和情商的潜能开发和培育。提高大学生创业者的智商和情商，应从反思性思考和问题导向出发，来提高创业智商和情商水平。

（一）大学生创业智商情商的反思

在当前，我国大学生创业失败率远大于成功率，说明大学生创业群体智商情商的总体水平还不能与创业所需智力水平相适应。从反思性思考出发，对大学生创业智商水平的缺失、情商水平存在的不足做出分析，以便有针对性地提升大学生创业的智商和情商水平。

1. 大学生对创业智商认知的缺失

大学生创业智商及其所反映的智力结构，主要由观察力、记忆力、思维能力、想象能力和操作能力等组成。其中，观察力用以接收来自创业的外部信息，记忆力用以保存和检索创业的外部信息，思维能力用以吸收加工处理创业的外部信息，想象力用以创造性思考外部信息，操作能力用以把加工处理的创业外部信息转化为物质力量。从大学生创业智商及其智力结构上看，上述基本能力都有不同程度的缺失，其中，创业者对自身智商水平认知的缺失，不利于自我潜能的开发和认知能力的提升，同时也影响智商水平的提升。

2. 大学生对创业情商认识的不足

大学生创业情商水平反映的是创业者情绪智力的高低，相对大学生创业成功率而言，通过 EQ 测试可以提供一个比 IQ 测试更能预测成功的依据。它表明，创业者情商水平对创业成功有着举足轻重的作用。但根据国内有关大学生创业能力的调查可知，近年来尽管大学生创业对情商的认可度有所提高，但对其重要性的认知仍存在缺失和不足，导致在创业实践中缺乏对自我和他人情绪的管理和有效控制。同时，由于人际关系处理能力不足，难以在创业团队内外关系上形成有助发展的良性互动。

3. 创业智商情商关系处理不当

智力是大学生创新创业最基本的要素，它由认知智力的智商和情绪智力的情商构成，二者在创业的不同阶段、不同环节、不同方面发挥作用，共同决定创业者智力的高低和水平。目前大学生创业在这方面存在的主要问题：一是对智商情商的认识不够深入；二是对二者的关系把握不够精准；三是二者协同的互为支撑不够到位。上述问题的存在导致创业者对智商情商关系处理不当，同时也影响二者水平的总体提升。

（二）大学生创业智商情商的开发

大学生的创业成败在一定程度上反映了创业者的智商和情商水平。当前，提高大学生的创业智商和情商水平，是一个潜能开发和提升的过程。因为创业实践和创业者的主观能动性及其发挥程度，对智商和情商的潜能开发及其智力发展起决定性作用。

1. 创业智力潜能开发的能力提升

智力水平是指创业者的认知能力及其行动结果所达到的水平，是创业者观察、记忆、思维、想象、操作等能力的总体。大学生创业智力的高低可用智力商数来表示，开发大学生创业智力，旨在通过对大学生创业潜能的开发，提高创业者的智商水平和创业能力。

第一，提高创业者的观察能力。任何创业者都期望能对创业活动、现象、环境做出准确客观的观察，但往往难以做到，这是由于先入为主的个体经验和信念等因素所致。这就决定了创业者在进行观察时，一要排除主观臆想，以全面、客观的态度去观察现象；二要防止所观察现象的事件被扭曲，要以观察对象的事实为依据，透过现象看本质；三是观察凭借的经验应该是经过反复验证的经验，观察的事实应该是去伪存真的事实，这样才能使创业者的观察更趋于客观、全面。

第二，提高创业者的记忆能力。记忆能力是获取来自观察等外部信息的储存器，具有存储和检索各种信息的功能。记忆能力，一是可通过形象记忆、逻辑记忆、联想记忆、理解记忆等方面加强训练；二是可以从记忆的快捷性、记忆的敏锐性、记忆的保持性、记忆的正确性和记忆的备用性等方面加以提升。提高记忆能力关键是要加强自我修炼。

第三，提高创业者的思维能力。思维是大脑的一种机能，提高思维能力实际上是提高运用一定的思维方式对大脑储存的信息进行加工处理的能力。一是创业者思维能力的提升，可以通过形象思维、抽象思维、灵感思维等方式进行思维训练，提高创业者的思维能力；二是可以从不同思维方式及其思考的深度、广度、灵活性和独创性等方面进行思维训练。开发科学思维的潜能，难点在于创业者的习惯和所持态度。强化意愿、养成习惯、端正态度并能学以致用，是提高科学思维能力的重要前提。

除上所述之外，创业者认知智力的潜能开发，还包括分析判断、想象力、操作能力等潜能的开发，其核心是具有创新特点的创造力的潜能开发。

2. 创业情绪智力开发的能力提升

从情商测评的视角看，情绪管理是指人在情绪情感、意志和承受挫折等方面所表现出来的品质。美国心理学家戈尔曼在他的研究中，把人的情商概括为五个方面的能力，如善于自我激励的能力、认知他人情绪的能力、处理人际关系的能力等。据此，我们把大学生创业情绪智力的开发和能力提升，概括为以下几个方面：

第一，认识自我和他人情绪能力的提升。提高情绪的认知能力，一是提高对自身情绪认知的能力。这是一个从自知到自明的过程，又是一个从认知到归因和表达的过程。其中，认知就是当你的情绪包括思想、感受和行为发生改变时，你能够觉察到而不是否认它，这就需要提高创业者的自我觉察和识别能力，能够正确辨识哪些是正面情绪，哪些是负面情绪；归因就是在及时识别自己情绪的同时，还能觉察到自身情绪产生的原因，并做出相应的分析；表达就是能够借助语言表情、身体语言把自己的情绪准确地传递出来。二是提高觉察他人情绪的能力。与认识自我情绪类似，它需要快速做出准确的识别和评价。其中，移情在对他人情绪识别评价中有着重要作用。所谓移情，是在认识和理解他人情绪的同时，还要在自己内心中能够体会到他人的情绪。提高这种体会的程度对识别、评价和表达他人的情绪是至关重要的。提高认识自我和他人情绪的能力，关键是提高创业者对自我和他人情绪的识别、评价和表达的水平，要在快速识别、客观评价、准确表达能力的培养上下功夫。

第二，管理自我和他人情绪能力的提升。对自我情绪的管理是以自我情绪识别和评价为基础的，因为只有自己觉察到，才能面对，进而处理。所谓处理，就是创业者借助于个人的认知和分析能力，选择可行的分析行为策略和行动，对自我情绪进行主动调节控制的过程。创业者自我情绪的调节，可以抑制或消解烦躁、紧张、焦虑、消沉等消极情绪，调动和增促乐观、主动、向上等积极情绪，同时也可采用静坐、深呼吸等各种形式的放松训练，提高情绪管理能力。由于创业者处于创业内部的关系中，在对自我情绪管理的同时，还需要在对他人情绪识别的基础上，借助相应的分析策略或方法手段，对他人情绪管理进行主动调节，使他人情绪经调节而回归到正常的心理状态。

第三，管理情绪建立良好人际关系能力的提升。情绪管理在创业人际关系建构中是一个不可忽视的关键因素，这就需要提高创业者的自制力。

3. 创业智力开发的整体能力提升

大学生的创业智商和情商共同构成创业者的智力水平，二者相互影响，对于创业者把握市场机会、整合资源，了解市场动态、客户需求、行业发展趋势，以及创业的组织管理、产品开发和创造竞争优势，都是不可缺少的智力支撑。所以，创业者智力潜能的开发，应从能力系统建设的整体上做出思考。第一，注重整体性。在创业者智商情商潜能开发中，不能顾此失彼，而应该把二者看作创业智力系统的构成要素，统一在潜能开发和能力提升的系统整体中。第二，注重协同性。创业者的智商情商水平在创业中是互为对应、相互协同的两个方面，潜能开发的要义是为了形成合理的智力结构，在创业中发挥它们的协同效应。第三，注重互补性。创业者的智商情商水平因人而异，优势各不相同，在潜能开发应用中各有侧重，短板力求补齐，功能力求互补。第四，注重效能性。创业者智商情商潜能开发，不是为开发而开发，而是在创业智力结构上促进潜能向能力转化，能力素质向创业价值转化，最终目的是提高大学生的创业成功率。

第三节　大学生创业的观察与思考

一、大学生创业观察与思考能力

在大学生创业中，观察被认为是一种有目的、有准备获取感知信息的认识能力。观察总是与思考相联系，思考是运用已有知识对观察获取的感知信息进行综合分析的一种能力。对观察与思考的内涵进行深层次透视，有助于提高大学生创业的观察思考能力。

（一）大学生创业的观察能力

在现实生活中，观察被认为是一种最古老、最简单的认识方法，也是人类认识活动中最基本的实践活动方式。在科学认识中，观察是一种感知事物的方法，同时又是一种能力。同样，在大学生创业中，观察能力是创业者必须具备的一种能力。

1. 创业者的观察能力

观察是人们认识客观世界的一种基本方式，人们生活在现实的三维空间，借助于视觉观察可以感知现实的存在、发展和变化。大学生的创业观察，是指创业者在创业中为了认识和把握市场，通过自身感官和已有的知识基础与结构，有目的、有计划地考察对象、描述对象，获取感性认识的一种创业活动。这种通过观察获取感性认识的能力，就是观察能力。培养大学生科学观察能力，重点是掌握科学观察方法的应用技巧。观察包括对认识对象的考察、事实的记录、过程的描述等，目的是为理性认识提供丰富的材料。观察是感知外部世界获取感性认识的基本途径，也是大学生学习和创业活动中主体认识提升的出发点。

2. 创业观察能力的特征

观察是人们认识事物获取感性认识的基本环节，正如门捷列夫指出的：在科学认识领域，观察是第一步，没有观察就没有接踵而来的前进。大学生创业及其取得的成就，在很大程度上与创业者观察能力的发展水平密切相关，观察能力强，对事物的感知就会相对全面且精确，在头脑中获取的信息也就丰富且完善。通常，观察能力主要具有以下三个方面的特征：

第一，观察力的敏锐性。敏锐性是指能够快速获得观察对象的有关信息，能够发现容易忽略或不易发现的东西。观察力的敏锐性是创业者捕捉机遇、发现商机最重要的品质，它有助于创业者在观察中不放过例外的情况，在司空见惯或众所周知的现象中观察到别人视而不见的东西。研究发现，许多有作为的创业者大都有敏锐观察力的品质。

第二，观察力的准确性。准确性是指能够正确地获得观察对象的有关信息，力求观察所搜集的素材真实可靠。观察是主体感官感知对象的过程，在这一过程中，复杂的客观条件会使人的大脑产生错误的印象。因此，为了避免观察中产生各种错觉，需要在创业实践中反复观察，力求客观反映认识对象。

第三，观察力的全面性。全面性要求从事物的各个方面、各个角度及其发展过程进行系统观察。经验表明，人们利用感官的观察是不完全、不充分的，有时还需要借助各种工具手段进行观察，即便如此，也难以完全避免创业观察出现片面性。这就需要创业者从不同角度、不同范围进行缜密观察，才能获得比较全面的观察结果。

（二）大学生创业的思考能力

思考，尤其是独立思考不仅是从事发明创造的科学家应具有的品质，而且也是高校大学生从事创新创业活动的必要前提。大学生创业的观察与思考，是对观察对象信息进行独立分析判断、探求答案和解决问题的过程。

1. 创业者的思考能力

在大学生创业中，创业者的观察思考，无论是有意识的行为，还是无意识的心理活动，都存在于创业活动中，并时时处处发挥着重要作用。所谓思考，是有助于阐述或解决问题、制订决策、满足或了解欲望的一切心理活动；思考是探究答案，获取意义，它包含观察、记忆、分析、判断等一系列的心理活动。创业者的观察及其思考是一种能力，世界上但凡有成就的科学家、企业家，大都有超凡的独立思考能力。爱因斯坦是善于独立思考的科学巨人，他认为：发展独立思考和独立判断的一般能力，应当始终放在首位，而不应当把获得专业知识放在首位。如果创业者既具有一定的创业知识，又具有独立思考的能力，那么在创业的道路上一定能做出一番事业。

创业观察思考能力，是对创业者通过观察获得的感知信息进行加工处理的过程，有利于创业者开启心智、激发想象、增进创新、解决问题。缺少思考大脑就会枯竭，只有积极思考才能创造奇迹。

2. 创业思考能力的特征

大学生创业从观察到思考，都是为了能动反映创业的现实。其中，思考是创业者智力结构的核心，思考能力对问题的分析起主导作用，并具有以下显著特征：

第一，思考的广阔性。广阔性是指大学生的创业观察思考具有一定的广度，表现为创业者善于从多方面在不同创业活动中进行思考。创业者思考问题的广阔性，有助于从不同角度来观察思考对象，从多向度的细节发现问题，也有助于使创业者获得更为广阔的知识，在新成果应用、新产品开发、新市场拓展等方面取得新的突破。

第二，思考的深刻性。深刻性是指创业者思考问题的深度。研究表明，无论是科技领域的发明创造，还是产业领域的技术创新、管理创新，只有对问题的思考达到一定的深度，才能创造成功，才能透过现象发现事物的本质，抓住事物的本质规律。思考、思考、再思考就是强调对问题思考的深度。大学生创业也是如此，对观察对象及问题的深度思考，既是创业过程中对各种问题认识的不断深化，也是解决问题的前提。

第三，思考的灵活性。灵活性是指创业者对问题的思考，依据创业内外环境变化而变化，灵活地认识问题。经验表明，机智灵活的思考，有助于创业者在动态变化中把握市场变化和行业发展趋势，提出符合创业实际的商业模式，找出解决问题的设想、方案和可行途径。

第四，思考的独创性。独创性是不墨守成规、求新达变，是善于独立发现问题、提出问题、分析问题、创造性解决问题的一种思维能力。独创性思考是大学生创业者进行创造性活动的前提，它具有科学性、新颖性、开拓性、创新性等特点。已有的经验表明，创业中的点子大都来自创业者的独创性思考。可见，独创性思考是大学生创业难能可贵的思维品质。

第五，思考的系统性。系统性是指将考察对象视为系统，从系统的整体与部分、整体与环境的互动关系出发考察对象，以求得最佳整体性思考的一种方法。系统思考最本质的特征是整体性，这种以整、分、合的逻辑来考察对象的方法，被认为是最具普遍意义的一种思维方法。

（三）创业观察与思考的关系

在大学生创业中，创业者的观察与思考是紧密联系在一起的，创业主体既是观察者又是思考者。观察旨在记录事实、描述过程和现象，是一个获取外部信息和感知客体的过程。思考是人们对观察感知信息进一步加工处理的理性认知过程，是对客观现实的概括性反映。从关联上看，二者统一于创业者从感性上升到理性的认识过程。

1. 创业观察是思考的实践基础

在大学生创业中，观察是创业者获取创业信息、深化对创业活动认识的一种重要手段。

第一，观察是创业者进行理性思考的实践基础。马克思主义认识论认为，实践是认识的重要来源和动力，也是认识的起点和归宿。在大学生创业中，观察作为创业者最基本的实践活动的一种方式，是创业者获得感性认识的重要来源。由此可以认为，大学生创业及其对创业的认识是从观察开始的。通过观察可以获取来自实践的各种创业信息，为创业者进一步深入思考和研判提供实践基础。

第二，观察是创业者获得感性材料的重要来源。观察是人们感性认识的一种最直接最基本的方法和手段。在大学生创业中，创业者凭借观察来了解创业不同方面、不同环节的各种现象，从记录和描述中获取各种有价值的信息，为感性认识积累丰富的经验材料。研究表明，观察是通过创业者的感官获取外部信息，经过大脑对信息的加工处理获取创业感性认识的基本途径，也是创业者深化对创业认识和思考的逻辑起点。

2. 创业思考是对创业观察的认识深化

心理学家认为，人的思考同观察一样，也是一种具有目的性的心理活动。所谓有目的是指只有在我们的控制下产生的心理活动才是思考。创业者在观察基础上所进行的思考，是有目的性又有调节控制的心理活动，它有助于创业者对创业诸多问题的思考和认识的深化。

第一，创业思考是对观察信息加工处理的过程。创业观察力是大学生创业者智力活动的源泉，也是获取创业过程感性材料的重要途径。创业观察的思考是对观察结果和收集的资料进行加工处理的过程，同时也是对观察对象感性认识的过程。但由于观察是实现认识的一种手段，如果创业者在观察中先入为主或出现假象错觉，就会导致主观性错误。所以，对观察获得信息进行加工处理的过程，也是一个去伪存真的感性认识过程，由此揭示出观察与思考的内在联系及其思考在观察中的重要作用。

第二，创业观察是对观察对象认识的深化过程。观察与思考是大学生创业主动实践、积累经验、提高认识的过程。其中观察是深化对创业活动本质规律认识的重要基础，思考是探寻创业活动规律、对考察对象认识的不断深化。

二、大学生创业观察与思考习惯

在大学生的创业过程中，创业者只有通过对市场的观察与思考，才能准确把握市场变化，主动识变，积极应变。观察力和思考力是大学生创业的两种重要能力，创业者是否善于观察、是否善于思考，对创业成败都会产生重要的影响。

（一）潜心观察的感性认知

大学生创业观察作为有目的的心理活动，与创业者的意志力有着较为密切的联系。创业者在进行创业观察时，不能走马观花，而是需要集中精力、潜心观察，主动克服观察中的各种障碍和困难，才能从中获取有价值的信息。可见，观察力是创业者应该具备的基本能力，潜心观察是创业者重要的心理品质。但凡成功的创业者，不仅具有发达的观察力，而且具有潜心观察的意志品质。

大学生创业需要对所从事的行业进行深入的市场调查，通过观察了解市场行情，对所从事的行业做出准确的研判。

第一，市场调查就是运用观察等手段，了解创业行业的经营环境、市场潜力和消费需求的状况。其中对市场的观察应该是全面的而不是零碎的，是系统的而不是残缺的，只有这样才能通过观察，获取有价值的信息和材料，为创业制订可行性规划提供充分而详尽的感性材料。

第二，大学生创业应具备一定的观察能力。经验表明，观察是创业者对市场获取感性认识的基本环节，创业者进入市场的第一步就是观察，没有观察就没有后续对市场的思考和研判。可见，观察是创业者获取市场感性认识不可或缺的基本环节，同时也是深化对市场认识的重要前提。大学生创业既要重视对创业经验的积累，又要提高自身的观察能力。

（二）观察思考，觅得商机

在大学生创业中，觅得商机是对创业者开启创业之门的重要一环。在创业者发现创业商机的过程中，既离不开对市场的观察，也离不开对市场的思考。观察是获取市场感性认识的过程，思考是在观察基础上对感性材料进行加工处理的过程。研究表明，创业者只有把观察与思考有机结合起来，才有助于通过对市场的观察和周密性思考，觅得商机。

思考是在观察的独特性与逆向性中体现价值的。在市场中，不乏这样一些未被人们发现或认准的市场，虽然冷门，但是把它集中起来，是足够支撑一个到几个品牌生存的。这样的创业项目一旦运作起来，短期内不会遭受巨大的竞争压力，可以充分利用前期的市场空白吸金，等到市场火热的时候，已经有了足够的底气来抵挡其他品牌的竞争。

第一，偏门冷门项目是观察思考独到性的价值体现。当下创业开店，门槛低的店面大同小异，基本上人人都会，没有优势可言，而冷门行业在技术和模式上多了一些隐蔽性，不容易被人们发现或模仿，但如果在尚未开放的市场中找到商机，就需要创业者对创业市场有独到的观察和思考能力。

第二，观察与思考能寻求到无可替代的市场价值。无论什么时候，只要创业者能在纷繁复杂的市场中察觉到其他人无法替代的东西，或者提供其他人无法提供的服务，那么企业就有立足于市场的主导地位。

（三）善于思考、推己及人

在大学生创业中，良好的思考习惯是由善于思考而形成的。在大学生创业初期，如果说拙劣的思考无益对市场做出正确的研判，那么良好的思考习惯对创业者而言，就是必须具备的品质。所以，善于观察生活，善于领悟生活，在生活中寻求创意，才能发现好的创业商机。因此，只有不断提高创业者善于观察与思考的能力，才能获得更具有价值的创业机会，才能使创业项目更具现实性。

创业者进入市场既离不开对市场的考察，也离不开对市场的分析思考。

第一，创业者应具备善于思考的能力。在大学生创业过程中，创业者的思考能力有高低之分，良好的思考习惯有助于开启创业者的心智、丰富创业者的想象力、增强创业者的智慧，而拙劣的创业者则无视自身的局限性和主观倾向性，对观察的结果任凭感觉做出研判，得出的结论往往与实际不符。所以，大学生创业者应养成善于思考的习惯，具备良好的思考能力。

第二，创业者应具备质疑思考的能力。创业者的思考过程，包括仔细观察、记忆、怀疑、想象、探究、解释、评价和判断等，因为真正准确地观察虽有可能，但又常常做不到。所以，质疑和探究就十分必要，经过对市场调查，在观察的基础上，经过反复论证和思考，才能对市场的把握做出相对合理的研判。

三、大学生观察思考能力的提升

大学生创业者对市场的观察、分析和认知，应该是客观全面的。但是由于大学生创业者观察和思考能力尚存在不足，难以精准地把握市场，因此，提高创业者的观察与思考能力，就成为谋求创业成功不可缺失的一种能力，是提高创业成功率的一个重要方面。

（一）大学生创业观察思考的不足

创业观察思考作为主体认识创业活动的一种手段，是大学生创业必备的一种基本能力。但从大学生的创业能力素质状况看，还存在以下几个问题。

1. 创业观察思考存在随意性

创业观察是有目的、按计划要求考察市场的一种活动。观察的目的性要求，决定了观察思考一定要有目标的指向性，是有计划有目的而非随意性的活动过程。提高大学生创业观察力，既要强化观察的目的性，又要规避观察的随意性。从总体上看，目前大学生由于感兴趣的兴奋点较多且易变，导致其对事物的观察存在熟视无睹、注意力不集中等问题，加之缺乏目的性引导和意志力的支配，在观察过程中，往往出现观察有误或未观察到的现象。改变大学生观察过程的随意性，必须有意识地强化目的性，改变随意观察的不良习惯。

2. 创业观察思考存在主观性

创业观察客观性的核心要义，就是实事求是，不带主观偏见，如实反映客观事物。但从目前大学生观察能力的情况来看，主观偏向性依然是大学生创业观察能力的一个短板。主要表现为：观察凭主观先入为主，凭主观想象观察客体，习惯把观察局限在个人知识、经验、偏好和兴趣等方面，导致观察只能看到自己期望看到的东西，而对此之外的东西往往视而不见，其结果必然陷入主观臆想，难以客观反映事物的真相。正如贝尔纳指出的：过于相信自己的理想或设想的人不仅不适于做出新的发现，还会做很坏的观察。所以，要想在观察中排除先入为主的主观干扰，就必须坚持客观性原则。

3. 创业观察思考存在片面性

观察是认识事物的起点，也是获取感性材料的基本环节。要使创业观察全面翔实地记录观察事实，就必须观察事物的一切方面和一切联系，力求观察的客观性和全面性。一些创业者对各种事物认识不足，对事物往往缺乏详细、认真、全面的观察，导致片面或错误的判断。要得到观察的信息，必须克服片面观察的不良习惯。

（二）提高大学生观察思考的能力

观察与思考是大学生从事创业实践活动的基本能力，创业者面对市场环境的变化需要敏锐的观察力与思考力。俗话说：谁先甄别商机，谁就占领了市场，观察与思考是发现商机的重要方式。增强大学生创业观察和思考的能力，可从以下方面做出努力：

1. 养成良好观察的习惯

观察是人们主观认识见之于客观的基本途径，也是获取事物感性认识的基本方法，具有良好观察习惯的创业者，可能会在创业中发现更多的创业契机。良好观察习惯的养成，一是有计划有目的地观察。人的活动具有主观的目的性和计划性，观察什么、为什么观察、通过哪些方式进行观察，都是有目的有计划地进行的，它既是发挥创业者主观能动性的重要体现，又是提高创业者观察能力的有效途径。二是重要对象重复观察。观察的实质是看到别人看不到的现象、发现别人发现不了的问题。它具有特殊性和异常性的特点，这就需要创业者对那些特别异常的现象和问题进行反复观察，力求观察所获取的信息具有真实性。三是随时记录观察。创业者在观察中看到的、听到的、想到的，只要有意义都要记录下来，不要放过任何一个细节，对创业过程留有深刻印象的东西，随时记录，随时总结，进而为创业者把握市场变化提供数据和信息支持。

2. 提高科学观察的能力

只有不断地仔细观察，才能透过现象看到本质，才能彻底地把不懂的事情搞清楚。要提高创业者的观察能力，一是提高敏锐性，观察的敏锐性指迅速且善于发现易被忽略的信息。研究发现，通过培养自身的兴趣点，同时又不满足于已有的兴趣来观察对象，才有助于提高观察的敏锐性。二是提高准确性，观察的准确性是把目光聚焦到特定的目标或问题上，认真考察对象，以确保获取的信息真实有效。只有把观察的对象聚焦在事物的主要方面，才能抓住其内在的本质特征。三是提高全面性，全面观察就是对事物观察不能顾此失彼，这就需要创业者掌握全面观察的方法，从上到下、从左到右、从前到后、从整体到部分、从动态到静态来观察对象，如果只看到一个部分就贸然下结论，那肯定会犯“盲人摸象”的错误。四是方法性，学习和掌握观察方法，从方法的应用与操作技术出发，根据相关原则，按照程序依次展开。

3. 培养观察思考的能力

在现实生活学习中，创业活动很多时候不是一次性就能完成的，需要持续性的观察和深入思考。由此出发，培养大学生创业的观察思考能力，既要注重即时性观察思考能力的培养，又要注重后继性观察思考能力的培养。

第一，观察思考能力的条件性分析。在创业过程中，创业者除了要掌握科学观察的方法、原则之外，还需要掌握观察过程的条件性分析。因为任何观察，无论直接观察还是间接观察，定量观察还是定性观察，都是在一定的条件下进行的，不同的观察条件、时间、地点其观察结果是具有差异的。其中，条件分析的要点：一是观察条件要与观察目的相一致，这是实现有目的观察思考的必备条件；二是观察不是消极视觉查看，而是一种积极主动的思考探究的过程，提高大学生条件分析能力，有助于从根本上提高大学生的观察思考能力。

第二，观察思考对象的特殊性。在大学生创业过程中，要提升大学生的观察思考能力，一定要注重选择具有特殊性的观察对象，不仅可以突出观察的重点，而且可以最大限度减少次要因素的影响，使观察结果更趋精准。从特殊性视角选择观察对象，一是要简明，这有利于操作；二是要有代表性，这有利于从特殊到一般去把握认识对象；三是减少环境对观察思考过程的干扰。只有注意观察中的细节问题，才能提高观察思考能力。

第三，对观察的批判性思考。有关学者把思考的心理活动分为思考产生和思考判断两个阶段，并认为，在解决问题和制订决策的时候两个阶段互为补充。

在思考产生阶段，积极主动的创业者都能够在观察的基础上产生更多好的想法，并在思考过程中不断激发产生各种想法的创造性技巧。在思考判断阶段，积极主动的创业者都会谨慎地验证自己的想法，在批判性思考下找出问题或局限，不断加以改进，使好的想法能够更好，让合理的见解更合理。所以，对创业者来说，不仅要提高创造性思考能力，而且更重要的是要提高批判性思考能力。

第四，对待观察的辩证性思考。在观察思考中，虽然有目的、有计划地观察和思考，但由于观察受外部环境的影响，在观察思考过程中时常会出现出乎意料的新情况。对于缺乏观察思考能力的人而言，可能会把它看作新的干扰；而对具有超强观察思考能力的人而言，则会把它看作机遇。提高观察的辩证性思考，有助于更全面地把握对象。

观察是获取感性认识的重要来源，也是为了进一步思考，思考是为了研判观察是否真实，也是对问题认识的智慧升华。只要创业者坚持“观察、观察、再观察”的认识方式，养成深度思考问题的习惯，才能在积累中促进创业者观察思考能力的提升。

第四节　大学生创业的方法与途径

一、大学生创业能力培养方法

大学生创业能力培养经过高校多年的探索，总结出一套大学生创业能力培养的途径方法，有理论教育方法、榜样示范方法、实践孵化方法等指导组建创业团队寻找创业项目和完善大学生创业能力的培养方法。

（一）理论教育方法

建立与大学生创业能力培养相适应的课程体系，在课程讲授中不断完善创业能力教育课程设置，随着知识更新，时代变化改革创业课程体系，培养大学生自主学习知识，终身学习，扎实基础理论知识，为大学生创业能力培养提供知识保障。

1. 理论知识课程讲授

大学生创业能力培养理论知识有效的教学要因校制宜，科学合理规划课程体系，学习国内外先进的创业能力培养体系，结合本校实际，学生特点制定适合本校大学生的创业能力培养的完整理论知识课程体系，加大对创业理论知识的讲授，引进高层次有实践经验的师资队伍，为让学生更好地掌握创业理论知识打下坚实的基础，鼓励师生对创业进行科研申报和研究，加大对教学设备的投入，保证师资的教学水平，确保教学有效果。

2. 自主学习知识培养

学校为大学生创业提供课程设置，不断完善课程体系，加强对师资培养，学习国内外先进的培养理论，为大学生创业提供基础理论知识保障。教学是互动的，再有良好的硬件和师资，学生不自主学习创业理论，也是事倍功半，一定要培养大学生自主学习创业理论知识，有兴趣学习研究创业知识，才能保证创业理论知识成为学生创业的内化驱动力。在图书馆多放置关于创业的理论书籍，网络上推荐大学生学习创业理论知识，大学生需要自己主动去学习这些知识，并就能某些问题进行探索和研究，写出有一点研究性的文章发表，转化为大学生创业理论的参考，转变学生的学习观念，及时更新创业知识理论，培养大学生研究创业的氛围，指导大学生进行创业理论研究，鼓励大学生申报创业研究课题，出版关于大学生创业的报纸或杂志期刊，丰富大学生创业理论知识内涵。

（二）榜样示范方法

榜样的力量是无穷的，它如同一面旗帜，影响着身边的人，具有良好的示范作用，能带动一批优秀的创业团队。

1. 树立大学生创业成功典型

树立大学生创业成功典型，可以是通过创业项目成功的典型，有了一个好的创业项目，吸引创业的投资者，将项目转化为创业实践成果成功，创业的项目成功在于创意和创新，做别人没有想到的商机，如网络宠物管理项目、网上买点子等，这些成功的项目在于创新和创意带来的商机与成功。还有的通过创业实体店获得成功，如大学生创业擦鞋连锁经营成功、大学生创业包子店等。也有的是充分利用所学专业特长创业获得成功，如大学生学艺术创业影视动画设计成功、大学生学计算机创业软件开发成功。通过身边不同类型的成功典型，来激发大学生的创业热情，学习榜样的示范带头作用，带动更多的大学生创业成功。

2. 营造先进典型成长的环境

大学生创业先进的典型，成功的果实来之不易，作为高校一定要更加关心和培养，营造先进典型成长的良好环境，把成功的创业典型连续成功下去，成功的创业典型在某些方面有特长和成功的要素，但是也不是没有失败的可能因素，高校要不断指导成功创业的团队或者个人在分享成功创业的同时，有风险意识，查找风险点，把薄弱环节弥补上去，把成功的要素提高。发挥创业成功的团队和个人举办各类讲座分享成功创业的经验，同时不断为成功创业的大学生补充人才，提高团队的执行力和创新能力，能与企业接轨，帮助成功创业的团队或个人提供技术支持和融资方法，提供商业信息，把握机遇，成功发展。

（三）实践孵化方法

大学生创业能力培养具有实践性的特征，在大学生创业能力培养实现途径实践是关键环节，建立大学生创业实践实训，将理论转化为实践，孵化大学生创业项目成果，让大学生的创业能力得到平台的锻炼和实现创业实战。

1. 大学生创业实践实训

培养大学生创业能力有了理论知识的基础，需要将理论知识结合实践操作，模拟大学生创业整个流程，让大学生提前进入企业进行实训，参加创业和企业管理的所有程序和流程，让课程理论的知识具体化，培养大学生的实践能力。高校亦可举办各类创业比赛、创业经营比赛、大学生营销比赛、大学生商务谈判比赛、有针对性地开展系列创业活动："创业沙龙""学长有话说""创业经验交流""创业讲坛""我与名企面对面""创业素质拓展"以及各类创新创业比赛活动等，通过这些活动不断提高大学生综合素质，让大学生更好地应对创业过程中的各种挑战。开设校园 BBS 创业板、建立大学生创业群、微信群、微博创业园、大学生创业联盟、大学生创新创业俱乐部，这些平台已成为创业学生实践学习的重要阵地，能发挥乘法效应，让大学生创业快速进步。通过这些实践实训平台上，大学生的创业有了思想的交流，得到了很好的效果。

（二）大学生创业园的孵化

大学生创业初期，大学生不可避免地会因为经验不足、资金缺乏等问题产生相应的困惑。大学生创业园的孵化为我们大学生提供了创业的项目检验平台，在创业园中，大学生实战创业，有学校老师和企业导师可以咨询创业问题，提供场地和商业氛围，为优秀项目提供资金支持，解决了大学生创业的后顾之忧，为大学生创业铺平了向前发展的道路。孵化成功的创业项目带动初级创业的项目，形成良好的循环效应，让大学生创业的源泉连续不断。实践是创新的源泉，实践为大学生获得经验积累，不断创造出自己的创业项目和事业。大学生创业园孵化是大学生创业的摇篮，培育了大学生创业的梦想，指导并保护着创业初期的企业不断成长，最终走向市场。

大学生创业能力培养在多年的探索下获得了很多的成绩，政府、高校、社会已经形成合力在大学生创业能力培养中取得很好的效果，在课程设置、创业园孵化、创业技能等方面取得了不错的成绩和效果，高校在大学生创业能力培养中起着关键的作用，必须为大学生提供更多的理论学习计划，创造更多实践平台，引进更好的创业团队，营造良好的大学生创业环境。

二、"互联网+"背景下的大学生创业能力培养

目前，互联网在各个领域得到了广泛运用。使用互联网能够帮助大学生更好地对各种资源进行搜索与运用，使信息交流更加便利。现阶段，我国的就业形势紧张，所以，培养大学生的创业能力培养是十分重要的。

（一）"互联网+"背景对大学生创业能力培养带来的改变

随着"互联网+"技术的发展，越来越多的人逐渐认识到网络技术的运用给自身带来的便利，互联网技术也促进了我国产业与技术的不断创新与发展，在这个过程中，也为大学生提供了更多的创业机会。因此，培养大学生的创业能力十分重要，能够更好地帮助大学生融入社会并找到适合自己的行业，并且为之不断努力。

首先，在"互联网+"背景下，需要结合理论知识和实践内容，才能更好地让大学生通过项目化的方式积累自身实践经验，不断提升大学生的创业能力。针对当前我国一些较为新兴的创业项目来说，通过运用互联网技术，能够让大学生更好地认识行业的实际发展和经济形势以及分析产业优势，结合时代发展特征，在创业过程中更好地把握机遇，提升自身的核心竞争力。其次，在"互联网+"背景下，互联网技术的发展能够使大学生在培养创业能力的过程中获取更多的资源。一方面，可以通过学习和运用一些优秀的创业人才成果，帮助大学生从中获取更多的创业观念，还可以通过运用网络让大学生自主检验理论成果，把理论知识转化成思想观念，逐步掌握并将其实际运用在创业中。另一方面，学校在"互联网+"的背景下，可以开展多元化教育模式，通过设计各种活动和校企合作的方法，让大学生提高自己的实践能力，从而更好地认识到创业的实际意义和价值，提升大学生的创业能力。最后，大数据技术和物联网技术等全新技术，能够在"互联网+"背景下为大学生谋求更多发展机遇，使大学生的创业能力在实践过程中得到培养，更加符合当前时代发展需求，促进大学生不断成长与进步。

大学生创业不可能一蹴而就，在培养大学生创业能力时，需要结合社会实际发展情况，增强大学生解决问题的决心和毅力。首先，现阶段的大学生创业能力培养工作还比较传统，创业模式与互联网技术的结合不够密切，没有及时判断我国经济发展情况，因此，经常出现创业活动在举办过程中无法贴合社会现状的情况。还有一些教师缺乏对大学生创业能力培养的重视，导致创业能力培养难以达到理想效果。其次，在创业能力培养过程中，没有运用现代科学技术，在实际培养过程中，大学生经常存在遇到问题却不知道如何解决的情况，导致对自己的创业前途感到渺茫。最后，在"互联网+"背景下，没有充分应用校企合作模式，而是采取岗位培训模式，不利于对学生创造力的培养。

（二）“互联网+”背景下大学生创业能力培养措施

1. 结合市场实际案例，创新创业思维灵活能力

创业的本质就是通过对市场需求的了解开发一些全新的产品，所以创业者需要打破自身的传统思维，拥有一双善于发现的眼睛，及时地捕捉到社会存在的空缺，因此在培养大学生创业能力的过程中，思维的灵活能力是创业的基础。首先，需要根据当前实际存在的市场案例来设计培养模式。比如：现阶段共享经济在我国十分盛行，逐渐出现了共享单车、共享充电宝以及共享汽车等共享经济的创业项目，这些项目的出现改变了人们的生活模式。自主发现商机是大学生在创业过程中必备的基础能力，因此，在大学生创业能力培养过程中，需要引导大学生通过对这些案例的了解去自主研究共享经济实际发展趋势，根据我国的共享经济发展现状判断是否还有发展空间，通过思考这些问题，帮助大学生养成良好的市场洞察力。其次，需要让大学生多参与到活动设计中。大学生在提高创业能力的时候，可以根据实际存在的市场案例多参与一些创业比赛，并且将创业需要与互联网技术完美融合，通过了解当前我国成功的创业案例，确定符合社会实际需求的创业方向。例如：自我国提出“一带一路”倡议之后，经济发展出现了巨大腾飞，也创造了更多创业岗位，因此，通过了解“一带一路”案例，能更好地帮助大学生把握国家发展机遇，从中发现创业点。最后，通过运用共享信息，能够让大学生获取更多的网络信息资源，从而可以自主学习网络上的创业经历，掌握更多创业知识，形成良好的创业思维。总之，在“互联网+”背景下，大学生的创业思维能力培养需要结合市场的实际情况和真实案例，培养大学生的发散思维，使其形成更好的创业能力。

2. 创新校企合作模式，锤炼市场敏锐洞察能力

创业需要思维和眼光，不是单凭热情就可以获取成功。作为创业者，需要加强对市场的了解，及时把握市场机遇，充分利用各种资源，如此才能更好地在市场中创业成功。因此，在大学生创业能力的培养过程中，除需要让大学生掌握专业知识外，还要让大学生具有良好的市场洞察力，能够及时在市场出现变化时掌握先机，抓住创业机会，这样才能让大学生在面临市场激烈的竞争以及出现问题时，及时把握市场情况，分析发展趋势，进而抓住良好的创业时机。

校企合作模式是有效帮助大学生提高创业能力的重要模式之一，所以学校要联系企业，在学生出现一些创业创意和想法时，在企业获得专业人士指导并进行模拟实践，发现模拟实践中存在的问题，不断完善自身创业想法。在这个过程中，学校要打破自身传统的观念，与企业建立双创合作模式。首先，企业要为大学生创业能力培养提供良好的机会，让大学生能够在企业岗位上充分了解市场发展的实际情况和市场发展中存在的问题，积累创业经验。其次，学校可以给大学生提供一些实验模拟的沙盘和研究室，让学生在出现创

业想法或者想研发全新产品时能够直接在企业内部孵化，这样就能更好地让大学生的创业想法得到实践，从而了解自身创业的不足。除此之外，在校企合作过程中，企业要与学校实现资源共享，给大学生营造良好的创业环境，实现学校、企业以及大学生的共同进步与发展。在“互联网+”背景下，提高大学生的创业能力，需要大学生了解企业实际运营模式并参与其中，将自身掌握的理论知识逐渐转化成为实践经验，锤炼自身的市场洞察力，这样才能在激烈的市场环境中抓住转瞬即逝的创业机遇。

3. 给予鼓励与支持，提高学生市场需求试探分析能力

大学生在了解市场、掌握市场发展趋势后需要进一步加强对市场需求的了解，通过深层分析市场趋势，提高市场需求试探分析能力。比如：在出现一种全新的产业模式时，大学生需要去思考这个时候市场的状态是时机未到还是已经饱和，但是无论是哪种状态，都可能直接影响实际创业效果，因此，需要再次充分分析市场，不断降低自身创业风险，增加创业成功的概率。高校需要加强运用信息技术，让大学生在互联网上进行样品制作，或者在互联网上通过网店模式试销，并且针对实际创业计划，发表自身意见，或者制定一些管理模式，看看自己的想法是否能引起人们的关注，受众对自身的创业计划有怎样的评价，然后，再和企业内部的人力资源管理者详细探讨，根据他们提出的建议完善自身计划，提升创业效果。总之，在“互联网+”背景下，网络信息十分发达，能够帮助大学生更好地收集一些对自身创业有价值的信息，从而使大学生掌握的信息更丰富，进而加强对市场的分析与探索。

4. 拓展资源获取渠道，提高资源获取能力

大学生创业过程中最大的困难是资金问题。创业是需要资金支持的，所以，除了培养大学生创业技巧与能力，还要加强培养大学生资源获取能力。例如，我国政府鼓励大学生创业，并且制定了许多相关的政策，扶持大学生创业，学校可以为创业的大学生获取政府投资。除此之外，大学生还可以在互联网上公布自己的创业计划来引起一些企业关注和投资，解决创业初期的资金问题。对于场地问题，大学生可以采取线上销售模式来实施自身的创业计划。通过运用互联网在各种社交平台上积累人脉，拓展其人脉资源。在“互联网+”背景下，人们的沟通交流更加便利，大学生需要加强开发网络资源，融合线上资源和线下资源，这样才能更好地拓展自身创业资源，实现自身的创业目标。

5. 进行创业跟踪辅导，助力大学生创业

创业过程十分复杂，在这一过程中大学生会遇到许多难以解决的问题，而任何一个问题没有得到及时解决，都会导致创业失败，从而使大学生的创业自信心受挫。因此，大学生在创业初期，需要一个经验丰富的人员在企业管理以及技术上给予一定的支持和指导，这样才能为大学生在创业初期奠定良好基础。并且，在大学生的创业项目上，需要通过运用自身的专业优势加强项目链接，形成一个产业链来获取较强的影响力，从而提升自身创业成功率。

三、乡村振兴战略下大学生创业能力培养

（一）乡村振兴战略下大学生农村创业的意义

1. 提升农村地区的经济活力

在乡村振兴的战略实施下，大学生开展农村地区的创业活动，能够极大地提升农村地区的经济活力。在改革开放之后，我国农村地区的发展缓慢，而且大量的资源涌入城市。在社会主义新时代的发展下，党和国家引导社会各界投入到农村地区的发展建设中来。尤其是大学生开展的农村地区创业活动，能够有效地提升农村地区的消费能力，恢复消费市场，增加产业经济形式，提升农村地区的经济活力。同时，也为农村地区创造了巨大的经济价值，使得农村地区因大学生的返乡创业，而呈现出良好的发展局面。

2. 缓解城市的就业压力

随着我国高等院校的发展和改革，高校学生数量每年都在增加，而相对于市场环境来看，各种岗位已经逐渐饱和，因此，大学生的就业难问题随即出现。在常规的就业渠道出现问题的情况下，引导大学生参与农村地区的就业和创业活动，就成为解决大学生就业问题的重要方式。随着互联网经济的不断发展和提升，越来越多的大学生开始投身创业活动，对大学生的就业市场缓解了压力。有些创业成功的学生，不仅解决了自己的就业问题，还通过不断的发展状态，为社会提供了多个就业岗位。随着大学毕业生数量的逐年增加，大学生就业问题在未来一段时间内还会普遍存在，引导大学生开展创业活动，尤其是针对农村地区的创业活动，将会成为缓解未来就业压力的重要渠道。

3. 促进农村地区的创业环境优化

我国农村地区长期以来经济发展处于较为缓慢的状态，长期的市场环境则引起众多产业经济走向衰败，形成一个恶性循环的市场。高校大学生在农村地区进行创业活动之后，可以有效调动农村的经济环境。同时，大学生消费行为十分活跃，思维先进，通过大学生在农村地区的生产和生活，使得农村地区的经济恢复活力，产业经济形式增加，消费能力增长，日常消费和基本的服务业增加，从而优化了农村地区的创业环境，吸引更多的青年群体投入到农村地区的创业中。

4. 将城市资源引入农村

高校大学生在农村地区的创业活动，能够有效地将城市资源引入农村地区。首先，大学生作为先进的人力资源，在农村地区的创业活动，对农村地区的产业经济的发展产生了极大的作用。其次，农村地区的外出劳动力，会随着农村地区经济发展的转变，而逐渐地返乡，加入本地的经济市场中。另外，大学生的创业项目必然伴随着资金的投入。其中一大部分学生可能会通过家庭或者是市场投资企业来筹措资金，使得大量的城市资金融入农

村地区。城市资源的引入，使得农村地区枯竭的资源得到恢复，加快农村地区的经济发展，逐渐缩短农村与城市之间的差距。

（二）乡村振兴战略下大学生农村创业的能力培养策略

1. 建立系统化的创新创业教育

在高校的人才培养中，要建立系统化的创新创业教育模式，加强创新创业的师资力量和各种资源的配给，使学生能够很好地掌握创新创业的能力。另外，在创新创业的教育中，教师要引导学生向农村地区经济产业进行思考和关注，更多介绍农村地区的经济发展模式以及大学生创业的优势，使学生自觉地关注农村的创业活动。此外，还要通过大学生创新创业教育，提升学生的综合素质，无论是在创业还是未来的就业中，综合素质的培养，对于学生的个人发展都是至关重要的。

2. 加强创新创业的实践能力

在高校的创新创业教学中，最为关键的是大学生创新创业的实践能力。首先，高校要充分融合多种社会资源，为学生提供在校实践的场所和资源。比如在学校场所范围内开设自由市场，为参加创业的学生提供创业的场所和机会。或者鼓励学生参加校内或者是地区内开展的创新创业大赛，为参加比赛的学生提供充分的保障。创业活动的成功是以是实践为标准的，创业实践机会的增多，也是创业成功的有效前提。因此，在校内要充分为学生提供创新创业的机会，才能使学生在未来社会经济中，减少失败的概率和不必要的经济损失。

3. 加大对农村地区产业经济的关注

在高校学生深入农村开展创新创业活动中，首先要使学生能够充分的了解农村的经济市场，合理的选择创业项目和创业方式。比如在农产品销售领域的创业项目，首先要充分的了解本地区农产品的生产情况，其次就是销售市场情况。在前期的市场调研来说，市场调查的内容越充分，将来所进行的决策就越精确，而忽视了前期的市场调研，则在未来的决策中就会越模糊，产生损失的概率就越大。另外，大学生参与农村创业中，要始终关注国家对农村发展的政策，以及当下乡村特色产业。通过整体的政策指导和扶持，来开展创业项目。比如，一些依托自然风景的农村地区，所开展的大多是特色旅游和文创产品的销售，不管是国家还是地方政府，也多会在相关领域的商业活动进行支持。这样则更加保障了创业的成功率，同时也可以为创业者前期节省资金。

4. 充分利用互联网经济来开展创业活动

在互联网广泛普及的社会环境下，大学生利用互联网来进行农村地区的创业活动，具有许多天然的优势。首先，大学生对互联网经济十分熟悉，也能够掌握许多互联网技术。在充分了解农村地区的各种产业经济之后，引入到互联网中，进行产品推广或者产品销售，都是十分便利的。其次，目前，农村地区的互联网基础设施的建设已经十分完善，对于开展互联网商业模式提供了良好的保障。另外，目前互联网经济也得到了农村地区广大消费群体的认可，许多文化程度并不高的农村居民，也可以通过手机或者电脑来进行互联网商业活动。这种网络环境，为大学生通过互联网来实现农村地区的创业，提供了丰富的便利条件。互联网经济领域的创业活动，成为大学生创业的首选。

第四章 大学生创新创业能力提升策略

第一节 构建社会支持体系

大学生创新创业素质培育需要社会支持，社会支持体系是对学校教育的有效补充，也是整个大学生创新创业素质培育体系不可分割的有机组成部分。构建大学生创新创业素质培育社会支持体系，有助于推动大学生创新创业素质培育顺利开展和大学生创新创业活动取得成功。在全社会的支持下，重点完善政策体系、营造社会环境、建立合作模式、建立评价机制，充分发挥社会对大学生创新创业素质的培育功能。

一、出台相关政策，加大执行力度

大学生创新创业素质培育政策是各级政府制定的，有利于培育学生创新创业素质的一系列规范和措施。大学生创新创业素质培育政策是创新创业政策的基础性单元和内部动力来源，其宗旨和目标是通过出台相关法律法规、完善专项指导性文件、加大政策执行力度，支持、引导高校和社会力量对大学生创新创业素质进行有效培育。

（一）出台相关法律法规，为大学生创新创业素质培育提供法理依据

法律法规为全社会进行大学生创新创业素质培育提供了一个重要的参考依据。政策可以为大学生创新创业素质发展指明方向，提供制度保障。为了更能凸显其重要性，应该完善《中华人民共和国就业促进法》，出台《创业教育促进法》，进一步明确社会、政府、高校、企业、家庭等在大学生创新创业素质培育中的任务、责任和义务，各培育主体还要做进一步的制度规定，做到各司其职、各尽其责，为大学生创新创业素质培育的实施提供法理依据。

（二）完善专项指导性文件，构建大学生创新创业素质培育的政策框架

大学生创新创业素质的获得需要一个过程，并且要贯穿于大学生的整个大学生涯。因此国家需要制定一部纲领性文件，特别是针对在校大学生创新创业素质培育方面的文件，对大学一年级新生一入校门高校就要介入，明确大学期间的人才培养方案、培养目标，尽可能明确开展在校大学生创新创业素质培育的相关要求，联合各相关部门制定课程建设、师资队伍建设、产学研合作等配套文件，形成完整的政策框架体系，进一步细化和加强大

学生创新创业素质培育的政策指向。

（三）加大政策执行力度，确保政策有效落实

政策就是一种理论，具有根本性、全局性、长期性和稳定性的特点，严格执行各项政策便成为大学生创新创业素质培育的主要途径。国家制定的有关大学生创新创业教育政策只有科学、有效执行，大学生创新创业素质培育的发展目标才能得以真正实现。目前，国家出台了关于大学生的创新创业政策，但在具体执行过程中，有些地方和高校总是打了折扣甚至流于形式，存在落实不到位的情况，没有坚决贯彻落实国家有关创新创业政策精神。落实并不是把国家的有关创新创业政策挂在墙上，也不是挂在嘴上，而是要落到实处，更重要的是对有关大学生创新创业政策的精神要吃透，不能“碎片化”地去理解和执行，要对有关大学生创新创业政策的“伦理内涵”有力地落实下去。学校要有大胆突破既有格局的勇气，做到上中下互动，形成政策的良性运转。上行下不效，有令不行，再好的政策，也无济于事。贯彻落实国家政策还要有监督机制，如果从教育部到地方、高校不能有效发挥监督职能，国家政策的贯彻落实情况很难到位。只有执行得力，政策才能够转化为大学生创新创业素质培育的力量源泉，才能够真正促进大学生创新创业素质有效发展。

二、营造社会环境，提升育人功能

唯物史观认为，人创造了社会环境，社会环境影响并塑造着人，人与社会环境是相互作用、相互促进的关系。社会环境是培育大学生创新创业素质的一个重要载体，良好的社会环境是培育大学生创新创业素质的温床，大学生与良好的社会风气发生作用，通过环境的育人功能，实现大学生创新创业素质的提升。

（一）营造有利于大学生创新创业素质提升的文化环境

文化是民族的母体，是人类思想的底蕴。由形形色色的文化所生发出来的浓厚的文化情调弥漫在社会空间中，就形成了一定的社会文化环境，它可以通过物品、社会制度、语言文字符号，以及人们的生活方式、情感表达方式、解决问题的思维方式和心理惯式等来表现和感受。每一个社会成员接受着文化环境的陶冶，潜移默化地塑造着自己的价值观。创新创业文化是一种与时俱进的先进文化，它是人民群众在现实生活中表现出来的一种价值取向、生活理念和精神追求。大学生创新创业素质培育如同种子的发芽生长需要土壤、阳光、空气、水分等外界条件一样，需要适宜的先进文化的引导与支撑。大学生所处的社会文化环境必然会对大学生的创新创业素质的发展产生影响，有时甚至是决定性的影响。文化环境有优劣之分，存在着质的差异，这种差异会对大学生创新创业素质的形成产生不同的影响。良好的文化环境是一种能够在大学生创新创业失败时给予心灵安慰的“精神家园”，是一种能够使大学生创新创业的精神追求和实际行动不断扩大和自由张扬的“生态环境”。良好的文化环境在大学生创新创业素质形成的过程中发挥积极作用，能够在大学生创新创业道路上遇到挫折时给予鼓励，提供宽容和保护，容易孕育出我们这个时代需要的“双创”人才，反之，恶劣的社会文化环境在大学生创新创业素质形成过程中发挥消极作用，难以塑造和孕育出我们这个时代需要的“双创”人才。文化是人的创造，又是人的本质的外在表现和实现途径，大学生创新创业素质的发展在本质上就属于文化范畴。因此，我们必须全面贯彻尊重劳动、尊重知识、尊重人才、尊重创造的方针，帮助大学生营造好事业的良好社会文化环境。第一，充分吸收中华优秀传统文化，营造敢为人先、敢于竞争的氛围。保守、惰性不利于创新，容易使人养成因循守旧、随遇而安、随大流的习性，缺乏反潮流、反媚俗的勇气。第二，营造一种宽容失败的氛围。自古以来，在“实用理性”文化理念的影响下，“以成败论英雄”成为人们评价人物的主流价值标准。在我们的传统观念中，虽然也有“胜败乃兵家常事”“不以成败论英雄”等哲言；在我们的历史记忆中，“失败的英雄”更多的是受到讥讽、挖苦、白眼、呵斥；在我们的心理积淀中，更牢固的还是“胜者为王，败者为寇”“墙倒众人推”的思想；在现实生活中，鲜花、掌声和笑脸依旧包围着胜利者，对失败者或者受挫折者的宽容度很不充分，失败者只能在大地上留下他无奈而孤独的身影。与简单的重复性劳动不一样，创新创业是一种高投入和高风险的活动，经常会出现失败现象。因此，我们要破除“胜者为王，败者为寇”“以成败论英雄”的思想，允许和宽容对待创新创业失败，关心和爱护在创新创业中受挫的人才，鼓励他们不畏挫折、不畏失败、屡败屡战，造就宽容对待失败、鼓励争鸣的文化氛围。只有在宽容失败、充满理解失败和尊重失败的文化氛围中，大学生的冒险精神、创新创业的积极性才能充分地发挥出来。第三，营造崇尚科学精神的社会风尚。我们要大力加强科学普及教育工作，宣传创新创业的典型事迹和典型人物，引导全社会树立“创新创业光荣”的价值观，使整个社会形成以“崇尚科学为荣、以愚昧无知为耻”的良好风尚，使我国广大青少年从小就树立勇攀科学技术高峰的理想，立志成为未来创新创业的生力军和我国科学技术事业发展的接班人。

缺少了创新文化的支撑，大学生创新创业素质培育就成了无本之木、无源之水、空中楼阁。为了使大学生具备过硬的创新创业素质，就必须大力发展创新创业文化，营造有利于大学生创新创业素质发展的创新创业文化环境，使有利于大学生成长的社会文化土壤肥沃起来，用繁荣的创新创业文化土壤孕育、熏染大学生，使其产生创新创业意识，树立创新创业理想信念、创新创业价值观念、创新创业认知，提升思想道德修养，激发创新创业精神，提升创新创业能力，最终转化为大学生自觉的创新创业实践和行动。

（二）营造有利于大学生创新创业素质提升的舆论氛围

当今社会，尽管媒体的公信力强弱不一，但是从现实来看，媒体对于舆论的引导作用是其他传播工具难以超越的。媒体已经成为营造社会舆论环境的一股重要力量，是人们用以表达基本思想的一种载体，深刻地影响着人们的行为方式。同时媒体对舆论传播的影响力，加大了监督社会环境、协调社会关系、传承社会文化等功能。媒体包括我们熟知的电视、报纸、广播等大众传媒，还包括网络、电话、手机短信、微博、微信等新兴媒体。现代技术的广泛运用，使得信息传播的介质更加多样，也使得信息传播的速度更加快捷，具有即时性和跨地域性。特别是新媒体在社会环境营造中所发挥的作用越来越大，互联网已经成为最主要的信息源。在我国社会发育不完备的情况下，一些群体受利益的蛊惑，通过制造"假新闻"来吸引眼球，这种不负责任的媒体运作则可能对社会造成重大不良影响，对危机的发生与蔓延起推波助澜的作用。责任媒体乃至个人的责任行为就显得尤其重要。政府要对媒体进行有效监控，媒体在社会环境营造中要自觉遵循新闻传播的基本伦理规范、自觉维护社会运行的基本秩序、自觉尊重人的生命价值和尊严。在大学生创新创业素质培育过程中，发挥榜样的力量，大力宣传创新创业者的先进事迹，树立创新创业典范，营造创新创业光荣的舆论氛围，为创新创业理想信念的树立和创新创业意向的激发提供良好的培育条件，激励更多的大学生投身到创新创业活动之中，加快创新创业文化的生成、升华进程，培育鼓励创新、宽容失败的舆论氛围，为大学生形成良好的创新创业素质营造良好的外部环境。

三、构建合作模式，形成培育合力

大学生创新创业素质培育的实施仅仅依靠高校的力量具有较大的局限性，应联合不同教育阶段的力量，联系政府、企业，加强高校之间进行合作，整合社会多方资源，使多种培育资源相互联系、相互影响，形成大学生创新创业素质培育合力。建立健全政府主导、行业指导、企业参与的合作模式，最终形成"纵向衔接、横向沟通、分层递进、螺旋上升"的大学生创新创业素质培育合作模式。

（一）构建"政产学研"合作模式

"政产学研"合作模式是指大学依靠政府的支持、企业的助力，逐步与政府、企业形成长期、稳定、积极的合作关系，共同作用于大学生创新创业素质的培育。"政产学研"合作模式为全面提升大学生创新创业素质注入了持久的动力，也为企业发展提供了技术支撑，在促进经济社会发展、创新创业人才培养方面已经成为一种重要的方式。

明确政府、高校、企业职责。政府在"政产学研"合作中发挥协调、保障作用，为"政产学研"合作的顺利开展采取有关措施。一是中央政府层面可出台相关法律法规，为"政产学研"合作提供法律依据，对"政产学研"合作进行政策引导，促使学生、老师从坐在实验室中做实验、写报告中逐渐转向参与企业的咨询决策和项目开发，将商业活动融入自己未来的职业角色构想范围中，促进创新创业素质的提升。二是地方政府构建完善的制度保障体系，对“政产学研”合作进行外部协调。采取“约束与激励”相结合的管理办法，鼓励企业、行业协会等关注其自身的社会责任，对企业和学校进行双向监督。通过有效的利益分配机制，促进社会资本、智慧资本在学生、企业以及学校中自由流动，确保“政产学研”合作的高效性和回报率。三是政府和企业在大学周边建立高新技术产业群、工业园、大学生创新创业孵化基地，成立“政产学研”合作中心、跨企业培训中心、产业合作委员会、专利管理委员会等组织机构，建立广泛合作，协调各方在大学生创新创业素质培育过程中出现的问题，为高校的大学生创新创业素质培育提供积极的支持和帮助。高校在政府的引导下，主动与所在区域的企业、行业、非营利组织建立一种良性的、灵活的、互动的、长期的合作伙伴关系。高校在获得物质、资金、师资、实践基地等资源支持的同时，通过自身优势主动服务企业，积极参与解决企业的技术攻关、生产、管理决策和项目研发等现实难题，调动企业帮扶、支持的内在积极性，将大学生创新创业素质培育与地方经济社会发展紧密结合，通过形成互惠互利、双效共赢的合作模式对大学生创新创业素质培育进行支持。企业在政府的支持下，对大学生创新创业素质培育进行金融资本、技术和产业资源的支持，逐步形成有利于大学生创新创业素质培育的开放性、促进性的企业环境，在企业内部成立“大学生创新创业素质训练中心”，同时提供实习实践岗位和机会，根据市场的实际需求对大学生进行专业技能、职业素养、创新创业能力等培训，让大学生有更多机会利用企业的实践平台巩固专业知识、锻炼操作技能、了解企业内部的运营管理模式，促进大学生创新创业知识向创新创业能力进行转化，催生创新创业人才的成长，释放大学生的创新创业能量。

通过项目合作带动“政产学研”合作，在充分利用政府高校企业结合的区域优势、知识优势、技术优势的基础上，高校通过与政府、企业建立多项公共基金资助项目、双边合作课题和资源共享体系。为确保信息顺畅、沟通及时，三方根据需要成立专门的大学生创新创业项目管理中心和资源共享平台，为大学生提供资金支持、交流机会，引导大学生结合自己所学专业寻找自己的兴趣点，确定自己的创新创业方向，从而选择项目和所要合作的企业，获得实践经验，促进大学生的创新创业的想法尽快落地，使其课堂上掌握的理论知识转化为项目成果、能力转化为效益。通过这些项目拓宽学生的视野，让学生与企业一同成长，帮助学生了解本专业的研发焦点和该行业的未来发展走向，提高学生的科研能力、创造能力和创新创业能力。使学生的创新意识、创新创业精神、产业适应力和市场竞争力得到提升，对学生择业、就业、创新创业以及整个职业生涯的发展均具有重大意义。同时，通过项目产生的规模联动效应，对地方经济社会发展和创新创业人才的培育发挥倍增效应。

通过“政产学研”合作模式，政府充分发挥主导优势，整合各方有效资源，为当地经济社会发展提供支持。高校利用各方有效资源，减轻场地设备、教学成本、实习实训以及师资配备方面的压力，将基础研究、教学和产业创新进行整合并发挥其育人功能。企业在合作的过程中提升了企业形象、降低了研发风险，增强了自身的创新能力和竞争优势，并获得了丰厚的产出回报。形成三方各取所需、互惠共赢、递增循环的合作模式，将有利于大学生创新创业素质培育有效开展。

（二）建立高校之间合作模式

在政府的组织、引导和协调的基础上，按照地理位置相邻或者地理和文化特征相似相容的特征区域概念，可以将大学生创新创业素质培育合作模式分为省与省高校之间合作模式、省域内各高校之间合作模式、市内各高校之间合作模式。

由于我国高等教育条块分割、省界明晰的管理格局，导致高校间发展极不平衡、省界效应依然存在，各类教育资源得不到充分有效利用，因此省与省高校之间合作模式可以由教育部牵头，搭建合作平台，出面协调全国区域内的高等学校，推动全国区域协调发展，缩小东西部区域之间高等教育发展差距，促进区域间共同繁荣。

省域内各高校之间合作模式可以由省教育主管部门牵头，建立省内专家资源库，省内创新创业教育综合改革试验区，形成省域内创新创业素质培育资源有序流动，有效促进省域内高校之间的优质资源合理流动和优化配置。

从地理位置上的优势来看，大学城内各高校之间向深度合作容易变为现实。大部分高校有合作的意愿，但由于学校的权力有限，高校评估指标条件的限制等，迫使学校不得不各自为政。目前，各个城市均建有大学城，大学城内分布着不同层次不同属性的高校，以省属、市属的地方高校居多，因此可以由省教育主管部门和市政府共同牵头，形成一种长效机制，打破大学城区域内行政壁垒，统一发展战略，有效整合大学城区域内各类高校大学生创新创业素质培育资源，根据实际情况对区域内学科专业课程结构等重新合理布局，实现大学城区域内高校间学分互认、课程互选、专业互补、学者互派、教授兼课、学生兼读，实现高校图书馆、师资实训基地、创新创业教育师资队伍等教育资源共享，减少办学成本，克服高校同质竞争，拓宽大学城区域内校际合作领域，建设结构更加合理、特色更加鲜明的区域高等教育合作共同体。

四、建立评价机制，提升培育质量

质量是大学生创新创业素质培育的生命线和永恒追求，评价是保证质量的重要控制手段，其目的在于客观反映大学生创新创业素质的发展状况，规范高校创新创业教育行为，优化社会创新创业氛围，引起社会各界共同关心大学生创新创业素质的发展，对培育方式实现检验、诊断、修正、调节、引导，激励大学生对创新创业素质有一个客观、全面的认知，从而矫正自己的努力方向。从总体上看，目前在评价主体上表现出明显的一元性，在评价内容上具有片面性，在评价方式方法上呈现出单一性，在价值取向上带有较强的功利性，过多注重结果性评价而较少关注过程性评价，这些或多或少地制约了大学生创新创业素质培育质量的提高。因而，大学生创新创业素质培育评价机制需要因势利导，通过借鉴、消化、吸收西方国家的研究成果和成功做法，在现行评价机制的基础上确立评价原则、建立评价指标体系、优化评价方式方法。

（一）确立评价原则

大学生创新创业素质培育评价的一系列原则，是在大学生创新创业素质培育过程中形成和确立的；大学生创新创业素质培育评价原则是大学生创新创业素质培育过程规律的表现。在大学生创新创业素质培育过程中形成和确立的这些原则，是大学生创新创业素质培育活动必须遵循的准则。大学生创新创业素质培育评价原则反映了大学生创新创业素质培育活动的客观规律，是大学生创新创业素质培育机制和评价活动必须遵循的基本准则。第一，坚持定性评价与定量评价相结合的原则。所谓定量评价，是指在对大学生创新创业素质培育的主体或者客体的具体信息进行收集、整理、分析的基础上，使用一定的数据分析得出结论性评价的方法。证实价值客体是否具备可以数量核准的素质特征是定量评价的本质所在。定性评价与定量评价是对大学生创新创业素质培育的客体经过分析与综合而得出结论性评价的方法。大学生创新创业素质培育是否达到效果，培育的主体是否完成任务，培育的客体是否符合创新创业素质培育的要求，等等，都需要有一个结论性的评价。第二，坚持整体评价与重点评价相结合的原则。评价内容应具有系统性，能够充分体现学生综合素质发展的要求，按照知识教育和人格塑造并重、专业教育和创新创业教育融合、个人发展与社会责任担当统一的创新创业型人才的素质特点全面评价学生的素质发展状况。在评价指标设计上应该具有多维性，不仅关注大学生的知识结构，还应关注大学生的非知识结构、个性特质等方面的素质结构，通过评价促使学生把学习知识与锻炼能力结合起来，把重视显性素质与隐形素质结合起来，把自己奋斗的目标与国家需要结合起来，把培育智力因素与非智力因素结合起来，把注重身体健康与注重心理健康结合起来。在进行整体评价的同时也要进行重点评价，重点关注大学生的创新创业意识、创新创业精神、创新创业能力的发展状况，还要对大学生创新创业素质培育的经费保障、师资队伍建设情况等核心要素进行评价。第三，坚持静态评价与动态评价相结合的原则。静态评价在评价时不考虑评价对象在实际应用中的情况，不能深入分析评价对象的发展过程和发展趋势，强调评价对象在特定的时间和空间中的现实状态，因此，我们也可以把静态评价称为现状评价。对于创新创业素质培育而言，静态评价主要表现在评价者对评价对象仅仅停留在“听汇报、查资料”的静态层面上，这种静态的“纸质证明材料”对评价对象的现状进行评价，在一定程度上能够看清评价对象是否达到了某种标准，但容易导致评价结果不够客观、全面。动态评价反映了任何事物都处于不断的发展运动之中，将评价对象置于不断发展变化的态势和整个动态发展过程之中，通过跨越时空的观察、评估，了解评价对象变化的特点和潜能，并通过评价主体与评价客体之间的对话、协商促进评价对象的发展。将动态评价与静态评价有机结合起来，把静态评价作为动态评价的一部分，同时避免评价的随意性，对多次静态评价的结果进行比较分析，使其转化为动态评价的一部分，为未来创新创业素质培育提供支持。

（二）建立评价指标体系

评价指标体系是指根据评价目标需求，能够全面系统地反映某一特定评价对象的一系列较为完善的、相互之间存在有机联系的评价指标。目前学界在评价指标体系的构建上还没有形成标准化、内在一致的规则，指标体系的结构、指标的数量、指标的内容、指标的权重等也各有差异，无法统一。只有相对科学合理的指标体系，没有绝对科学合理的指标体系，不同的评价者对同一个评价对象进行评价时，评价指标体系的构建可能会有所不同。在科学评价中，指标体系的构建大致分为形成指标群、指标初选、指标优选和确定指标体系四个步骤。

（三）优化评价方式方法

大学生创新创业素质培育所追求的目标的全面性与评价的有限性永远是一对矛盾，无论怎样的评价方式方法都不可能囊括创新创业教育和学生素质发展的方方面面。大学生创新创业素质培育过程中的评价方式方法可以从以下方面进行。

第一，开展诊断性评价。所谓诊断性评价，就是老师通过一定方式了解学生在学习中存在的问题，思想上产生的疑惑，并分析这些问题产生的原因，进而有针对性地改进和调整教学策略，为学生解决问题提供帮助。在创新创业教育教学开始之前教师通过调查了解学生对创新创业教育的基本认识，对学生的创新创业素质结构进行把脉问诊，做出一个初步诊断，开出处方，做到下一步创新创业教育教学过程中有的放矢、心中有数。在创新创业教育教学活动过程中根据初步诊断得出的药方，有针对性地对学生进行个性化教学，在课程教学过程中记录学生的作业完成情况、对课堂知识的理解消化情况、自己的观点认识情况、实验操作情况等课堂表现，在课堂表现中注意观察学生提出问题分析问题解决问题的能力，对课堂表现进行归纳总结，把学生的平时表现作为学期的平时成绩。课程学习告一段落后，再次对学生进行考试，考试方式不拘泥于“书面形式”，可以结合课程性质选择不同的考查形式，找出最能反映出学生的创新创业素质的最佳方式，分析学生的课程前后变化情况，对学生作出客观全面评价。通过诊断性评价，能够帮助我们发现各培育主体在大学生创新创业素质培育过程中存在的问题，特别是在教育教学环节中，查明老师对学生教育和学生接受教育中存在困难的真正原因，从而采取对策，促进学生实现创新创业素质的转变和生成。

第二，进行多主体评价。多主体评价强调的就是多元主体参与，邀请各方面人员参与到评价中来，并提出切实可行的意见和建议，目的是使评价结果能够更好地满足使用者的需求。多主体评价打破了过去的评价主体只能是评价专家的传统束缚，是评价主体观念的一次变革。在传统的教育教学评价中，对学生的评价主体主要是教师，教师是唯一的“判官”，占据主导地位，拥有绝对的权力，决定着评价的内容和程序，而学生只能非常被动地接受评判。相对于传统的单一主体的教育评价来说，评价者的组成与功能都发生了根本性的变化，评价主体的多元化进一步拓宽了多元主体参与的范围，学生、辅导员、班主任、班级、家长、企业、政府、第三方评价机构等更多的评价主体都可以参与进来，对大学生创新创业素质培育进行全方位的评价。能够给评价本身以及评价参与者带来一些独特的变化和优势，参与者可以进入评价过程中的每一个环节，有利于评价机制建立在更为客观、全面的基础之上，取得理想的评价效果，为大学生创新创业素质培育的发展提供多层面的信息源。

第三，进行跟踪评价。创新创业素质培育跟踪评价是指按照一定的教育教学目标，通过收集有关创新创业素质培育信息，对创新创业素质培育主体和客体的行为和效果做出实时评价的过程。大学生创新创业素质培育是一个动态变化的过程，不可能一成不变，也不可能一蹴而就，对其评价不能仅仅停留在某一时间节点，而是要多维度地进行跟踪评价。一是建立在校大学生创新创业素质发展档案。通过对在校大学生跟踪调查，从学生跨入学校大门就要为学生建立发展档案，主要记录学生的成长变化过程，档案的内容不仅有学习成绩的变化情况，还要涵盖学生的身心发展状况、参加社会实践活动情况、参加科技发明研究成果、能力发展变化情况等。二是建立毕业生创新创业素质跟踪信息数据库。跟踪信息数据库是获得毕业生信息资源和展开对毕业生创新创业素质研究的一个重要基础。因为毕业生不像在校生那样随时随地都可以联系上，因此在对毕业生进行跟踪评价时，学校应该主动与毕业生建立一个双向互动的、积极的、高效的定期联系机制，并加强对毕业生创新创业素质跟踪信息数据库进行有效归类，及时为大学生创新创业素质培育提供有用信息。三是通过对用人单位、社会跟踪调查，建立一套反馈机制，及时搜集用人单位、社会对学校的人才培养方案、发展目标定位、专业课程设置、人才培育途径、师资队伍状况等的体会感受，为全社会构建大学生创新创业素质培育的决策提供依据。

第二节 深入挖掘高等教育资源

高校作为大学生创新创业素质培育资源的聚集地，在开展大学生创新创业素质培育过程中具有得天独厚的优势。在高校内部，充分挖掘可利用资源，并对不同来源、不同层次、不同内容的大学生创新创业素质培育资源进行优化重组、合理配置，进而为实现大学生创新创业素质培育工作的内涵式发展提供组织保障和资源支持。

一、加强管理体制建设，提供组织保障

大学生创新创业素质培育管理体制从严格的意义上说，具有宏观、中观、微观不同层次和高校内部、外部之分，本书从实际需要出发，将视角置于微观层次的研究，加强高校内部管理体制建设，为大学生创新创业素质培育提供组织保障。高校内部管理体制是指高校系统内部各要素的构成、职能、运行及其相互关系，具体表现为高校内部各权力主体(包括权力机构、岗位、责任人等）的权力、责任，及其权力运行、责任履行方式和不同主体间的责权利关系。规范学校办学行为，明确各教育主体责任，提高服务水平，形成“统筹协调、权责明确、规范有序”的大学生创新创业素质培育管理体制。

大学生创新创业素质培育的特点决定了其管理体制与专业教育有许多本质的差别。大学生创新创业素质培育既要充分发挥基层院系每位教职员工的智慧和才能，又需要部门之间相互配合。因此，大学生创新创业素质培育工作管理体制是面向科学问题的柔性化的矩阵结构。

（一）坚持党的领导

《中华人民共和国高等教育法》将“党委领导下的校长负责制”以法律形式固定下来，为新形势下理顺高校大学生创新创业素质培育管理体制指明了前进方向。

第一，构建以高校党委为领导核心的管理体制。健康的人生价值取向，热爱社会主义祖国是大学生应当具备的首要素质，大学生应当将坚持正确的政治方向放在首位，全面贯彻党和国家的教育方针，高校必须坚持党的领导。因此，要切实加强和改进大学生创新创业素质培育工作，关键在党。学校党委是大学生创新创业素质培育的最高领导机构，是大学生创新创业素质培育工作的领导者和决策者，是大学生创新创业素质培育工作的政治核心，应加强对大学生创新创业素质培育工作的领导和决策，负责掌握大学生创新创业素质培育的方向，把大学生创新创业素质培育工作融入学校的整体工作中考虑、谋划。

第二，构建以高校党委书记为第一责任人的管理体制。高校党委书记是大学生创新创业素质培育工作的第一责任人。党委领导是集体领导，对大学生创新创业素质培育工作集

体负责，每个党委成员都是大学生创新创业素质培育的责任人。在党委班子中，党委书记是班长，对党委决策具有重要的影响作用，在党委集体负责人中自然是第一责任人。党委书记负责组织党委班子集体讨论，制定大学生创新创业素质培育计划，确定大学生创新创业素质培育工作方针和目标，监督大学生创新创业素质培育计划执行情况；校长是大学生创新创业素质培育计划的首席执行官，具体组织相关部门和人员落实大学生创新创业素质培育计划。高校党委在不同的工作层面上应该支持校长及行政系统的创新创业素质培育工作，积极为以校长及行政系统为主的管理体制实施大学生创新创业素质培育创造必要的环境和条件。

第三，构建以高校领导班子集体领导的管理体制。充分发挥高校领导班子的作用。高校领导班子要适应当前深化高等教育改革的新要求，紧密联系和针对大学生创新创业素质培育工作的突出问题和主要教训，在加深理解建立和完善大学生创新创业素质培育管理体制的必要性上进一步形成共识。所有成员要有明确的大学生创新创业素质培育工作任务，肩负起自己应有的责任，保持正确的政治方向，不断提高自己的教学研究能力和组织管理能力，担负起大学生创新创业素质培育工作的领导力，坚持社会主义意识形态和价值观，对全校大学生创新创业素质培育工作进行宏观管理和监控，对大学生创新创业素质培育工作实行有效指导，为建立和完善大学生创新创业素质培育管理体制出谋划策，定期研究分析大学生创新创业素质培育工作状态，把“统一部署”和“为主实施”有机地结合起来，形成大学生创新创业素质培育整体优势，真正形成党政齐抓共管的大学生创新创业素质培育工作新格局。

（二）成立大学生创新创业素质培育组织机构

大学生创新创业素质培育组织机构是高校内部的组织实体，不仅制约着大学生创新创业素质培育管理体制的科学构建，同时也影响着高校育人工作任务的全面完成。科学地设置大学生创新创业素质培育组织机构是建立、发展和完善大学生创新创业素质培育管理体制的重要内容，是真正把大学生创新创业素质培育落实到教学、管理、后勤保障等多个环节上，切实形成全员育人格局，做好大学生创新创业素质培育工作乃至于完成学校育人根本任务的重要组织保证。

第一，成立校级大学生创新创业素质培育领导小组。在中国高校的管理体制中，经常存在着尚未成为正式制度的“领导小组”。“领导小组”是中国高校特殊的一种政治组织模式，“领导小组”通常以议事协调机构和临时机构名义存在。领导小组之所以能在高校占据一席之地，一方面是迫于上级或主管部门的权威，另一方面是满足了高校治理及政治生活中的特定要求。高校通常是接到上级或主管行政部门下发的文件后，按照文件精神，成立相应的“领导小组”，这种“领导小组”被冠以各种名称，且数量众多、活动频繁。

但在高校组织机构图和学校通讯录中，很难寻觅到“领导小组”的“身影”，他们不进入学校的正式组织机构名录，其组织架构、人员构成只是以学校红头文件的形式进行发布，大学生创新创业素质培育领导小组就是这样的一类组织。

“创新创业教育工作领导小组”这一顶层设计的变革突破了高校原有的组织架构，能协调解决大学生创新创业素质培育过程中出现的问题，成为一种便利的选择，彰显出统筹协调决策功能，有利于大学生创新创业素质培育决策的优化与落实。因此，要正视“创新创业教育工作领导小组”的独特优势，充分发挥其有效性；规范全校各部门分工协作，继续深化高校管理体制改革，这样才能充分发挥其议事协调机构的作用。

第二，建立健全大学生创新创业素质培育专门管理服务机构。任何事物的发展都有其两面性，“创新创业教育工作领导小组”在大学生创新创业素质培育过程中发挥了积极作用，但由于其设置相对灵活，无须太大的人力、物力和政治成本，基本只需要一份红头文件即可，因此在具体的执行过程中缺乏有力的监督，使“创新创业教育工作领导小组”在设置和运行过程中出现了一些偏差，容易造成“组织虚设”的现象，“组织虚设”在很大程度上还是制度变迁“路径依赖”作用的结果。高校在面临大学生创新创业素质培育时，自然而然地要成立“创新创业教育工作领导小组”来加以应对。在此过程中，“路径依赖”同样形成了顽固而强大的阻碍变革的力量，很可能出现“领导小组”效率低下的局面，使得大学生创新创业素质培育的任务在这一组织结构中落空或被漠视。

组织行为学理论指出，对于一个组织机构而言，其结构设计要服从每一项工作的任务与目标，尤其是价值链上的重要目标。组织机构中各部门的设计与设立必须以实现组织机构总体的优先目标为原则，这亦是组织机构功能结构优化必须遵循的原理。成立大学生创新创业素质培育专门管理服务机构是打破学校过于依赖“领导小组”的一种路径的应然选择，为大学生创新创业素质培育转向新的路径提供了强大的驱动力，为高等院校找准办学质量提供了很好的切入点。双创时代，各高校纷纷建立创新创业学院、创新创业中心等创新创业素质培育管理服务专门机构，并不是心血来潮，而是水到渠成。因此，一是加强管理能力。按照上级要求，做到“机构、人员、场地、经费”四到位。配备专职人员，使其拥有足够高的级别、权威与权力，赋予其双创工作“总监察”的角色，以便能够采取多样化的管理策略与强有力的服务措施，进行实体化运作。同时，还要确定职责，制订大学生创新创业素质培育的方案与计划，筹措相关资金，协调督促各部门做好相关工作，为基层院系提供所需的一切支持。二是强化“教育教学服务”意识。在大学生创新创业素质培育管理服务专门机构下成立大学生创新创业素质培育教学中心，参照高校的思想政治公共教学部、公共外语教学部、社科部等公共教学机构的运行模式，选配优秀人员，组建教学团队，专门从事大学生创新创业素质培育的课程建设、教材建设、实验实训室建设、信息交流等教育教学工作。三是突出“科学研究服务”水平。没有高水平的科学研究，很难有高水平的教学，与教学内容相关的科学研究是促进教学的催化剂，科学研究是教学的基础。为了切实提高我国大学生创新创业素质培育质量，一方面，组建大学生创新创业研究团队，围绕创新创业与创新、创新创业与企业成长等一系列问题，对大学生创新创业素质培育运行规律、教育内容以及在培育过程中遇到的若干问题、矛盾等进行研究，探索解决这些矛盾和问题的办法和途径，获得有价值的理论成果，实现大学生创新创业素质培育“校本化”；另一方面，大力推进高校创新创业研究和成果转化，全面提升大学生创新创业素质培育管理和服务水平。四是根据学生创新创业项目的需要和特点联系孵化企业，让创新创业意愿强烈且创新创业能力突出的学生参与到管理企业的过程中。

（三）建立以基层院系为中心的学院制管理模式

基层院系作为学校实施大学生创新创业素质培育的管理主体，在大学生创新创业素质培育中具有重要的地位和作用。以基层院系为中心的大学生创新创业素质培育学院制管理体制，就是指在大学生创新创业素质培育总目标、原则的指导下，基层院系拥有对等的责权利，真正成为充满活力的办学实体。大学学院制，为我国大学生创新创业素质培育体制创新提供了契机和依据。推动学院制的更好实施关键在于理顺高校基层党政负责人的主要职责、健全基层院系个性化的管理制度、明确基层院系内部管理职能。

第一，理顺高校基层党政负责人的主要职责。伴随着高校内部管理体制改革的逐步深化，理顺高校基层院系党政负责人的主要职责势在必行。我国高校基层院系领导体制主要有“院长负责制”“院党总支领导下的院长负责制”“党政联席会基础上的院长负责制”“教授委员会基础上的院长负责制”等。目前，高校基层院系领导体制还处于初步的摸索阶段，具体选择哪种模式，要根据自己学校情况而定，这几种基层院系领导体制各有特点，各有利弊，还存在基层院系党政负责人角色与管理部门职责不清的问题，把基层党政负责人的职责理顺、搞清楚是大学生创新创业素质培育的基本前提。院长负责学院行政、教学和科研管理等方面的工作，学院总支书记承担党建、学生管理、思想政治教育和工会建设等方面的工作。

第二，健全基层院系个性化的管理制度，明确基层院系内部管理职能。一方面，传承学校文化的核心精神，做好本院系的历史积淀，发扬本院系管理体制的优秀历史传统，把握好本院系管理文化的核心与精髓，确保学校优良的校风、教风、学风和传统优势得到延续与发展。另一方面，明确基层院系内部管理职能。目前很多二级学院都是随着学校的升格或改制，在原来系、教研室的基础上发展起来的，特别是新建本科院校，在办学环境发生变化的情况下，原来的系（部）基本都改为学院了，虽然名称改了，但很多学院的管理体制和内部管理职责并没有太大变化，旧职能由新机构接纳，依然是穿新鞋走老路，致使问题在发展中越积越多，给学校发展增加了沉重的负担。因此，各高校要借转型发展的机会，理顺基层院系内部管理职责，做好内部分工，进一步提高大学生创新创业素质培育执行力。

二、重视校园环境建设，改善硬件设施

校园是大学生每天学习、生活的场所，校园环境自然就成为大学生创新创业素质培育的重要因素。校园环境的影响具有长期性与稳固性特征，它能够反映学校独特风格与精神，校园环境是大学生超越自身有限性的源泉，良好的学校环境不仅会影响大学生的思维方式和价值观念，还会影响大学生的行为方式，对大学生创新创业素质的健康形成具有积极的促进作用，潜移默化地影响着大学生的精神风貌，浸润着学生的心灵。

（一）保留与传承校园历史文脉

校园建筑及其环境在发展过程中形成的特殊风貌和职能体系，成为高校育人生态环境的重要一支。每一所大学都有一部自己的发展史，有自己的历史传统。近年来，随着国民经济和教育事业的不断发展，许多高校进行了大规模的新校区建设。老校区经过一砖一瓦、一草一木的历史沉淀和一代代先辈辛勤耕耘，逐步形成了古朴典雅、庄重恢宏、独特气质的校园风光，这种具有浓郁特色的文化底蕴是不可能简单模仿和复制的，老校区浓厚的历史文化沉淀对大学生的孕育更是新校区一时无法弥补的，如何保留与传承校园历史文脉、发挥校园历史环境、维护好老校区的一草一木对大学生创新创业素质培育的作用显得尤为重要。按照避免破坏生态、力求改善生态的要求，尊重传统，科学地保护、利用、开发好老校区的历史环境，让校园的历史环境以物化的形式凝固在校园景观之中，为大学生创新创业素质培育做出应有贡献。

（二）营造校园文化生态环境

营造校园文化生态环境对于加强和改进大学生思想政治教育、全面提高大学生创新创业素质、推进高等教育改革发展具有十分重要的意义。大学生创新创业素质，既代表大学生一种实际的本事和能力，也反映大学生的一种精神、思想、价值观和人生观。精神、思想、价值观和人生观不能仅靠说服教育就能形成，还要依靠文化生态环境的熏陶和感染。校园文化生态环境是一所大学在长期办学过程中几代人积累的一种习惯力量，形成的一种传统。每所大学的地理环境、社会背景不同，也必然会有不同的景观、气质、灵魂，大学在办学进程中逐步形成的传统也各具特色，有优良的传统，也有不好的传统，不好的传统往往夹杂着一些缺点，大学生创新创业素质培育所需要的当然是学校的优良传统，这种优良传统潜移默化地影响着大学生思想观念、价值取向和行为习惯，孕育着大学生创新创业素质。由于我国大部分高等学校历史短，学校文化积淀浅，育人为本的根基不牢，学术文化的建设也不够，虽然学校事业发展快，但是大学的精神文化建设没跟上。一部分学校还

没有形成自己鲜明的文化生态环境特色，每个高校培养出来的学生千校一面，缺乏创新创造能力。因此，我们要在继承和发扬学校优良传统的基础上，与时俱进，赋予丰富的生态文化内涵，努力营造一个宽松、思想活跃、学术自由、百家争鸣、百花齐放、特色鲜明的校园文化生态环境，积极构建科学合理的规章制度、优良的“三风”、丰富多彩的文体活动、积极向上的文化氛围等，为大学生提供健康丰富的精神食粮，帮助学生产生源源不断的创新思想和见解，使大学生形成良好的心态和健全的人格。

（三）改善校园物质生态环境

校园环境能够为大学生创新创业素质培育的实现提供物质保障，是针对组成大学生创新创业素质培育环境系统的“物质”要素所具有的基本功能而言的。大学生创新创业素质培育的实现也是这样，所以说，大学生创新创业素质培育的整体推进离不开物质生活水平的发展，改善校园物质生态环境是改善高校大学生创新创业素质培育环境的重要途径。大学生创新创业素质培育不可能在真空中进行，大学生的创新创业素质也无法在与世隔绝的状态下自然形成，大学生创新创业素质培育的实现如同其他教育领域一样也需要物质因素的支撑。校园物质生态环境条件主要表现为大学生创新创业素质培育的实施所需要的校园物质条件和校园物质场所。大学生创新创业素质培育活动是人类从事的一项重要的社会实践活动，没有一定的物质条件和物质场所，大学生创新创业素质培育活动是不能正常进行的。

校园物质条件主要表现为高校基本办学条件，是正常开展教学的需要，更是大学生创新创业素质培育的物质基础保障，在一定程度上反映了一个学校科学文化发展的水平。优化高校育人生态环境要有物质作保障，如果没有必要的物质保障，许多任务就难以落实。

校园物质场所主要表现为校园中有形的、可以看得见摸得着的创新创业园、孵化基地以及场所内的道路、建筑、树木等建筑设施。优化校园物质生态环境不单单是对一个个物质功能的诠释，更重要的是把物质生态环境的传递与交流变为一种文化信息，无形之中促进大学生创新创业素质的发展。这就需要学校在整个校园硬件建设上下功夫，一方面，学校根据地理条件因地制宜、科学合理地对校园道路系统、操场、广场和各种建筑群落进行设计规划与建设，使校园人文景观的建造、校园自然环境的营造与建筑群落相映成趣，体现学校特色，渗透学校文化，传递富有教育意义的价值观念，增强学生的认同感和归属感。另一方面，学校应主动加强与地方政府、兄弟院校、科研机构、行业联盟、企事业单位等的沟通合作，充分挖掘产学研合作的优势，建立大学生创客空间、创新创业孵化园区、创新创业科技园等，为完善大学生创新创业素质培育所需的硬件设施提供助力。

三、重视师资队伍建设，提升教育教学质量

针对目前大学生创新创业素质培育中师资队伍存在的问题，下一步应该重点在满足教

师数量和质量上下功夫，做好拓宽创新创业教育教师来源渠道，发展“多类型”创新创业教育师资，构建“专兼结合”的教师队伍，规范教师从业标准，加大创新创业教师的培训力度，保证创新创业教育的教学质量，促进创新创业教育师资队伍整体发展。

（一）拓宽创新创业教育教师来源渠道，满足数量需求

目前，影响大学生创新创业教育的最大障碍是大学生创新创业教育教师数量不足。存在这方面的原因主要有两个：一是政府对高校的编制控制严格，使得创新创业教育教师进入高校后，没有编制，缺乏归属感和幸福感。二是学校自身对创新创业教育的认识还不到位，重视力度欠佳，主动作为还不够。与专业教育相比，创新创业教育的特殊性决定了创新创业教育需要多学科专业背景、多方面的人才作为创新创业教育教师。因此，不能一味盲目追求创新创业教育。教师必须具备某一学科专业背景的专业知识，而应充分利用各种资源，拓宽创新创业教育教师来源渠道，吸收各方面的优秀人才担任大学生创新创业教育的指导教师，想尽一切办法解决大学生创新创业教育教师数量不足的问题。学校可以明确一些选拔标准，把分布在学校内部不同岗位的教师选拔出来，担任大学生创新创业教育专职教师或兼职教师，从事大学生创新创业素质培育工作。除了从校内选拔外，还要从校外进行选拔，可以把兄弟院校的教师、校友、创新创业成功人士、企业人员、创新创业政策制定者等作为校外师资的主要来源，这些人员可以作为兼职教师。这样，就拓宽了大学生创新创业教育师资的来源渠道，为解决创新创业教育教师数量不足的问题提供了思路。

（二）发展“多类型”创新创业教育师资，构建“专兼结合”的教师队伍

本书根据创新创业教育的特殊性，把创新创业教育师资分为“理论研究型教师”“实践经验型教师”“综合型教师”三种类型。“理论研究型教师”拥有“广而深”的专业理论知识，又具有一定的研究能力，擅长课堂教学，能够通过课堂传授给学生科学、合理、准确的创新创业理论知识，提高学生对创新创业教育的接受效果，但这种类型的教师没有创新创业实践经验，一般来源于高校。“实践经验型教师”经历过创新创业实践，具有丰富的创新创业阅历，精通企业的实际运营操作，拥有娴熟的创新创业技能，能够为学生提供创新创业技能演示，介绍创新创业经验，针对大学生创新创业过程中遇到的具体问题进行预判，这一类型教师可以侧重于指导大学生的创新创业实践，使大学生在创新创业实践过程中进行亲身体验，使创新创业知识向创新创业能力转化，这一类型的教师主要来源于校外有创新创业实践经验的社会人士。“综合型教师”既具有创新创业理论研究水平，又具有丰富的创新创业实践经验，能够全面指导大学生创新创业实践，这一类型教师比较难得。这三种类型教师可以明确各自的教育目标和任务，协调配合，共同构建一个校内外相贯通、课内外相衔接、教育实践一体化的创新创业教育师资体系，服务学生创新创业素质的培育，引领当前创新创业教育理论研究和创新创业实践。充分整合校内外资源，形成教育合力，坚持“请进来、走出去”的思路，打造一支“专兼结合，内外搭配”的创新创业教育师资队伍。

（三）规范教师从业标准，保证创新创业教育的教学质量

在调研中发现，大多数高校对创新创业教育师资重视程度不够，主要体现在对创新创业教育教师的选拔方面没有标准，比较随心所欲。课时量不够的专业教师为了完成教学工作量，拿到满额课时津贴，随意上几节创新创业教育课的有之；负责创新创业教育课程实施的部门为了能够把课程顺利安排下去，随意找几个熟悉的人担任创新创业教育课的有之；想上课练练手或为了评职称的行政、教辅人员有之……五花八门，应有尽有。如此这般，创新创业教育的教学质量难以保证。拓宽创新创业教育教师来源渠道，满足数量需求，不是为了追求数量而忽视质量，而是数量与质量同时并进，共同发展。创新创业教育教师必须具备特有的素质和教育教学能力，这也正是教师准入政策所要求的。因此，创新创业教育教师选聘标准可分为一般性标准和特殊性标准。一般性标准主要表现为思想道德素质过硬、师德师风高尚、热爱大学生创新创业教育工作、了解大学生成长规律、具备一定的创新创业理论与实践基础等，一般标准是对所有创新创业教育教师的基本素质要求。创新创业教育教师的思想道德素质在实际生活中往往很难鉴定，没有真正落到实处，这就违背了当今教师专业发展的终极目标。创新创业教育教师的思想道德素质对学生德、智、体、美等诸多素质影响最大，大学生的道德成长与创新创业知识的获得更多地依赖于教师的人格魅力、示范力量，如果教师的思想道德不良，他在学生面前必然丧失道德教育的力量，要把创新创业教育教师的思想道德素质放在首位。特殊性标准应针对不同类型的创新创业教育教师制定不同的能力标准，能力标准的制定是以能够胜任创新创业教育工作为准绳的。能力标准是对创新创业教育教师进行质量评价的尺度，它规定了创新创业教育岗位中的教师应具备的文化知识、实践技能的标准。“理论研究型教师”应具有扎实的理论功底和较强的学术研究能力，具有理论引导实践的超前目光，在创新创业相关研究领域内有一定学术造诣；“实践经验型教师”应当具有丰富的社会阅历和人生阅历，在创新创业历程中有过成功经历等，在选聘标准的基础上，应进一步明晰创新创业教师的基本职责和教育任务；“综合型教师”不仅具有理论研究能力，还应具有对学生开展创新创业咨询指导的能力，有一定的创新创业实践经历，能为学生答疑解惑。最终要建立对创新创业教育任职教师的考评机制，实行思想道德一票否决制，规范创新创业教育教师的任职标准，从而切实保证创新创业教育教学质量。

（四）构建“国家—地方—高校”三级师资培训体系

培训是提升创新创业教育师资队伍整体素质的一种行之有效的途径。因此，应构建一套“国家—地方—高校”三级师资培训体系，促进创新创业教育师资队伍整体发展。国家

有关部门可在全国范围选取具备培训条件，能够胜任大学生创新创业教育师资培训任务的高校，设立国家级培训基地。聘请行业、企业导师进校指导大学生创新创业实践固然重要，但是高校也必须为教师进驻企业行业创造条件，高校可以利用校内和社会各种资源，结合自身和企业行业的性质特点，积极利用国家有关政策，在政府的统筹指导下，主动作为，与企业行业进行对接，选取一些符合条件的企业行业作为师资培训基地。高校以开放的心态，不仅要“请外人进来”，还要“送内人出去”，主动采取有效措施，创造性地出台一些政策，鼓励各学科专职教师走出“象牙塔”，通过到企业行业挂职锻炼、进修以及案例研究等方式体验创新创业实践过程，从而提升高校教师自身的创新创业素养。有条件的高校应结合每一位教师的学科专业特点进行培训，让全体教师具有创新创业精神，在专业课教学过程中与创新创业教育紧密结合，使创新创业教育更加深入。

重点做好校本培训开发力度。针对我国高校的创新创业教育才刚刚起步，大部分创新创业教育教师没有工作经验，开发校本培训是高校创新创业教育教师培训的重点，特别是对于刚入职的年轻教师更为重要。校本培训具有连续性、稳定性、灵活性和多样性的特点，可以对不同类型的专兼职教师进行有针对性的培训，更容易满足刚入职教师的需求，并达到比较理想的效果。高校可以根据自身优势，重点打造基础培训平台，组建稳定的资深校本教师培训团队，重视培训课程建设，实施不同内容的创新创业教育教师专项培训计划。高校要提供专项技术支持来确保创新创业教育教师不同方向的发展。作为教师本人，不要被动等待，应积极主动适应新形势、新要求、新变化，利用一切有利机会进行充电学习，武装自己，储备创新创业知识技能。只有自己拥有了源源不断的创新创业素质源泉，才能在指导大学生学习过程中游刃有余。

四、重视课程体系建设，推进专业融合发展

所谓体系就是一个系统，而课程体系是指诸多课程相互联系而构成的整体。课程体系是否合理，直接关系到所培养人才的质量。要重视课程体系建设，使创新创业教育的理念融入课程教学之中，充分发挥课程教学主战场的作用，加强创新创业教育课程体系建设。

（一）确立大学生创新创业素质培育课程体系目标定位

大学生创新创业素质培育课程体系的目标应从三个层次加以定位。大学生创新创业素质培育课程体系的第一层次目标是培养合格的公民。本层次的培育对象是所有在校大学生，使其具有良好思想道德素质，身心健康，具有一定的创新创业意识，掌握基本的创新创业能力，能够自食其力，自己养活自己。大学生创新创业素质培育首先要把每位大学生培养成一个合格的公民，其核心是让大学生具备一种底线思维，要有做人的底线，特别是道德底线，毕业生将来走向社会，能够做个遵纪守法、有益于社会的公民。大学生创新创

业素质培育课程体系的第二层次目标是培养积极的就业者，积极的就业者主要是能够在自己的工作岗位上进行创新创业。大学生创新创业素质培育课程体系的第三层次目标是培养自主创新创业者。这一目标的实现不是空中楼阁，我们要承认学生对创新创业欲望的差异性，我们要善于发现那些创新创业欲望强烈且具有创新创业能力的学生，对于这些具有创新创业潜质的大学生，在安排创新创业素质培育课程要求时不应“一视同仁”，要在第一层次和第二层次目标实现的基础上，制订专门的、富有个性的课程目标体系，培育他们高层次的创新创业品格，重点培养他们的核心创新创业素质，为他们提供资金支持和技术咨询，通过创新创业者个人主体创新意识的张扬，引导其与社会进行良性互动，使其最终走上创新创业之路，实现创新创业带动就业。

（二）完善大学生创新创业素质培育课程内容

课程体系是教学中头等重要的问题，它直接关系到培养什么样的人，关系到怎样组成学生合理的素质结构。课程体系以一条主线互相联系，否则就不能成为一个体系。因此，大学生素质培育课程体系的内容将沿着创新创业素质这条主线，主要涵盖六个方面的内容。身心素质主要体现在身心健康、体力充沛、精力旺盛。思想道德素质主要涵盖思想素质、政治素质、道德素质，主要体现在世界观、人生观、价值观，政治立场、政治信念、政治觉悟，爱国、爱社会主义，社会公德、家庭道德、职业道德，诚实守信、遵纪守法、社会责任感等。创新创业意识主要涵盖创新创业需要、创新创业动机、创新创业兴趣、创新创业理想，主要表现为大学生个体对创新创业实践活动的个性意识倾向。创新创业精神主要涵盖开拓创新精神、创新创业意志、创新创业品质，主要体现在自信、乐观、积极向上、敢于冒险、不畏艰险、不怕困难、承担风险、勇于承认错误、个体踏实、坚持、执着等优秀品质。创新创业知识主要涵盖专业知识、经营管理知识、综合性知识。创新创业能力主要涵盖学习能力、人际交往能力、资源整合能力、机会发掘能力、解决问题能力、组织管理能力。这些素质内容中，有些是显性素质，有些是隐性素质，有些可以通过课程理论传授获得，有些需要通过实践获得，可以借鉴以人文主义课程论为基础，以学科中心课程体系为支撑，以经验中心课程论为指导设置大学生创新创业素质培育课程体系。结合我国高校较为丰富的课程资源，不需要在学校学科课程体系外另起炉灶，可以有效地利用现有课程资源，把原有的课程体系进行有效加工和融合，突出大学生创新创业素质的内容。

五、建立校内激励机制，调动参与者积极性

激励机制，是指为事物提供行为动力的各因素之间的作用方式。大学生创新创业素质培育激励机制是一个复杂系统，重点在于健全创新创业素质培育工作者激励机制、完善以大学生为主要对象的激励机制。

（一）健全创新创业素质培育工作者的激励机制

第一，以创新创业素质培育工作人员的主导需求作为激励机制的出发点。创新创业素质培育工作者的需求不外乎物质需求和精神需求两大类，并且是物质需求和精神需求交叉混合出现。由于物质需求的满足具有直接性和大众性等特点，创新创业素质培育工作者由不同的岗位组成，主要有管理岗位、教师岗位、研究岗位、教辅岗位等，对于分布在不同岗位上的创新创业素质培育工作者的主导需求是不一样的。又由于主导需求是创新创业素质培育工作者行为的中心推动力，是激励机制成效的关键点，因此，高校的激励机制需要建立在满足创新创业素质培育工作者的基本物质需求的基础上，更多地考虑分布在不同岗位上的大学生创新创业素质培育工作者的主导需求。作者通过调研发现，分布在管理岗位的创新创业素质培育工作者的主导需求表现为行政职务的提升，分布在教师岗位、研究岗位的创新创业素质培育工作者的主导需求表现为自我价值实现需求、职称评审的需求，分布在教辅岗位的创新创业素质培育工作者的主导需求表现为薪酬提高、自我发展的需求。因此，大学生创新创业素质培育工作决策者应该在此基础上通过各种方式和手段调查、了解、把握分布在不同岗位的创新创业素质培育工作者真正的需求，以自我价值实现需求、职称的需求、自我发展的需求为基础，健全创新创业素质培育工作者的激励机制，为创新创业素质培育工作者快速成长提供各种支持条件。

第二，激励的良性运行必须依靠及时、全面和准确的信息沟通，并使信息沟通贯穿于激励机制整个运行过程之中。一是坚持以人为本原则，激励机制是系统性的，单靠一种激励措施，激励效果是有限的，因此应使用多种激励措施实现高校组织目标；二是把激励机制的设计思路、理念、具体的操作程序、规范制度等进行全面及时公布和宣传，在此前提下还要考察大学生创新创业素质培育工作者对激励机制的认同度，并对收集到的信息进行及时反馈；三是学习、培训、指导并实践激励机制的具体运行方式方法，考察创新创业素质培育工作者的知识、自我认知、工作态度、能力、身心素质等能否适应机制正常运行要求。

第三，要做到奖惩分明、公平合理，真正调动创新创业素质培育工作者积极性。在大学生创新创业素质培育工作中，正确地运用奖励和惩罚，关键在于激励的措施要适度，奖惩要公平。只有做到奖惩分明、公平合理才能调动大家的积极性，激励机制教育者既要学会是否奖惩、如何奖惩，又要学会安排好奖惩的时机、场合、形式、程度等细节工作。通过奖惩使大学生创新创业素质培育工作人员能知道自己该做什么、不该做什么，因此，应该充分发挥奖惩的正面意义，增强激励机制的说服力、影响力和号召力。只有遵守上述条件和要求，才能使大学生创新创业素质培育激励机制不断趋向规范化，使创新创业素质培育工作系统的运行更加科学有效。

（二）完善以大学生为主要对象的激励机制

长期以来，我国高等学校在大学生教育管理工作中，有以学年总结、学年鉴定为激励方式的好传统，通过这种方式对大学生进行激励，既激发了学生的学习热情，又为高校改进大学生创新创业素质培育工作提供了重要依据。我们在继承发扬学生管理工作的好传统、好经验的基础上，还要针对大学生的创新创业素质培育重点做好以下工作：

第一，增设专项奖学金，积极利用奖学金的激励作用。通过奖学金的激励作用能够促进大学生的创新创业素质的提升。大多数高校的奖学金种类比较单一，仅有国家奖学金和学校奖学金，国家奖学金由中央政府出资设立，学校奖学金由学校出资设立，用于奖励在校大学生中特别优秀的学生。通过调研发现，也有少部分高校积极作为，除了国家奖学金外，也设置了其他一些类别的奖学金；但也有一些高校资金紧张，取消了学校出资的那一部分奖学金。由于“国家奖学金的基本申请条件”不容易把握，通常高校在执行的过程中更看重“学习成绩优异”，而无缘获得奖学金的大学生在遵纪守法、道德品质、社会实践、创新能力、综合素质等方面不一定就比获得奖学金的大学生差，按照这样的标准，一些学生可能在某些方面有突出的特长或潜质，具有非常强的创新创业能力，却由于个别科目“学习成绩不优异”而无缘获得奖学金。整体来看，目前的奖学金主要是“学习成绩优异奖学金”，缺少专项奖学金。因此，要想激发学生的创新创业意识、创新创业精神、创新创业能力，除了现有的奖学金外，政府和高校应增设创新创业奖学金、学术成果转化奖学金、创造发明奖学金等多种专项奖学金，各个二级院系也可以根据大学生的学科专业设立奖学金，社会人士还可以设立爱心奖助学金，最终形成国家奖学金、学校奖学金为主体，其他奖学金为补充的激励机制。同时，还要根据不同奖学金的激励目的，制定不同的申请条件和评判标准。

第二，树立大学生学习的榜样，积极发扬榜样的激励作用。榜样作为教育的灵魂和导航标，对于培养具有崇高的理想信念与道德情操、创新意识与创新创业本领，掌握新时代社会建设所需要的丰富知识和过硬本领，能够与祖国和人民同呼吸、共命运的大学生，具有更突出、更深远的战略意义。大学生的行为具有模仿性，通过榜样人物的模范行为，能使大学生获得启发，进而激励大学生的创新创业意识、创新创业精神、创新创业能力、创新创业情感和创新创业行为，自觉接受创新创业教育。榜样激励是大学生创新创业素质培育的一种有效形式和有效方法。但传统的榜样激励缺乏“多元化”和“多样化”，失去了符合大学生主体意识和个性特征的哲学理论根基，从而无法满足多元价值和文化的诉求，以及大学生对榜样激励多层次的需求和期待。同时，社会本位的功能定位，势必需要高大全的大学生榜样形象，而这样的形象，则会进一步导致大学生榜样激励越来越虚假化、单一化、形式化，以致陷入不被接受和认可的尴尬境地，有必要对榜样激励的模式进行改革和创新。首先，榜样激励应该坚持尊重差异、崇尚自由、鼓励多样、类型要全、定位要准、强调创造的价值观，有选择性地为大学生建立分布在社会不同岗位、不同类型的模范人物资源库。其次，坚持激励过程的和谐性和整体性，尊重、欣赏和鼓励榜样的差异性与多样性，挖掘大学生身边的真人真事，发掘校友中的创新创业成功者，激活大学生的创新思维，而不是以看不到见不着的模范人物、枯燥无味的方式强加于大学生。再次，对榜样的宣传要坚持实事求是、定位准确，把主观愿望和客观实际、热烈的感情和科学的态度相结合，如实宣传榜样的真实感人事迹和高尚品德，使大学生觉得榜样就在身边，榜样的先进事迹就发生在我们的生活中，离自己并不遥远，给大学生一种可亲、可敬、可学的感觉，这样大学生才会认同榜样的激励作用，将榜样看作是集体中的一员，引起他们的强烈共鸣，进而取得良好的激励效果。

第三，健全以大学生为对象的多种激励机制。首先，把个人发展需要同社会发展需要结合起来，树立正确的激励方向和目标。大学生创新创业素质培育的主要任务就是要解决大学生的创新创业素质还不能完全满足新时代社会发展需求，应把培育大学生的创新创业素质与新时代社会发展结合起来，把大学生个人发展有效融入实现中华民族伟大复兴中国梦的过程中。激励机制的关键点就是要尽可能地在调动大学生在校期间利用一切资源发展自己的创新创业素质的积极主动性，坚持个人需要同社会发展需要保持一致。其次，选择合适的激励手段、激励强度，实行精神激励为主，物质激励为辅，强调精神激励和物质激励结合使用，通过多种手段合理有效地激发大学生的积极性、主体性和创造性。

第三节　鼓励学生的主动自觉行为

自我教育是普遍存在于人类社会生活中的一种社会现象。从大学生创新创业素质培育的视角来讲，自我教育是指大学生根据社会的需要，在价值引导和自我意识的支配下，有目的、有计划地对自我提出教育任务，对已有的生活经验和知识结构进行自主选择或放弃，重新建构自己素质结构而进行的一种教育活动。自我教育的根本特点是自授性和自控性，具有主动性，是一种内在建构的过程。外部教育和自我教育紧密联系、不可分割，二者此消彼长，辩证地统一在大学生的知与不知、行与不行的矛盾运动中。没有人生来就会成功，因此，除了社会、学校、家庭等外部教育外，必须通过自己的努力主动提升自身的创新创业素质。

一、认识自我教育作用，增强大学生主观能动性

对自我教育重要性的充分认识，可以加速和促进自我教育的实现，缩短教育的过程。任何教育只有充分调动受教育者的主观能动性才能产生效果，只有经过受教育者的自我教

育才能发生作用。要想取得大学生创新创业素质培育的积极成效，很大程度上取决于大学生对自我教育在大学生创新创业素质培育中作用的认识。自我教育，在大学生创新创业素质培育中起着重大作用，与大学生创新创业素质培育相互关联、密不可分，大学生创新创业素质培育的目的归根结底是靠大学生的自我教育来实现。教育的目的就是为了达到不教育。从大学生创新创业素质培育的角度来理解，大学生要想在未来的社会中创新创业成功，不但要面临“创新型国家”建设的需要，还要自觉遵守社会各种规约，这就要求大学生在激烈的社会竞争中增强对社会的依存性，增强自主性和独立性，不断发展自我。大学生不能局限在“头疼医头，脚痛医脚”的被动应付，而应在各种有利条件下选择自我。大学生要主动、自觉地适应社会发展的需要，克服自己落后于新时代中国特色社会主义思想意识，能结合新时代社会发展需要进行有效的自我控制、自我调节、自我完善、自我提高。“自我教育”是大学生获得创新创业素质的良方，这是因为与其他教育形式相比，自我教育有许多独特之处。一是受教育者的地位由客体变为主体，二是教育目标由社会规定变为自我取向，三是教育方法由外输变为内导。自我教育不仅是实现大学生创新创业素质培育的根本，更是大学生创新创业素质培育的有效方式。

二、完善自我教育方法，加强认识反思调控过程

（一）提高自我认识

自我教育的前提是个人必须对自己的创新创业素质有一个正确、全面和清醒的认识。认识自己，首先就是认识自己的内在可能性，这是建立“生活计划”的基础。自我认识是一种比较认识、系统认识和发展认识，其目的是实现自我教育，最终超越自我。自我认识既包括对自己内心世界和外部世界的认识，还包括对自己与他人的关系以及自己在社会中所扮演角色的认识，并清楚自己应该发挥什么样的社会作用。

第一，通过人的“主体性”认识自我。主体性是人们在社会实践活动中所具有的主观能动性。作为自我教育的主体，大学生的自我认识越来越具有主体性，大学生的“主体性”表现在借助于对自身的认识把自己的前途和社会的需要联系起来，充分发挥自己的主体能动性。当大学生的生存需要还没有得到满足的时候，大学生主要考虑维持自己的生命存在，而在大学生的生存需要基本得到满足之后，大学生考虑的是“如何做才有价值”。目前，中国特色社会进入了新时代，这就要求“创造性”更需要成为大学生的“主体性”，要求大学生巩固和发展自己在自我教育中的“创造性”，确保自己作为主体的本质力量。

第二，通过“现实的人”认识自我。人的现实属性，其本质是“一切社会关系的总和”，大学生是有多种情感和各种需求的具体的“现实的人”。大学生之所以是“现实的

人”，是因为大学生有物质需要和精神需要，为了满足物质和精神的需要，大学生就需要与社会中其他“现实的人”和物结成一定的关系，从事一定的社会实践活动，在这些活动过程中，要受到社会文化、价值观念、他人的影响，通过这些影响不仅能透视别人的内心世界，而且也能从这面“镜子”中窥见自己。现实的人也是发展的人，大学生不是处在真空中的人，是处在一定历史条件发展过程中的人，随着社会的发展而大学生也在不断发展着，因为在再生产的行为本身中，不但客观条件改变着，而且生产者也改变着，由此可见，大学生不但与社会发生着关系，而且随着社会的发展，自己也在不断发展变化。这就要求大学生与时俱进，根据社会的需要，把对创新创业教育的认知落实到言行上，做到知行统一，培养自身良好的自我认识。

第三，通过人的“角色”认识自我。角色是个体社会地位的外在表现，与社会对其的期望密切相关。大学生作为社会的一员，与社会联系是多方面的，其扮演的角色也是多种多样的，正处于人生关键阶段的大学生扮演的主要“角色”就是“大学生”，大学生在这个阶段不仅会出现角色差距，而且常常还会发生角色冲突。同时，大学生随着角色的变化，其自我意识发展也进入了“现实自我”和“理想自我”的分化阶段，“现实自我”主要体现在大学生认为自己已具有的身心发展水平或特点，“理想自我”主要体现在大学生希望达到的身心发展水平或特点，也是大学生进行自我教育的最终目标。由于“现实自我”与“理想自我”之间存在的差距，使大学生开始思索，在“我是谁”“我将成为谁”的追问中，逐步对自我进行分析、监督、调节，向“理想自我”迈进。

（二）坚持自我反思

反思是自我教育的基本要素，反思是与自我的概念联系在一起的。自我反思立足于主体在自我教育过程中，不断学习、追问更好理由和合理根据的过程，它与自我认识之间的张力构成了大学生不断自我教育的内在动力。第一，自我价值反思。通过自我认识发现，自我教育的过程不是个体把自我封闭起来的教育，而是需要个体不断通过与外界进行能量交换的过程。在这个过程中，个体的价值观又影响和规范着自我教育。个体的价值观并非自发形成，最初只是一种自发的价值意识，后来经过反复地自我追问和多次蜕变，个体逐步走向完善，价值意识才能从自我到自觉，从零散到系统，经长期积累形成成熟的观念结构或模式，最后形成自己的价值观，为自我教育提供方向支持。需要注意的是，个体的价值观需要与自我教育同步成长，特别是对于大学生来说，只有在创新创业教育接受和自我教育过程中经过理性反思自己的价值观，明白自己到底需要什么样的价值取向，最终使自己需要的价值在不断地进行自我价值反思的过程中得以确认，才能形成新的价值观。而新的价值观一经形成，就成为自我教育的重要依据，大学生会据此审视自己，重新选择自己的行为方式，规划自己的成长过程。第二，检查错误、总结经验。反思就是“返思”，就是回过头来思考，它不仅是“检查错误”，还包括了“总结经验”。通过反思获得认同，而这种认同影响着自我。自我反思是知识和经验相互作用的过程，在这个过程中，大学生需要对已经掌握的创新创业素质进行加工。按照终身教育的理念，创新创业素质的形成是一个终身学习的过程，是一个不断对过去学习实践进行反思和经验积累的循环过程，永远没有尽头。大学生个体把生活学习经验与反思结合起来，能够根据自己的需要、特点进行有效的自我反思已成为新时代大学生不可缺少的重要条件，专业人员必须培养从经验中学习和对自己的实践加以思考的能力，通过反思帮助大学生获得创新创业素质的发展。

（三）加强自我调控

自我调控是自我教育活动过程的关键阶段，既是一种心理状态，也是一种心理过程，更是一种实际行动。自我调控是个体对自身行为的一种调整和控制活动过程，包括自我调整和自我控制两层含义。因此，大学生在自我教育过程中要积极进行自我调整和自我控制。由于惯性思维的存在，大学生在自我教育的过程中容易按照既有的思想意识和行为习惯从事活动，在经历了自我认识、自我反思之后，难免在自己内心深处遇到一些矛盾和挫折，这时就要重新审视自己、培养“意志力”、善于“修身养性”和“慎独”，及时做好心理调适。第一，重新审视自己，要有自知之明。不知道“我是谁”，当然就无法用自己的脑袋思考。当前我国正处于社会转型时期，在市场经济浪潮冲击下和激烈的竞争中，大学生或多或少受到了一些负面影响，由于惯性加惰性的作用，难免对自我产生“我是谁”“我将成为谁”的怀疑，影响了自我教育效果，延缓了自我创新创业素质发展。因此，重新审视自己就很有必要，只有知道“我是谁”，才能明确自己的责任，调整自己的目标，无限地接近这个目标，就是他作为人的真正使命。第二，要培养“意志力”，学会坐冷板凳。“意志力”有时也叫“定力”，就是定心定行之力，大学生在自我创新创业教育过程中表现出来的稳定自己心态、稳定自己行为的能力，也可以解释为大学生在自我创新创业教育过程中不为繁杂现象所惑，所表现出来的坚忍不拔、执着追求的优良个性特质。作为有思想的大学生，不能受到名家光环、人情纽带、舆论炒作的干扰，更不能受流俗和利益裹挟，应该坚持走自己的路，追求属于自己的人生价值。一个成熟的大学生，不仅要有抗干扰能力、抗诱惑能力，也要修炼“意志力”，不断培养良好品行，这更是大学生应该具备的创新创业素质的应有之义。大学生没有坐冷板凳的精神是不行的，不要总是在“急急风”的锣鼓点中运作，也不要被外面的花花世界、种种诱惑搅得心烦意乱，惶惶不可终日，不要图一时花团锦簇。自我教育是长期工程，大学生要有坐冷板凳的精神，树立终身学习的理念，能够自己沉下去、静下来，认准自己的目标定位，更多考虑自己的社会责任和社会担当。第三，要耐得住寂寞，善于“修身养性”和“慎独”。世界局势复杂多变，国际环境竞争激烈，现代生活节奏逐步加快导致就业压力增大，大学生主观世界的心理负担也会随之加重。大学生在将来的创新创业过程中面临很多困难，承受来自方方面面的巨大压力在所难免，需要大学生提前做好心理准备。对于大学生来说，善于“修身养性”和“慎独”，能够帮助大学生保持清醒的头脑，抵御各种利益诱惑，解决其在生活、学习、人际交往等方面的心理不适，启发其在创新创业认识、创新创业情感、创新创业态度和创新创业行为方面有所变化，能够引导大学生学会发掘自身潜能，保持一个良好的心态，更好地适应环境，促进身心健康。大学生要善于从中华优秀传统文化中汲取营养，激励自己，加强品德修养，学会独善其身，节制个人利益的追求，经受住权利、金钱、美色的诱惑，使自己不忘初心，成为既具有创新创业能力，又具有崇高道德情操的人。社会责任感是一个成功企业家需要具备的基本创新创业素质，这就要求大学生主动提升个人的创新创业修养，不忘自己创新创业成功富裕起来之后带动广大人民共同致富的初心，勇于担当中华民族伟大复兴的历史责任，善于从中华优秀传统文化中汲取有益格言勉励自己。“慎独”是先贤倡导的一种自我约束方法，也是大学生应有的一种修养境界。大学生应在被别人看到、听到的“显形”时候有警惕慎惧之心，在不被别人看到、听到的“隐形”时候也要有警惕慎惧之心，时刻提醒自身要“表里如一、言行一致”。“慎独”还体现在自觉接受国家和社会对大学生的创新创业期望和要求，以确保个体的自我创新创业教育为大学生个体发展提供支持。只有能够对自我教育有一个正确的认识，大学生个体的自我认知才会从模糊变得清晰，自身应该往哪方面发展才会越来越明确。

三、优化自我教育机制，促使内在矛盾有效转化

认知到行为是不能直接转化的，期间还必须经过创新创业情感、创新创业信念、创业意志三个创新创业素质的心理要素。从心理形式上讲，创新创业素质形成过程，是在一定外界环境影响条件下内在的“知、情、信、意、行”诸心理要素均衡发展的过程。知，即创新创业素质认知，是大学生对一定社会的创新创业素质培育关系以及处理这种关系的原则、规范的理解和领悟。情，即创新创业素质情感。信，即创新创业素质信念，是大学生对一定社会的创新创业素质培育原则和规范的内心信仰。意，即创新创业素质形成的意志，是大学生在履行创新创业素质培育原则和规范的过程中表现出来的自觉克服一切困难和障碍的毅力。行，即创新创业素质行为，是大学生在创新创业认识、创新创业情感、创新创业信念和创新创业意志的支配和调节下的实际行动。在大学生创新创业素质形成发展过程中，知情信意行是相互联系、相互影响、相互制约、相互渗透和相互促进的。知是情信意的基础，也是行的先导；情是知信意的催化剂，也是行的推动力；信是知情意的合金，也是行的内在动力和精神支柱；意是知情信的体现，也是行的杠杆；行是知情信意辩证运动的外在表现和最终结果，又是强化和巩固知情信意的基础。大学生创新创业素质培育的自我教育过程是“知情信意行”诸要素之间均衡发展的过程。

自我教育需要进行内化，才能形成相对稳定的创新创业素质。内化是一种心理过程，也属于一种机制，是一种复杂的过程，这一过程主要有感受、分析、接受三个环节。在创新创业素质培育过程中，大学生会接触到来自方方面面的大量信息，这些信息引起大学生的感官反应，形成有关创新创业知识、创新创业能力、创新创业精神、创新创业品质等创新创业素质的表象，这就是感受环节。大学生进一步在感受环节的基础上形成新的创新创业认知，这就是分析环节，它是大学生在感受的基础上对创新创业素质培育信息的继续认知。在已经获得新的创新创业素质认识的基础上，大学生将自己原有的创新创业素质进行判断、鉴别、选择、取舍、接受，这就是接受环节。接受环节相当复杂，大学生对符合自己原有的创新创业素质结构的内容予以同化、吸收，从而形成新的成分，而对不符合自己原来的创新创业素质结构特征的内容，则会在产生思想矛盾后，或者吸收，或者拒绝，或者排斥，或者存疑。由此看来，接受是内化过程中最困难的一环。

可见，完整的大学生创新创业素质内容中的每一种素质要素都包含了“知情信意行”几种心理因素，并且创新创业素质的各项素质要素和心理因素协调发展，经过感受、分析、接受三个环节，从原创新创业素质到新创新创业素质的循环往复、螺旋上升，在这一系列过程中，促使内在矛盾运动不断转化为社会需要的创新创业素质，大学生创新创业素质培育的自我教育任务才算真正完成。

四、拓宽自我教育途径，大力开展社会实践活动

大学生社团是大学生在自愿基础上自由结成的按照某种章程自主开展活动的学生群体组织。大学生社团是大学生进行自我教育、自我管理、自我服务的一个重要途径，在促进大学生创新创业素质形成中具有重要作用，高校应将社团活动纳入大学生创新创业素质培育体系之中，充分发挥大学生社团的自我教育作用。

（一）发挥大学生社团在创新创业素质培育中的作用

由于共同爱好、价值和追求的驱使，大学生通过社团这样一个中介组织聚集在了一起，当大学生通过社团平台发挥教育作用时，社团的教育力量时常超过原有的影响力，促使大学生自我教育的作用得到进一步深化，形成直接教育无法相比的巨大力量。随着我国“大众创业、万众创新”的不断发展，我国高校也出现了一股“创新创业社团热”，越来越多的创新创业社团如雨后春笋般出现在大学生的日常生活中，各种学生社团分别形成了各自的组织优势和文化优势，在大学生创新创业素质培育过程中发挥着越来越重要的影响。如果说课堂教学是保证高校人才培养规格、满足学生的共性创新创业知识需求的基本途径，那么社团活动就是培养大学生兴趣的重要途径。课堂教学和社团活动缺一不可，只有将二者有机结合，才能促进大学生的创新创业知识与创新创业能力的相互转换。高校要

充分重视学生社团的建设和发展，使之尽快成为一支独立的大学生创新创业素质培育力量。

（二）加强制度建设，确保大学生创新创业社团建设的正确方向

在当前大学校园里，除了通常所说的一般性大学生社团外，还存在着大学生创新创业社团。大学生创新创业社团是大学生根据自己创新创业的爱好，利用课余时间在自愿的基础上参加的群众性组织，坚持发挥学生的主体作用，旨在陶冶情操、活跃创新创业气氛、拓展创新创业综合素质，具有“灵活性”和“自发性”的基本特点。但是，在强调大学生创新创业社团“灵活性”和“自发性”的同时，要注意在一些原则立场问题上不能迷失政治方向，无论大学生社团的具体形态有何不同，都必须坚持社会主义方向、坚持中国共产党的领导，在宪法、法律允许的范围内开展活动，严格遵守学校章程，着眼于学生创新创业素质的提升。因此，高校要积极引导，成立大学生创新创业社团管理机构和运行机制，严格制定大学生创新创业社团成立审批注销制度、年度审核制度、重大活动申报制度等基本制度，制定明确的大学生创新创业社团考核机制，并定期指派人员深入各个大学生创新创业社团进行工作指导和方向考察。

（三）大力开展社会实践活动，提升大学生创新创业社团的社会认可度

大学生创新创业社团根基于校园，以提升大学生创新创业素质为出发点，以服务社会为落脚点。大学生创新创业社团是大学生了解社会的窗口、服务社会的渠道，为大学生走出校门、走向社会提供了契机和渠道。为了进一步加强自我教育的有效性，可以从以下方面进行合作，大力开展社会实践活动。第一，高校之间可以增加大学生创新创业社团的交流机会，实行资源共享，共同发展，相互促进。第二，引导高校大学生创新创业社团与地方团体合作，做好协同共建，开展形式多样的社会实践活动，开辟校园文化与社会实践活动良性互动的新通道。第三，依托校企合作模式，利用双方资源，共建实践基地和项目，联合开展实践交流活动，以此丰富高校和企业社团的文化水平。通过多种形式的社团合作，把就业创新创业内容融入社会实践活动，使大学生创新创业社团与社会实践活动紧密结合，能够增强大学生的社会服务意识，奉献社会的思想意识，无形中提升了大学生的社会责任感，促进了大学生创新创业素质的全面发展。

第五章　大学生创业团队建设与项目实施

第一节　创业团队的组建与管理

一、大学创业团队的组建

（一）大学生创业团队组建的原则

1. 共同目标原则

在创业团队的组建过程中，应坚持创业团队中的各个成员拥有共同的创业目标、创业理念。创业团队中生产、经营、管理的各个环节都需要专业人才负责，具备这些知识的人员不在少数，但不是每一个人都能成为创业伙伴。只有选择具有共同目标，坚持相同理念的成员，才能把创业团队变成具有相同基础、具有一定凝聚力的创业团队。大学生创业团队是一个有梦想有活力的团体，在创业过程中不断体验奋斗的快乐，但也会面临巨大的压力与挑战，只有大家信念坚定、目标一致，才能有较强的抵御能力。

2. 优势互补原则

在创业过程中，建立创业团队就是为了避免因个人缺乏某一领域的知识而带来的困境，因此，组建团队时应考虑建立掌握多方面知识、多领域覆盖的团队。无论是产品生产环节、管理环节、营销环节等都应该考虑由具有这一环节知识、处理能力、实践能力的专人负责。在团队的组建过程中要坚持互补原则，懂技术就需要寻找懂管理、营销的合作伙伴。做到能力互补，充分提高团队的整体效能，不同的人们聚在一起实现梦想时，需要一个和谐良好的团队氛围，所以需要根据团队人员的性格特点进行工作分配，根据性格互补达成更好的合作。充分调动团队成员积极性，形成资源互补的氛围，调动一切可利用资源为团队创造价值，通过共同努力，为创业成功打下坚实基础。在团队互补的同时，成员之间要根据具体的分工进行协同配合，团结合作，朝着一个目标共同努力。

3. 持续学习、不断发展原则

创业团队的组建过程不是一成不变的。生产经营、管理、运营环节是动态连续的过程。在创业团队各个环节有了合理分配之后，各个环节的和谐共赢也是一个动态的过程。

在创业团队组建的过程中，应该保持团队的动态性与开放性，给予团队成员最大的自由，使其在创业中能自由表达内心真实想法，同时充分尊重其他成员所做的决定。根据团队对于人才的需求不断调整吸引更加需要的专业人才加入团队，推动创业团队向更全面、和谐的方向发展。

（二）大学生创业团队组建中存在的问题

1. 团队同质化程度高

大学生在校时相对封闭，与社会脱节，社交范围狭窄，刚毕业时，短时间内很难接触到更多拥有各种技能的人，有创业想法，更多与身边人分享，付诸实践时合伙人大多是周围的人，身边人中同学占据较大比例，但同学的年龄、年级、专业相仿，有着相似的教育背景，难以满足团队对于技术、管理、营销等各方面人才的需要，组建起来的团队综合能力较弱，一个具有不同技能人才的多样化团队对于创业成功至关重要，急于求成的大学生在组建团队的时候往往不会选择等待找到合适的人再创业，没有经过充分的利弊分析、优劣势评估的团队在多数情况下并不适合创业。

2. 团队结构稳定性差

大学生组建起来的创业团队在运行的过程中结构稳定性差，主要表现在两个方面。

（1）内部出现矛盾、产生分歧。大学生创业团队成员虽然在年龄、年级、专业方面相仿，有着相似的教育背景，但是每个人的成长环境并非完全一样，个人的价值观、加入团队的动机等方面还是存在很大的差距。大学生加入创业团队的动机，主要有以下几种：一是为赚钱；二是出于对项目本身的强烈兴趣；三是出于情感、情义；四是为学到更多技能，增长知识与见识，锻炼自己；五是为积累人脉，扩大社交圈。马斯洛需求层次理论表明，处于不同的阶段，人生需求不同，动机取决于需求，动机影响行为，面对问题，各成员举动折射各自动机，动机不同，矛盾与分歧容易产生，处理不当会造成团队涣散。

（2）人员流动大。进入门槛低、缺少明确合理的成员选择机制，中途随意加入人员的现象常见，安置不当甚至出现人员冗余状况；退出成本低下，由于各种各样的原因，尤其是在校大学生面临毕业或者创业面对瓶颈时，为了进一步深造、出国等，很多人选择终止创业，中途退出，造成团队人力资源的流失。

3. 团队负责人缺乏经验

在当前大学生创业团队中，由于负责人未走出校园或刚走出校园，经历少，对于各种问题的解决缺乏相关经验，根据主观判断提出相应解决方案的现象普遍，问题的解决不符合市场规律，创业逐渐偏离轨道，走向失败。缺乏市场洞察力，创业团队对于市场环境认识不清、市场形势把握不到位、市场需求分析不全面，大多数创业团队偏向于选择进入不适合自身状况但进入门槛低的行业以求从此突破，打开市场。

4. 团队缺乏规章制度

熟人组建起来的创业团队，碍于情面，出于不好意思，担心清晰明确的权、利分配条例影响情义，团队在利润分配、人员安排、绩效考核等方面缺乏严格的规章制度，权责不清，人员分配不均，相互推诿，缺乏活力，矛盾频发，效率低下。

（三）大学生创业团队组建问题的解决策略

1. 领导力

团队构成中需要有明确的位置分配与合理的资源管理，基于此，领导力显得尤为重要。领导力具象为领导者自身人格魅力对他人的影响，团队位置赋予自身的权力。领导者的人格魅力体现在团队成员愿意协助并听从团队内部领导者的安排决策，并借此魅力营造团队的融洽和谐。另外，领导者具备对于重大事务、团队内部资源分配、团队内人员变动等的决策权。一个成功的团队离不开优秀的领导者，他让团队保持着活力，在正确的道路上不断行进。

2. 合理分工

一个优秀的创业团队应该是各方面优秀人才的集合。“尺有所短，寸有所长”形容团队内部成员最为合适，因此，对自身要有清晰的定位，并且根据项目目标的需要分担不同领域的需求内容。用己之所长补团队所短，以此来超越个体处于社会性质的局限性，发挥团队内部互补协作的优势，达到 1+1>2 的成效。

在艰难复杂的创业过程中，将任务合理化分配，通俗来说就是繁重的工作量大家一起完成，找适合的人做适合的事，要相信队友永远比你想象得优秀。将繁重的工作合理化分工，能达到事半功倍的效果。

3. 制度规范

一个成功的团队需要制度规范成员行为，规范团队正确发展，并且通过建立奖惩分明的制度来维护团队的可持续发展。制度是约束，它是划清了康庄大道与万丈悬崖的分界线，使成员理清心绪以团队利益为中心，将团队目标作重点，不会偏离最初的轨道，一步一步向着团队的共同目标前进。制度是动力，良好的激励机制通过满足成员客观需求来提高团队成员的主观能动性，调动大家的积极性，使团队更具活力。

4. 团队凝聚力

一个人没有团队精神将难成大事，一个企业如果没有团队精神将成为一盘散沙，一个民族如果没有团队精神也将难以强大。团队精神为团队带来的并不是物质上的满足，而是精神上的欢愉，借此增强团队的凝聚力。首先是团队本身的魅力，团队的精神、行为作风、组织形态等适合成员，吸引力越大，成员对团队产生好感，全身心投入团队的建设。这份好感慢慢发展为对于团队的信任与依赖从而产生“心理契约”。团队成员凭借这份“契约”更加信任彼此，进而建立坚不可摧的团队关系，在面对挫折时更加坚定、勇往直前。

二、大学生创业团队的管理

（一）大学生创业团队管理中存在的问题

1. 团队成员之间存在问题

（1）团队成员职能划分不清晰。大多数高校大学生因为一直在高校学习，缺乏管理实践经历，管理经验大多缺乏甚至空白，在创业团队组建的管理过程中都是“摸着石头过河”，绝大多数创业团队都是属于“星状创业团队”——即以某人为核心进行的创业团队。这种团队由于单核心，往往导致该创业团队在很多方面缺乏专业人才，团队成员间的能力极容易出现重叠，团队成员之间不容易形成能力互补，使得核心人员在进行团队协调时难度较大。团队创业过程中面对一些问题时，因为缺乏各方面人才会使得核心人员在进行决策时缺乏全面性，从而影响整个创业团队的发展。

（2）团队成员间没有信任基础。高校大学生创业团队成员来自各个高校，都是因为相同的目标才组建的创业团队，在平时并无太大问题，但在团队遇到问题需要及时做出决策解决时，当成员间意见不一致或失去话语权及自身利益受到影响时，都会影响团队成员之间的信任感，这种不信任感随着时间会对团队成员的工作造成束缚，影响整个团队的工作效率。

2. 个人与团队的目标冲突

一个创业团队的目标往往是从团队未来发展方向去考虑的，而高校大学生创业团队成员缺乏社会经验、另外现在的大学生多是独生子女，从小考虑问题习惯从自己的角度去考虑，看重自己利益及发展，因此很容易与团队的目标产生冲突，而在成员缺乏大局观时高校大学生创业团队又缺乏完善的管理制度，因此在团队发展过程中因为个人与团队目标的冲突会使得个人在工作当中会有压抑感，进而将这种情绪传给团队其他成员，影响整个团队的工作环境。而团队的核心人员因为是团队的决策者，因此，在做出决策时，没有其他人给出相应的建议，使得做出的决策会带有武断性，在未了解实际情况下就会做出决策。

3. 团队成员绩效管理

高校大学生创业团队成员来自各个高校、各个专业，彼此之间生活经历、专业能力及综合素质都不相同，因此创业团队在创业过程中的绩效管理容易出现以下两种错误：

（1）将工作行为作为考核重点。在创业团队的管理过程中，为了对团队成员进行约束，容易出现将绩效管理的重心放在对团队成员及团队的工作行为上，因此常常会制定出规矩繁多的工作制度及大量的工作汇报，将团队成员的工作时间耗费在遵守工作规则及汇报上，这种严格的管理制度在实际应用中并没有发挥管理者所期望的作用，这种制度使得团队的工作效率大大降低，同时极大地影响了整个团队的工作活性及创造性。

（2）强调团队成员的自我管理。在创业管理过程中，管理者容易出现让团队成员自我管理、自我决策的情况出现。然而这种制度会使得团队遭受更大的损失。对于每个问题成员之间因为经验及阅历上的局限性看法往往是不全面的，若是不进行沟通直接让团队成员自行解决往往会造成更大的损害，同时团队成员之间也会因为缺乏沟通在默契度上会更加缺乏。

（二）大学生创业团队管理问题的解决策略

1. 问题纠正坚持常态化

团队问题纠正是团队管理过程中的一个必要环节。经常进行自我纠正和反思的团队能够正确把握前进方向，及时止损。团队成员难免会出现方向走偏或者意见分歧等情况，有的会碍于面子或者情义而减少问题纠正，使纠正效果大打折扣。因此，在项目进展过程中，需要实事求是、具体问题具体分析，降低项目出现偏离主线、团队合作力下降的风险。

2. 任务分配坚持精细化

由于团队成员各有所专，在管理过程中，应该根据各人专长进行任务分配。同时，应明确界限意识，防止责任推诿，需要明确每位成员具体应该完成的任务。即对任务进行具体化、精细化分工，避免因成员未完成任务而拖延项目进度。

3. 积极性调动坚持动态化

动态化是指队长轮岗制。固定的成员角色设置容易让成员产生疲惫感，大大降低成员工作积极性，从而降低团队的工作效率。队长轮岗制对解决此问题有明显效果。不同的时间段由不同的人担任队长，可以大大激发成员的积极性；让成员站在彼此的角度思考问题，更有利于彼此间的合作。这一制度也容易造成任务执行的断层，需要成员间妥善交接任务，保证项目进展的连续性。

4. 团队管理方法科学化

（1）绩效管理法。在高校大学生创业团队间较为科学有效的管理方法就是绩效管理。团队成员来自各个高校各个专业，因为同一个目标加入团队，成员之间能力素质都不相同，如何将每个人的能力得到充分发挥，使得物尽其用、人尽其才是非常重要的，这种较大的差异性在弥补团队各方面能力的同时，给团队的管理提高了难度。而通过绩效管理可以使得团队成员的能力得以区分，能够针对不同成员的能力进行妥善安排，保证每个人的能力与其工作难度相匹配，也保证工作贡献与利益分配能够公平。在团队发展过程中出现矛盾时也可根据自己管理者的身份进行协调解决冲突，在保证每个成员能够稳定工作时根据团队发展及个人能力合理安排团队绩效，保证团队成员跟随团队一起提高。

（2）建立激励制度。合适的激励制度可以极大地提高团队成员的工作热情，增加工作效率。团队的发展过程中总是不可避免地会出现成员疲惫、怠工、消极等负面情绪出现，这些主观性的东西单纯靠沟通是无法解决的，因此需要合适的激励制度适当对团队成员形成激励。激励的方式也多种多样，主要包括物质激励及精神激励。精神激励包括对团队成员适当的人文关怀、最近生活状况的关系、适当的口头表扬以及树立榜样让成员学习等；而物质激励则包括金钱、奖品等奖励方式。通过多种激励方式并行而保证团队能够持续发展下去。

（3）培养团队精神。团队成员有了共同的奋斗目标之后，在奋斗过程中需要成员团结协作，共同克服团队发展过程中碰到的问题。团队成员每个人都有自己擅长的一面，相应的也有自己所不擅长的，在面对问题时光靠一个人往往无法解决问题，因此需要团队成员之间相互配合、共同解决。团队配合解决问题的过程也能够培养团队的凝聚力、信任感，让每个成员都认识到自己是团队中的一分子，共同为整个团队的发展做出自己贡献。提高团队成员的参与感，也能在解决问题的过程中认识到自己的不足，相互学习、成长、进步。

（4）建立双层考核制度。团队的发展除了激励制度保证团队成员的工作热情之外，也要建立个人与团队两者的双层面考核，在衡量个人在工作中做出的贡献外还考核团队的成果，让团队成员有集团荣誉感，认识到自己是团队的一分子，而不再继续单枪匹马进行工作，在实际工作当中学会与他人配合，将所参与团队做大做强。通过个人与团队双层面考核的制度，让团队成员在工作中具有团队意识。

高校大学生因缺乏社会实践经验及团队管理经验，在创业团队组建管理过程中不可避免地会出现各种各样的问题，但只要团队成员万众一心，运用合适的方式让其能够妥善解决团队组建过程中的管理问题，就能保障团队的良性发展。

第二节　商业计划书的编写

一、商业计划书概述

（一）商业计划书基础知识

1. 商业计划书的基本概念

商业计划书（BP），也称商业策划书，是公司、企业或项目单位为了达到招商融资和其他发展目标，根据一定的格式和内容要求而编辑整理的一个向受众全面展示公司和项目目前状况、未来发展潜力的书面材料。

商业计划书是企业筹资、融资、企业战略规划与执行等一切经营活动的蓝图与指南，也是企业的行动纲领和执行方案。其目的在于为投资人提供一份创业项目的介绍，向他们展现创业项目的潜力和价值，并说服他们对项目进行投资。商业计划书同时具有内部作用和外部作用。可以说计划书是创业者手中的一张名片，这张名片是特别提供给投资人和其他潜在合作伙伴的。

2. 商业计划书的要素

编写商业计划书的目的，就是融资和达到其他发展目标，通过计划书吸引投资人和合伙人，并帮助团队厘清发展的方向。

商业计划书的读者对象除了投资人，还有政府官员、专家学者等。投资人包括投资公司等机构投资者和个人投资者。

商业计划书的内容是反映投资人所有感兴趣的内容，从企业成长经历、产品/服务、研发制造、市场营销、管理团队、股权结构、人事、财务、运营到融资方案。

商业计划书的格式是相对固定的，包括公司情况、发展机会，必要时通过附件补充说明，要求内容翔实、数据丰富、体系完善、装订精致。

与商业计划书类似的，还有招股说明书和创业计划等。招股说明书是股份有限公司发行股票时，就发行中的有关事项向公众做出披露，并向非特定投资人提出购买或销售其股票的要约邀请性文件。创业计划是一份全方位的商业计划，其主要用途是递交给投资人，以便他们对企业或项目做出评判，从而使企业获得投资。

（二）商业计划书的框架

1. 商业计划书的逻辑

商业计划书的内容是有很强的逻辑性的，它首先描绘项目具有广阔或准确定位的市场、公认的痛点或问题；然后采用先进的技术方案、有效的运作系统（产、销系统），通过创新的商业模式，解决公认的痛点或难点；接着证明项目有良好的规模与效益预期；最后得到项目非常可行的结论。

2. 商业计划书要传递的信息

一份商业计划书需要以简洁的语言引起投资人的注意，通过阐述商业机会、公司情况，以及所需要的资源等，可以使得投资人在见面洽谈前就获得很多有价值的信息，产生对创业方案的兴趣。如果商业计划书中解释得不够清晰，可能会使投资人丧失沟通的兴趣。此外，商业计划书还可以用于公司的经营指导。

3. 判断商业计划书优劣的标准

判断一份商业计划书优劣的标准有三条：

第一，市场广阔或细分市场定位准确。经过调查分析，用数据证明本产品市场广阔、细分市场定位很准。

第二，企业发展思路清晰，产品设计、研发计划、营销计划、生产计划等都很清晰。

第三，产品或服务采用的技术先进，商业模式和运营计划可行。

（三）商业计划书的编写原则与方式

1. 商业计划书的编写原则

编写商业计划书有以下原则。一是先进性，技术先进、管理先进、商业模式先进，至少有一个方面先进。二是创新性，针对创业项目面临的技术问题、管理问题与市场问题等，有创新的解决方案，比如营销创新、运营管理创新。三是可行性，计划书所列方案在现实中是可以执行的，能达到计划书所描述的效果。四是简洁性，简单明了，投资人容易看懂。有些材料可以放在附件里。

2. 商业计划书的编写方式

商业计划书的编写方式主要有两种：创业者自己写、聘请管理咨询公司编写。

如果创业者本人对于创业过程以及商业计划书的主要内容比较熟悉，则可以考虑自己编写。创业者自己制定的商业计划书，能更准确地表达出企业的商业思路、盈利模式、产品与服务的创新性等，但是这对创业者的商业思维与管理知识提出了一定的挑战。

管理咨询公司拥有经验丰富的专业人员，可以很好地编写商业计划书，弥补技术性创业者在管理知识方面的不足，使得商业计划书信息更加全面、更具有专业性。在这一过程中，需要管理咨询公司的专家与创业者进行深度交流，将创业者心中的创意在书面上较好地表达出来。

二、商业计划书结构及内容筹划

编写商业计划书之前，需要对结构和内容进行筹划。

（一）商业计划书的摘要与结构

1. 项目摘要

摘要是商业计划书的第一部分，位于正文之前，一般 1~2 页。简短的摘要，应尽可能展现创业项目中与众不同的闪光点。摘要的一个重要目的就是吸引感兴趣的投资人与相关人员，使其对于计划书的其他部分产生阅读的兴趣。因此在摘要部分需要充分展现项目的创立背景、核心思路和团队的优势，解释创业项目为什么会成功，通过什么方式获得成功，有哪些独特的核心竞争力，需要对项目的经济需求、风险与经济回报等要点进行说明。

在摘要的书写过程中，应尽量使用具有说服力的语言、数据等，例如市场规模分析、项目分析等，将关键信息传递给读者。应采用客观、真实、专业的语言，避免为了强化说服力而使用夸张的渲染性文学语句。

2. 计划书的结构

在进行正文的书写前，应对计划书的结构进行预先的计划，提前确定各章节的标题，便于控制各部分的内容，增强条理性。将思路进行梳理，记录下来，形成最初的总体框架。计划书的结构与创业者要传递的信息是紧密相连的，是创业者对于项目的总体认知。创业者需要根据自身情况确定计划书的叙述方式、文章重点等。

创业企业由于所处行业不同，开展的业务不同，计划书中的具体项目可能大相径庭。大部分计划书都包含行业背景、公司情况、产品信息、产品获利手段、企业管理、财务分析等几大组成部分，这些部分也是一份商业计划书在书写时应围绕的中心。在确定了文章的中心观点后，则其他文字、数据、相关材料需要围绕观点提供支撑。可以通过一两句话对文章内容进行精确的概括，围绕观点去组织素材，防止论述过程中跑偏。

（二）商业计划书的主要内容

1. 公司简介

全面地介绍公司的情况，包括公司创立的由来、主要产品/服务、注册情况、股份构成、经营业绩、未来愿景等。对投资人来说，已经开办的公司比未开办的公司更有成功的可能性，因此更容易获得投资。

2. 产品/服务

描述产品/服务，以及目标客户。首先要介绍产品的基本特性，是固态或液态，产品功能、应用场所、使用对象等。如果是服务，对服务对象、服务过程要进行简单的介绍，要体现创新性与独特性。其次要与市场上的类似产品/服务对比，找出优点与不足。对投资人来说，你的产品/服务能为客户解决什么问题，以及这些问题的紧迫性、重要性（痛点），才是判断这个产品/服务是不是有价值的重要因素。如果产品/服务能解决客户的痛点，对投资人的吸引力就会更大一些。

在描述产品/服务时，还要介绍这个产品或服务处于生命周期的什么阶段。通常导入期的需求量比较小、利润比较少，顾客接受度不高，不确定因素较多；到了成长期时，市场需求快速增长，公司开始盈利，对投资人更有吸引力；进入成熟期，市场逐渐趋于稳定，竞争激烈，只有规模较大、成本低、推广能力强的企业才能赚钱；进入衰退期，需求萎缩，也有可能被其他新产品替代，这时候利润就会减少，甚至亏损。因此，投资人更青睐处于成长期的项目。

服务是生产者通过由人力、物力和环境组成的系统来销售、生产及交付的，能被消费者购买、接受以及消费的一个功能和作用。对服务产品来说，需要介绍服务交付系统：

第一，提供什么样的服务。

第二，为谁提供服务。

第三，在何处提供服务。

第四，如何提供服务。

第五，通过什么（设备、系统）提供服务。

3. 市场营销

营销就是如何把产品/服务卖给客户。需要分析客户的需求，介绍销售策略，展现营销的创新性。因此，需要根据特定的产品/服务，针对特定的客户，设计有针对性的营销方案。方案的创新性越好，对投资人的吸引力越大。通常，市场营销方案包括下列内容：

第一，市场分析：市场规模、分布。

第二，行业分析：同行有哪些、主要竞争对手的做法。

第三，客户需求分析：客户组成、需求特征、消费者行为。

第四，营销策略：针对产品的4P（产品、价格、渠道、促销）或针对服务的4C（顾客、成本、便利性、沟通）。

第五，营销组织和人员。

第六，营销的创新性。

4. 运营管理

运营管理就是如何把产品生产出来，包括采购、生产、外包、物流等过程的管理。要决定哪些东西是自制的，哪些东西是外包的；生产方式是按订单生产还是按库存生产；采用大批量流水方式还是成批生产方式、单件小批量生产方式；此外，还需要考虑生产的产品是否符合环保等要求。

对于服务产品，要介绍服务运营的内容、策略，包括服务设施建设、人员安排、质量控制等。

5. 商业模式

向投资人说明公司是怎么赚钱的。常用的模式有产销模式、租赁模式、平台模式、网模式、资源衍生模式、金字塔模式等。这些模式中哪一种适合创业公司的产品或服务，要体现出商业模式的创新。商业模式创新往往是投资人非常看重的一项内容，重视程度甚至超过产品本身，因为好的商业模式更具有竞争力。

6. 发展规划

介绍公司未来3~5年的发展路径。

7. 财务分析

财务分析就是分析创业项目能否赚钱。通过销售预测、收支汇总表、投资回收期计算等，反映项目未来的收益状况。计算投资回报率、投资回收期等指标，让投资人看到公司的盈利前景。

在财务分析中，经常会出现如下一些问题：

第一，销售预测不能令人信服：应建立在调查的基础上。

第二，销售定价不合理：出厂价、批发价、零售价差额太小。

第三，投资额太小：自己可以募集，不需要对外融资。

第四，成本项目考虑不周：漏项，尤其是高管工资往往忽略。

第五，税后利润：应全面考虑增值税、所得税等。

8. 风险分析

外部风险有政策风险、市场风险、法律风险、资金风险、被模仿的风险等；内部风险有技术风险、管理风险、财务风险、人才风险等。因此创业者要预知可能的风险，识别风险，提出应对方案。

9. 融资需求

主要介绍本项目希望融资多少、融资的用途、拟提供给投资人的股份比例。这是商业计划书最终想达到的目的，是对投资人的要约和承诺，因此应合理分析、描述清晰。

10. 团队

主要介绍团队成员，包括创业带头人、合伙人、主要管理人员，体现创业团队知识能力组合、相关行业工作经验等，让投资人对团队充满信心。

除了上述十项之外，还可以提供若干附件。附件有助于展示项目特色和进展，为计划书中的内容提供佐证，也是很重要的。在提供的附件中，有四个方面需要关注：

第一，市场方面：调查问卷和分析、行业资料和市场资料、有分量的合同。

第二，技术方面：专利证书、软件著作权等。

第三，管理方面：资质证书、认证（如ISO9000、UL认证等）证书等。

第四，前期成果：获奖证书、合作协议等。

第三节　创业大赛

创业大赛是展现项目进展、接受专家点评、拓展市场、吸引投资人注意、获得投资的好机会。

一、创业大赛介绍

（一）创业大赛简介

创业大赛，有的叫创新创业大赛、商业计划大赛等。目前我国每年有几千场创业大赛，分为国家级大赛（例如教育部等八部委举办的“挑战杯”创新创业大赛、科技部创新创业大赛）；省市级大赛（如安徽省三创大赛）；高校创业大赛（如清华校友创业大赛)；开发区、园区、孵化器组织的创业大赛（如启迪创业大赛）等。

（二）参赛过程

创业大赛的一般有四个过程：报名并提交商业计划书、初赛、复赛和决赛。主办者对报名一般有一定导向，有行业导向的创业大赛，有企业导向的创业大赛，或者创新人才导向的大赛。参赛者需要提交商业计划书，然后经过初赛、复赛、决赛。一般来说，演讲（也称路演）是必需的环节，可能还有实物展示、现场考察等。好的实物展示，是比赛的加分项。

（三）大赛评委

评委是创业大赛中很重要的角色。通常有三种评委：一是专家教授，包括技术类专家和管理类专家，这类专家理论知识比较丰富，实际经验可能不太足。二是行业专家，比如企业高管、行业协会领导等，他们对市场和技术非常了解。三是投资人，包括天使投资人，创投、产投的投资人等。投资人见多识广，主要关注项目商业逻辑及能否赚钱。参加创业大赛需要注意三种评委的不同要求，在商业计划书和路演中，要兼顾不同评委的关注点。

二、项目路演要点

创业大赛最后阶段需要演讲（路演）。其中演讲 PPT 是演讲过程的重要组成部分。PPT 页数建议为 10 页左右，演讲时间一般控制在 8~10 分钟。需要介绍项目背景、市场需求行业现状、面临的问题和痛点、解决方案、营销与商业模式、项目运营、项目未来规划、资金募集诉求、创业团队、附件等。

（一）项目背景

项目背景可以从两个方面介绍。第一，所采用的关键技术发展趋势。服务项目和产品项目都有自己的关键技术。第二，创业团队为什么要选择这个项目。需要提及前期的积累，展示出自己的实力。

（二）市场需求与行业现状

介绍市场调查和需求预测，描述市场持续增长的趋势；介绍行业发展历史及发展趋势、行业内主要公司是如何经营的、行业面临的问题或痛点、目前的解决方案。

（三）面临的问题和痛点

通过调查，发现用户在使用现有产品过程中有哪些问题需要解决。其中用户感觉特别不好的问题，就是用户痛点。

（四）解决方案

描述你如何针对用户痛点设计解决方案。这个方案，既包含技术方案，又包含市场、运营方案，让人感觉采用你的方案，确实能解决用户痛点。方案的技术、商业模式、营销等创新性尤为重要。最重要的是证明这个项目抓住了行业痛点。

（五）营销与商业模式

营销方案就是你如何进行市场细分、目标市场选择和产品定位，采取哪些营销策略（如渠道、促销等）。商业模式就是你设计的与客户、供应商等利益相关者的交易结构，展示项目是如何赚钱的。要用商业模式的语言，如客户价值主张、目标客户、营销渠道、关键资源、关键流程、盈利模式等。注意区分商业模式与营销模式、生产模式的异同避免概念错误。

（六）项目运营

用一张图展示如何实现该项目，包括研发方式、生产方式、采购与外包等。对于服务项目，要描述服务交付系统。

（七）项目未来规划

用文字和图形描述项目未来 3~5 年的规划，证明项目未来发展思路清晰、切实可行。

（八）融资需求

根据项目未来规划，预计需要募集多少资金。应说明资金的用途是研发、市场开拓、生产设施或其他投资，计划募资多少资金。同时说明你愿意提供多少股份，其中涉及你对公司的估值。比如你希望募集 500 万元，愿意出让 10% 的股份，则意味着你对公司估值 5 000 万元。一般情况下，创业阶段单次出让股份的比例不超过 20%。

（九）创业团队

介绍你的创业团队，突出宣传带头人、团队成员的完整性和能力互补性。

（十）附件：证明材料

用专利证书、检测报告、用户报告、合同、合作协议等，说明你的项目获得了权威机构认可、专家认可、客户认可、合作伙伴认可、投资人认可，证明所说的真实性。

路演 PPT 建议 10 页左右，不要太多；尽量用关键词、图、表；不要用大段文字；字号要大一点，方便年长的评委观看；尽量不要用动画，防止播放时出现卡壳现象。

此外，现场演讲也很重要。精彩的演讲，能得到评委的肯定，为项目加分。演讲者首先要注意仪表，能着正装最好，如果不能穿正装，至少要干净、整洁；演讲过程中随时注意礼仪；演讲时，眼睛要看着评委，尽量不要回头看 PPT 而背对评委；发音要清晰、语速不要太快；控制好时间，不要超时；注意聆听评委的问题并简要回答。

三、大学生创新创业大赛的类型

（一）全国大学生电子商务“创新、创意及创业”挑战赛

全国大学生电子商务“创新、创意及创业”挑战赛（以下简称“三创赛”）是由教育部高等学校电子商务专业教学指导委员会面向全国高校（含港澳台地区）举办的大学生竞赛项目，是教育部、财政部“高等学校本科教学质量与教学改革工程”重点支持项目。

“三创赛”是激发大学生兴趣与潜能，培养大学生创新意识、创意思维、创业能力和团队协同实战精神的学科性竞赛。它是由教育部主管，教育部高等学校电子商务类专业教学指导委员会主办，“三创赛”竞赛组织委员会、全国决赛承办单位、分省选拔赛承办单位和参赛学校组织实施的全国性竞赛。竞赛分为校级赛、省级选拔赛和全国总决赛3级赛事。所有参赛学校、队伍都必须在“三创赛”官方网站（全国大学生电子商务“创新、创意及创业”挑战赛）上统一进行注册，以便规范管理和提供必要的服务。参赛队伍报名时应填写参赛队伍及助赛亲友情况，参赛题目可以在报名时间截止前确定。所有参赛队伍必须由本校“三创赛”负责人在官网上对参赛队伍进行审核通过。

获得正式注册的参赛队伍须在校级赛之前10个工作日内在官网上传参赛作品摘要。摘要内容包括项目背景意义、主要内容、成果、创新点，描述文字在100字以上300字以下，摘要可持续更新。为保证各级竞赛的一致性，参赛题目、人员组成（包括指导老师及参赛学生）等基本信息在校级赛负责人审核时间截止后一律不予以修改。

（二）“挑战杯”创业计划竞赛

“挑战杯”创业计划竞赛在我国共有两个并列项目，一个是“挑战杯”中国大学生创业计划竞赛，另一个则是“挑战杯”全国大学生课外学术科技作品竞赛。这两个项目的全国竞赛交叉轮流开展，每个项目每两年举办一届，该项比赛是全国目前最具有导向性、示范性和权威代表性的全国大学生竞赛活动。“挑战杯”竞赛采取学校、省（自治区、直辖市）和全国三级赛制，分预赛、复赛、决赛三个赛段进行。

1.“挑战杯”大学生创业计划竞赛

“挑战杯”中国大学生创业计划竞赛，简称为“小挑”，又称商业计划竞赛。创业计竞赛是20世纪80年代在美国高校兴起的以推动成果转化为目标的活动，它借助风险投资运作模式，要求参赛者组成学科交叉、优势互补的竞赛团队，提出一项具有市场前景的技术产品或服务并围绕这一技术、产品或服务，完成一份完整的创业计划书，以获得风险资本的投资。“挑战杯”中国大学生创业计划竞赛被誉为中国大学生创业创新类比赛的“奥林匹克”盛会，是目前国内大学生创业创新类最热门最受关注的竞赛。

2.“挑战杯”全国大学生课外学术科技作品竞赛

“挑战杯”全国大学生课外学术科技作品竞赛，简称“大挑”。“挑战杯”全国大学生

课外学术科技作品竞赛是由共青团中央、中国科协、教育部、全国学联和地方政府共同主办，国内著名大学、新闻媒体联合发起的一项具有导向性、示范性和群众性的全国竞赛活动。

（三）“互联网+”大学生创新创业大赛

“互联网+”大学生创新创业大赛旨在深入贯彻落实全国教育大会精神，加快培养创新创业人才，持续激发大学生创新创业热情，展示创新创业教育成果，搭建大学生创新创业项目与社会资源对接平台。

大赛赛程分为参赛报名、初赛复赛和全国总决赛 3 个阶段，各阶段的时间安排和要求如下。

1. 参赛报名

参赛团队通过登录“全国大学生创业服务网”或微信公众号（名称为“中国‘互联网+’大学生创新创业大赛”或“全国大学生创业服务网”）进行报名。报名截止时间由各省（区、市）根据复赛安排自行决定。

2. 初赛复赛

各省（区、市）各院校登录“全国大学生创业服务网”中的“省级、校级管理用户登录”界面进行大赛管理和信息查看，省级管理用户使用大赛组委会统一分配的账号进行登录，校级账号由各省级管理用户进行管理。初赛复赛的比赛环节、评审方式等由各院校、各省（区、市）自行决定。各省（区、市）在规定时间内完成省级复赛，通过评选参加全国总决赛的候选项目（推荐项目应有名次排序，供全国总决赛参考）。

3. 全国总决赛

大赛专家委员会对入围全国总决赛的项目进行网上评审，择优选拔项目进行现场比赛，决出金奖、银奖、铜奖。大赛组委会将通过“全国大学生创业服务网”为参赛团队提供项目展示、创业指导、投资对接等服务。各项目团队可以登录“全国大学生创业服务网”查看相关信息。各省（区、市）可以利用网站提供的资源，为参赛团队做好服务。

四、大学生创新创业大赛的意义

（一）增强大学生的团队合作能力

创新创业大赛主要面向创业企业和创业团队，因此大学生需要组建团队，才能参加创新创业大赛。另外，大赛也鼓励大学生跨专业、跨高校进行组队，而这对于大学生的团队合作能力要求极高。在比赛期间，由于不同项目的侧重点各不相同，因此要求大学生能够根据自身专业和特点快速分工、合理分配任务，以提升整体的比赛效率。

（二）培养大学生的创新意识

创新创业大赛的召开充分贯彻了“大众创业、万众创新”理念。同时，高校也为大学生参加创新创业大赛提供了诸多支持。例如，通过在校园内构建创业创新产业孵化基地、提供创新创业信息平台等举措，为大学生创新创业提供坚实的保障。实践表明，新时代大学生更愿意通过创新创业证明自身价值。

（三）提高大学生的就业能力

大学生在参加创新创业大赛过程中，自然会接触不同高校、不同专业的优秀大学生。在持续的切磋交流中，大学生的专业水平能够得到极大提升。同时，大学生也能将高校中所学的理论知识，在创新创业大赛中付诸实践。另外，创新创业大赛设置了答辩环节，需要大学生依据创新创业项目回答专家提出的问题，此项环节存在的意义在于锻炼大学生的应变能力、回答问题的技巧等。当未来大学生就业时，这些能力也会成为大学生宝贵的财富。

第四节　创业公司建立

一、公司创立流程

创办公司首先需要注册。第一，要学习《中华人民共和国公司法》及其他法律文件，因为公司是正规的经济实体，既有权利，也有责任，依法经营是创办公司的第一要求。第二，起草章程。公司章程是公司的根本大法，包括公司股东之间的关系、经营事项的决策程序、管理的范围授权等。第三，要确定法定代表人。通常情况下创业带头人是法定代表人，明确法定代表人的权利和责任。第四，选择公司的注册地址，需要房产证明或租房合同。第五，去市场监督管理局（以前是工商行政管理局）或行政服务中心，一站式办理登记注册手续。现在政府效率很高，几天就可以办好。如果注册的是个体工商户，当时就可以拿到营业执照。

建议初期在孵化器、创业中心注册，因为这些地方提供的办公条件较好，房租便宜甚至免费。生产型企业需要有生产场地，应考虑到环保问题。如果企业有固体、液体、气体排放，需要到化工园等类似的地方注册。如果是服务场所型，要考虑到服务对象和员工的生活方便。注册之后，需要布置办公环境，购买一些必备的办公设备。

公司开始只有创业带头人或少数合伙人参与，然后逐渐有研发、市场、管理人员加入，工人、服务人员陆续到岗。在创业阶段需要节省资金，不必急着扩大规模。随着业务逐步开展，公司研发进度加快，开始在市场上寻找试点用户和典型案例，得到用户的反馈，不断改进。如果是生产型项目，还需要筹备生产设施，购买设备、材料、工具、模具。

开业典礼是一种很好的营销方式。举办开业典礼，可以把用户单位、行业专家、政府领导、合作伙伴甚至朋友们召集在一起，推广自己的产品/服务，有助于接下来的销售。

二、创业公司需要建立的制度

一个公司的运行，需要流程、制度和标准。比如考勤，要求每天上班、下班打卡，这就是流程；部门经理以下人员需要打卡，这就是制度；参加考勤的人员每月允许迟到3次、无理由缺勤一天，这就是标准，超过标准了就要奖惩。可以把流程、制度和标准笼统称为制度。

创业公司可以先制定最重要、能直接落地的制度。

（一）建立基本的管理制度

创业公司应首先规定迟到早退的时间、请假标准、工资标准、加班规定、差旅规定、奖惩规定等，再逐渐增加人事制度、行政管理制度、营销管理制度、生产管理制度、采购管理制度等。

（二）明确业务流程和岗位职责

形成部门之间、员工之间处理事务的流程，明确各部门、各岗位的具体工作职责。初创公司的特点就是人手永远不够，任务永远做不完。所以，即使员工真的像打了鸡血一样干劲十足，也不能完全靠他们的自驱力，否则很容易出现大面积的倦怠和混乱，影响公司的正常运营。明确流程与分工是所有规章制度的重中之重。具体可以按以下几点开展工作：

1. 梳理公司的业务流程

看看公司目前的主营业务主要包括哪些，具体的业务内容都是什么，这也是建立组织架构的基础。有了流程，初创公司的人力资源规划基本就确定了。

2. 确定岗位职责

根据公司的具体业务、当前任务、所处阶段等确定需要什么工作岗位，明确每个岗位的具体职责、任务量、评判指标等。

（三）财务制度

对于很多创业公司，现金流就是命脉。所以，财务制度是一点都不能马虎的。企业财务制度一般应当包括资金管理制度、费用报销制度、付款审批制度、应收应付制度、合同管理制度等。一般来说，初创公司应该着重于资金管理制度和费用报销制度，做到每一分钱都精打细算，可监控。

（四）薪酬制度

不少创业公司的老板喜欢给员工“画大饼”，希望用前景留下优秀的员工，毕竟创业公司最缺的就是人才，但是受资金实力所限，真的开不出太高的工资。工资不够鼓励来凑，良好的薪酬制度就成了吸引优秀人才的法宝。对于刚起步的初创公司，在建立薪酬体系时应注意以下几点：

第一，小公司人少活儿多，为了让核心员工稳定下来，应该尽量让员工的薪资等于甚至稍高于行业平均水平，并且专门设立季度或年终奖金。在薪资结构上，可以实行基本工资+绩效的宽带薪酬办法，激发员工的斗志。

第二，最好在试用期不打折，大多数初创公司在薪酬福利上本来就没有优势，如果试用期还打折扣，更不容易招到有相关工作经验、无须公司特地培养的员工，而初创公司往往还急需人手。所以，给100%的试用期工资，最后赚到的一定是公司。

第三，初创公司加班是常态，那么在福利上应该做到以人为本。例如报销下班打车费、晚饭外卖费、重点项目完成了组织大家团建，让员工感受到并肩作战的激情。

三、制定公司制度

初创期的小公司，犹如刚刚诞生的婴儿，具有自身独特的生命特征。了解了这些特征，才可以制定合适的公司制度。

首先，创业者要明确生存第一的观念。对初创期的小公司来说，管理的首要目标是确保公司得以生存，管理的主要任务是把握各种可能的发展机遇，规避可能对公司造成致命打击的威胁，推动公司顺利渡过难关。为此，主导公司的是信念管理、激情管理和机遇管理。

其次，创业者必须树立坚定的成功信念，并把这种信念扩散至整个公司。公司的制度要促使每个员工都能以忘我的精神投入到为公司生存而努力的行动中。要达到这一境界，需要创业者自己满怀激情，并为员工描绘出美好的前景，提供宽松的事业发展环境。

最后，所有制度必须符合公司发展的实际，不能拔高，拒绝空洞。任何公司由小做到大，都会经历一个由“人治”向“法治”转变的阵痛过程。这个过程如何实现？大多数创业公司都是拿到一笔投资后就招兵买马，同时匆匆忙忙地建立起一套制度和流程，这就难免出现水土不服。其实，完全有更合理的方式和方法。比如在创业初期的打拼中，创业团队成员之间已经摸索出了一套可行且有效的协作方法，只不过没有把它变成白纸黑字写下来。这一套行之有效的协作方法其实就是公司管理制度和流程的雏形。制度是人定的，只要适合公司发展，对公司和员工都有利，大多数员工都能认同，那就可以。

简单来说，创业公司的制度和流程完全可以想到一条，写一条；这些制度和流程需要时间的验证，可行就留下，有问题就修改、完善或废除；进一步的制度，日后再慢慢补充。

公司不要急于让这些制度和流程一步到位。创业者所要做的是让制度和流程随着公司的壮大自行发展和健全，只要不让它们拖了公司的后腿就行。在“约定俗成”的同时，管理团队还要逐步理顺公司的做人做事原则、底线和价值观，或制定“基本法”，这些写下来，也是公司的制度。当公司有朝一日需要一个成型的规章制度时，之前草拟的“约定俗成”条款和“基本法”就是最好的制度雏形。

第六章　大学生创业实践商业模式与资金筹集

第一节　创业的商业模式分析

一、商业模式概述

在激烈的市场竞争中，越来越多的企业高层管理者们清醒地认识到：每个强大的公司背后都有一套行之有效且独具特色的商业模式，这正是这些公司在市场竞争中取得优势地位的关键。一种好的商业模式很可能成为企业在激烈的市场竞争中克敌制胜、基业长青的法宝。如以物流、数据库建设以及为顾客创造价值为核心的沃尔玛模式，以低库存成本、不断聆听消费者的意见和直接销售为核心的戴尔模式，不仅为企业带来丰厚的利润回报，而且奠定了企业在市场竞争中的优势地位。对于企业的成功而言，商业模式创新比产品和服务创新显得更为重要。

（一）商业模式的内涵

深入研究、构建和创新商业模式，首先必须准确界定商业模式的本质内涵。正确理解和把握商业模式的科学内涵是企业找到适合自身特点商业模式的关键，也是提高企业核心竞争力和可持续发展能力的前提和基础。

商业模式也译为商务模式、经营模式或业务模式。商业模式的定义可分为三类：即经济类、运营类、战略类。

经济类定义将商业模式看作是企业的经济模式，是指“如何赚钱”的利润产生逻辑，相关变量包括收益来源、定价方法、成本结构和利润等。商业模式是企业能够获得并保持其收益流的逻辑陈述。商业模式的最根本内涵是企业为了自我维持，赚取利润而经营商业的方法，进而清楚地说明企业如何在价值链（价值系统）上进行定位，获取利润。

运营类定义关注企业内部流程及基本构造问题，相关变量包括产品或服务交付方式、管理流程、资源流、知识管理等，重点在于解释企业通过何种内部流程和基本构造设计来创造价值。商业模式是一个组织在明确外部假设条件、内部资源和能力的前提下，用于整合组织本身、顾客、供应链伙伴、员工、股东或利益相关者来获取超额利润的一种战略创新意图、可实现的结构体系以及制度安排的集合。

战略类定义关注企业的战略、市场定位、组织边界、竞争优势及其可持续性，相关变量包括价值创造、差异化、愿景和网络等。商业模式是对企业及其合作伙伴为获得可持续的收入流，创造目标顾客群体架构、营销、传递价值和关系资本的描述。

（二）商业模式的本质

价值的创造和实现是企业活动的核心，也是企业商业模式的核心。商业模式本质上是企业的价值创造和价值实现的平衡过程，而价值创造和价值实现离不开顾客、伙伴和社会等影响因素。每个企业努力构建符合自身特点的价值网络，从而把它打造成企业有价值、稀缺、不可模仿和不可替代的资源，不断创造出可持续的竞争优势。因此我们应当从客户价值、伙伴价值、企业价值和社会价值四个视角来研究企业的商业模式。另外，从层次上看，客户价值、伙伴价值、企业价值和社会价值四者处在价值网络中的不同层次。客户价值是前提，只有实现客户价值，企业才能生存和发展；伙伴价值是支撑，没有合作伙伴的支持和帮助，企业将寸步难行；企业价值是目标，企业实现利润，才有动机和能力持续发展；社会价值是保证，企业也是社会中的一员，应该承担相应社会责任，才能实现长远发展。

（三）商业模式的特点

虽然各种理论对商业模式的定义还无法达成共识，但对于成功商业模式特点的认识较为一致。普遍认为，成功的商业模式具有如下共同特点：

1. 差异性与难以模仿性

成功的商业模式具有明显的差异性和难以模仿性。每个企业因环境、资源、定位、产品或服务、目标群体等因素，造成其商业模式存在差异性。成功的企业往往善于根据环境、资源、自身特点等因素来构建符合自身发展要求又与竞争对手保持距离的商业模式。这让竞争对手难以在短时间内复制、模仿和超越，从而能够帮助企业形成独特的、难以为竞争对手所模仿的竞争能力。

2. 前瞻性

商业模式的前瞻性要求企业决策者在构建商业模式时要把眼光放得长远，要有敏锐的洞察力和预见性，提前谋划，赢得主动，这一点对于创业者至关重要。很多富有激情的创业者以为只要把产品或服务做好就可以创业成功，并没有认真考虑和设计符合自身定位和特点的商业模式，当碰到相应问题、处处碰壁、企业发展陷入停滞时，方才发现商业模式的重要性，这在无形中浪费了大量宝贵的资源和时间。因此，企业决策者特别是初创者应该高度重视商业模式，认真筹划做好前期工作，未雨绸缪，不能等到出现问题才想起要构建商业模式。

3. 有效性

商业模式的有效性要求商业模式中价值创造和价值回收这两大环节能够实现高效运转和平衡。一方面，能够较好地识别并满足客户需求，做到客户满意，不断挖掘并提升客户的价值。另一方面，能够提高自身、合作伙伴和社会的价值，创造良好的经济社会效益。同时，能够有效地平衡企业、客户、合作伙伴、竞争者和社会之间的关系，既要关注客户，又要企业盈利，还要比竞争对手更好地满足市场需求。

4. 系统性

商业模式是一个由多种环节和因素构成的系统工程。在这个系统中各个因素相互联系、相互影响、相互作用，共同形成一个统一的有机整体。戴尔的直销模式之所以成功，其重要原因之一是戴尔具有低于四天的存货周转期，这种高周转率直接带来了低资金占用率和低成本效益，使得戴尔的产品价格低，具有竞争对手不可比拟的优势。戴尔的低库存、高周转率正是来自其核心生态系统内采购、产品设计、订货和存货管理、制造商及服务支持等一系列生态链中相关活动的整体联动所产生的协同作用，这是其核心竞争力所在。

5. 动态适应性

商业模式是一个动态的概念。也就是说，商业模式不是一成不变的，它可以随着企业的发展而发生变化。当企业的资源、行业地位等发生变化时，商业模式可以进行更新和调整。好的商业模式必须始终保持必要的灵活性和应变能力，企业具有动态匹配的商业模式才能获得成功。为了保持竞争性，企业需要不断开发和调整其商业模式以适应企业的新发展和新要求。

（四）构建商业模式的意义

第一，构建商业模式有助于企业全面、系统地思考价值创造与价值回收的问题，为企业家系统地思考本企业的经营问题提供了一种有效的战略分析工具。商业模式不仅审视企业自身内部环境，还着眼处理企业与外部环境之间的关系，侧重于描绘企业的价值创造、传递和回收方式。商业模式不仅有助于企业明确自己与其他企业之间的分工和联系，还有助于企业从中识别和确定关键的资源和流程。因此，企业不仅可以通过商业模式来界定自己的业务或经营边界，而且还能把价值创造与价值回收机制进行高效平衡，从而明确自身的核心优势，从更加宏观的视角来观察和发现自己的优势和劣势，更容易发现自身存在的战略问题。

第二，构建商业模式有助于提高企业的核心竞争力，增强企业可持续发展能力。企业要想实现可持续发展，提高核心竞争力是关键。核心竞争力是一个企业长期获得竞争优势的能力，是企业所特有、能够经得起时间考验、具有一定排他性并且是竞争对手难以模仿的模式或能力。企业通过核心竞争力来支持自身的竞争优势，再通过竞争优势来确保自身的可持续发展。商业模式最重要的价值就是将企业内部资源、能力和外部环境同时纳入企业持续、健康成长的框架。企业要想在竞争中战胜竞争对手，就必须建立具有差异性、创造性的商业模式，从而提高企业核心竞争力。商业模式通过构建具有差异性和难以模仿的流程、模式和机制提高企业抵御风险的能力，增强企业应对未来竞争和挑战的能力，从而增强企业可持续发展能力。

第三，构建商业模式有助于提高创业成功率。创业者往往过于注重产品技术研发，而忽略了商业模式的重要性。大多数创业者一旦发现创业机会，就迫不及待地去进行产品技术研发，结果常以失败而告终。其实，创业失败的原因并不是创业者工作不努力或机会不好，而是创业者没有认真思考如何构建自己的商业模式，没能把握好创业机会的内在经济逻辑。创业者一味地注意价值创造因素，重视满足顾客需求和解决实际问题，但却忽视了同样重要的价值回收，忽视了可行性分析和获取收益，这已成为许多企业失败的主要原因。初创企业利用商业模式可以更加全面地对创业活动进行思考，能有效避免匆忙创业造成的失误，从而提高创业成功率。

二、商业模式的构成要素

商业模式具有四大关键要素，主要包括核心战略、战略资源、伙伴网络和顾客界面。

（一）核心战略

核心战略从企业的使命、产品/市场范围、战略选择等方面阐述如何与竞争对手进行竞争。

1. 企业的使命

企业的使命包括企业为什么存在、企业采用什么样的商业模式、企业需要实现的目标等。例如，成为世界上最成功的电脑公司是戴尔公司的使命，公司在其所服务的市场上传递最佳的顾客体验。在不同程度上，使命表达了企业优先考虑的事项，并设置了衡量企业绩效的标准。

2. 产品/市场范围

产品/市场范围定义了企业最为关注的产品和市场，也就是企业要确定自己的目标顾客群，并确定为顾客提供什么样的产品或服务。首先，产品的定位影响企业商业模式的选择。其次，市场范围也是核心战略的重要因素。

3. 战略选择

企业选择的战略会对它的商业模式产生很大影响。成本领先战略要求商业模式专注于效率、成本最小化和大批量，强调以低单位成本为顾客提供标准化产品和服务，从而成为业内低成本经营企业。由于专注于低成本而非舒适性，成本领先的企业不会追求产品的新颖性。差异化战略要求商业模式集中于开发独特的产品和服务，满足顾客独特的需求，彰显其特色和优势，产品和服务的定价明显高于低成本战略。而且采用差异化战略的企业把大量精力和财力用于创造品牌忠诚度上，通过培养忠诚度而获得核心竞争力。目标集聚战略则要求企业选择业内一种或一组细分市场，并量体裁衣为这一细分市场服务，从而获得核心竞争力。

（二）战略资源

战略资源主要包括企业的核心竞争力和战略资产，它们共同影响着企业的商业模式。

1. 核心竞争力

核心竞争力是一种资源或者能力，是难以模仿和超越的产品或市场的独特技术或能力。企业的核心竞争力决定企业的短期目标和长期目标。短期内，核心竞争力使企业实现差异化，并创造独特价值。例如，戴尔公司的核心竞争力包括供应链管理、有效装配产品和服务于企业客户，所以它的商业模式使它能够向企业客户提供低价格、新技术、优良售后服务的计算机。从长远看，它通过核心竞争力的成长建立了市场优势地位。

2. 战略资产

战略资产是企业拥有的稀缺、有价值的事物，包括工厂和设备、位置、品牌、专利、顾客数据信息、高素质员工和独特的合作关系等。特别有价值的战略资产是企业的品牌，企业最终试图把自己的核心竞争力和战略资产综合起来创造可持续的竞争优势。

（三）伙伴网络

资源短缺的新创企业更需要依赖其他合作伙伴才能发挥重要作用。企业的伙伴网络包括供应商和其他合作者。

1. 供应商

供应商是向企业提供零部件或服务的企业。大部分企业有供应商，它们在企业商业模式的运作中起重要作用。传统企业一般有多个供应商，供应商之间是竞争关系，比谁的价格最优惠。如今，企业更多地将精力放在如何推动供应商高效率完成工作上。

2. 其他合作者

其他合作者包括合资企业、合作网络、社会团体、战略联盟和行业协会，它们都参与商业模式的有效运作。虽然伙伴网络有诸多优点，但有研究发现，企业联盟的失败率比较高，多因计划设计不够完善、文化融合失败。合作关系也存在风险，也有潜在劣势，如专有信息丢失、管理复杂化、财务和组织风险、依赖伙伴的风险以及决策自主权部分丧失等。

（四）顾客界面

顾客界面是指企业如何与顾客相互作用，与顾客相互作用的类型依赖于企业选择的竞争方式。

对新创企业来说，顾客界面包括目标市场、销售实现与支持、定价结构三个因素。

1. 目标市场

所谓目标市场，就是指企业在市场细分之后的若干“子市场”中，所运用的企业营销活动之“矢”而瞄准的市场方向之“的”的优选过程。因此，目标市场是企业在某个阶段追求或尽力吸引的个人或企业群体。目标市场将影响企业获得战略资产、培育合作关系以及开展推广活动等，使企业能够将营销和推广活动聚焦，并且能够专注于与特定市场匹配的核心竞争力。

由于企业能够生产的产品是有限的，产品一般也只能满足社会中一部分人的需求，而消费者的需求是无限的，所以，企业应该按消费者的特征把整个潜在市场细分成若干部分，根据产品本身的特性，在市场细分的基础上选择某部分或几部分消费者群体作为目标市场。企业目标市场选择的基本要求有三点：

第一，组成细分市场的消费者群体具有类似的消费特性。

第二，细分市场尚未被竞争者控制、垄断，企业能够占领市场。

第三，细分市场有一定的购买力，企业可以获得更多的利润。

通过市场细分，有利于明确目标市场；通过市场营销策略的应用，有利于满足目标市场的需要。即目标市场就是通过市场细分后，企业准备以相应的产品和服务满足其需要的一个或几个子市场。

2. 销售实现与支持

销售实现与支持即企业如何将产品或服务推入市场，如何送达顾客。它对企业商业模式的形式与特征影响重大。

假定有一家新创企业开发出一项移动电话技术，并为此申请了专利。企业在如何把该技术推向市场的问题上有三种选择：

第一，将技术以特许经营方式转让给现有移动电话企业。

第二，自己生产移动电话，并建立自己的销售渠道。

第三，与某个移动电话公司合作生产，并通过与移动电话服务提供商的合作关系来销售电话。

由此可见，企业销售实现与支持影响企业的商业模式。如果企业将技术进行特许经营，就需要建立起“高研发支持”的商业模式，需要不断获得领先技术，并向移动电话制造商要求授予特许权；如果决定自产手机，就一方面需要加强制造和设计方面的核心竞争力，另一方面需要加强与手机零售商的合作关系，此外，还需要实现产品和服务差异化通过高水平的服务和支持向顾客提供附加价值。

3. 定价结构

成功的企业需要计划周密地建立一个强有力的定价基础架构，它能支撑和维持卓越的定价职能。

第一，要建立一个最关键的定价流程。很多企业做出关键定价决策的流程是随意的甚至是被动的，缺乏做出定价决策前期的基础分析，而导致定价决策缺少结构性和系统性。

第二，确定“拥有”和运行定价权的主体机构。这个机构要保持对绩效管理的持续关注在考虑整个企业战略的情况下改进其定价绩效，同时负起达到或超过预期目标的责任。

第三，要有一套完善的定价系统和工具，使定价流程便于操作。按照流程、组织、绩效管理、系统和工具的先后顺序实施定价管理，增强了定价的科学性和合理性。

定价决策以及定价流程，在不同的企业和行业会有所不同。例如，一家商业性化学制品企业会着重考虑行业的供需关系，使产品价格与市场水平保持一致。一个消费电子产品制造商会重点关注客户价值，利用焦点小组和其他最优选择的定价信息来制定和调整其价格表。一个工业零部件制造商会重点关注对不同的产品和批量给予价格折扣的管理规则和政策

企业的定价结构随定价原则、目标市场的变化而变化。定价决策时，还要关注特殊的价格要求或例外情况，而这种定价管理往往容易失控。为了更有效地管理和控制易失控的例外定价，企业可以创建先进的流程来审核它们。利用积极有效的“价格审核组”

对要求实行例外价格的申请进行严格的评估把关，跟踪它们的频度和程度，分析交易的经济性，并向卖方提供符合现行价格水平的实际指导价。

总之，新创企业必须全面审视自己，重视商业模式的作用，根据自身核心战略及资源优势构建商业模式。

三、商业模式的类型

（一）非绑定式商业模式

非绑定式公司认为企业是由具有不同经济驱动因素、竞争驱动因素和文化驱动因素等完全不同类型的业务组成的，可分为客户关系型业务、产品创新型业务、基础设施型业务。企业应该专注于以下三种信条之一：卓越经营、产品领先或亲近客户。客户关系型业务的职责是寻找和获取客户并为他们建立关系，产品创新型业务的职责是开发新的和有吸引力的产品和服务，而基础设施型业务的职责是构建和管理平台，以支持大量重复性的工作。企业应该将这三种业务分离，并聚焦于这三种业务类型之一。因为每一种业务类型都

是由不同因素所驱动的，在同一个组织中，这些业务类型可能彼此之间冲突，或产生不利的权衡妥协。

（二）长尾式商业模式

这个概念描述了媒体行业从面向大量用户销售少数拳头产品到销售庞大数量的利基产品的转变，而每种利基产品都只产生小额销售量。

长尾式商业模式的核心是多样少量：它们关注于为利基市场提供大量产品，每种产品相对而言卖得都少。利基产品的销售总额可以与凭借少量畅销产品产生绝大多数销售额的传统模式相媲美。长尾模式需要低库存成本和强大的平台，并使得利基产品对兴趣买家来说更容易获得。

有三个经济触发因素在媒体行业引发了这种现象：

1. 生产工具的大众化

不断降低的技术成本使得个人可以接触到在几年前还昂贵得吓人的工具。如果有兴趣，任何人现在都可以录制唱片、拍摄小电影或者设计简单的软件。

2. 分销渠道的大众化

互联网使得数字化的内容成为商品，且能以极低的库存、沟通成本和交易费用为利基产品开拓新市场。

3. 连接供需双方的搜索成本不断下降

销售利基内容真正的挑战是找到感兴趣的潜在买家。现在强大的搜索和推荐引擎、用户评分和兴趣社区，已经让这些容易得多了。

（三）多边平台式商业模式

多边平台被经济学家称为多边市场，是一个重要的商业现象。这种现象已经存在了很长时间，但是随着信息技术的发展，这种平台得以迅速兴起。多边平台是将两个或者更多有明显区别但又相互依赖的客户群体集合在一起的平台。它们作为连接这些客户群体的中介来创造价值。也就是说，多边平台将两个或者更多有明显区别但又相互依赖的客户群体集合在一起。只有相关客户群体同时存在的时候，这样的平台才具有价值。多边平台通过促进各方客户群体之间的互动来创造价值。

多边平台的运营商最主要的成本是运营费用，但是他们经常会通过为一个群体提供低价甚至免费的服务来吸引这个群体，并依靠这个群体来吸引与之相对的另一个群体。

多边平台的运营商所面临的困难是选择哪个群体，以及以什么价格来吸引他们。

多边平台的运营商必须问自己几个关键问题：我们能否为平台各边吸引到足够数量的客户？哪边（客户）对价格更加敏感？能够通过补贴吸引价格敏感一边的用户吗？平台另一边是否可以产生充足的收入来支付这些补贴？

（四）免费式商业模式

在免费式商业模式中，至少有一个庞大的客户细分群体可以享受持续的免费服务。免费服务可以来自多种模式。通过该商业模式的其他部分或其他客户细分群体，给非付费客户细分群体提供财务支持。免费式商业模式又可以分为三种类型：

1. 免费增收商业模式；基础免费，增值收费

免费增收主要代表了基于网络的商业模式，混合了免费的基础服务和收费的增值服务。免费增收模式中有大量基础用户受益于没有任何附加条件的免费产品或服务。大部分免费用户永远不会变成付费客户；只有一小部分，通常不超过所有用户的10%的用户会订阅收费的增值服务。这一小部分付费用户群体所支付的费用将用来补贴免费用户。只有在服务额外免费用户的边际成本极低的时候这种模式才成为可能。

在免费增收模式中，关键的指标是为单位用户提供免费服务的成本和免费用户变成付费用户的转化率。

2. 诱钓模式

诱钓指的是通过廉价的、有吸引力的甚至是免费的初始产品或服务来促进相关产品或服务未来的重复购买。

这种模式也被称为“亏损特价品”或者“剃刀与刀片”模式。“亏损特价品”指的是最初补贴甚至亏本提供商品，目的是使客户购买后续的产生利润的产品或服务。移动通信行业提供了一个使用免费产品的诱钓模式的好案例。现在，移动网络运营商提供绑定订阅服务的免费手机已经是标准的做法了。运营商起初赔钱赠送手机，但他们很容易通过后续按月服务费弥补损失。运营商以免费产品提供瞬间愉悦，随后产生经常性收入。

这种模式在商界很流行，并已被应用在许多行业，包括免费刀架所带来的刀片销售以及免费打印机带来的墨盒销售。

3. 三方市场

经济学家把这种模式称为“双边市场”：由第三方付费来参与前两方之间的免费商品交换。三方市场的一个典型例子就是电视媒体：电视媒体负责向观众免费播放新闻、娱乐节目以及广告，而广告发布商向电视媒体支付广告费，广告产生了较好的效应可以扩大自己的产品或者服务的销量，最终弥补了广告费；媒体运营商用广告费收入来弥补运营成本并获得利润。观众虽然免费收看了电视节目，但是只要观众中有极小的一部分人在观看广告后购买了广告发布商的产品，那么广告发布商就能获取广告效用的回报。

（五）开放式商业模式

开放式商业模式可以用于那些通过与外部伙伴系统性合作来创造和捕捉价值的企业。这种模式可以是“由外到内”，将外部的创意引入到公司内部，也可以是“由内到外”，

将企业内部闲置的创意和资产提供给外部伙伴。

开放式商业模式要求企业为了最大化商业价值，打破组织的界限，整合企业利益相关者的所有知识和资源（创意、技术等），企业内部的产品、技术、知识和智力资产可以通过授权、合资或拆分的方式向外部伙伴开放并变现，从而增强企业的价值创造和利益。

第二节　创业企业类型的选择

一、企业的类型

根据不同的标准，对企业可以做不同的分类。在我国，通常按以下标准对企业进行分类：

第一，根据企业隶属关系的不同，可将企业分为中央企业和地方企业两类。由国务院、国务院各部、委、办、局管理的企业，为中央企业。凡由各省、自治区、直辖市人民政府及其以下政府和政府部门管理的企业，为地方企业。

第二，根据企业生产经营内容的不同，可将企业分为工业企业、商业企业、农业企业、交通运输企业、金融企业、邮电企业、地质勘探企业、建筑安装企业、外贸企业、物资企业和水利企业等。

第三，以生产资料所有制形式为标准，可将企业分为全民所有制企业、集体所有制企业、个体私营企业、外商投资企业和联营企业五类。

第四，根据企业投资者是否具有涉外因素，可将企业分为涉外企业和非涉外企业。前者是指外商投资企业（包括外商独资企业、中外合资经营企业、中外合作经营企业），非涉外企业是指我国国内企业中除外商投资企业以外的其他企业。

第五，以出资方式和责任形式为标准，可将企业分为股份合作企业、独资企业、合伙企业和公司企业四类。股份合作企业是指两个以上劳动者按照协议，以资金、实物、技术等作为股份，自愿组织起来从事经营活动，能独立承担民事责任，依法成立的经济组织。独资企业是由单个投资主体投资组建的企业。合伙企业是两个或两个以上投资主体根据合伙合同约定共同出资、共同经营的企业。公司企业通常简称公司，是依照公司法的规定设立，以盈利为目的的具有法人资格的经济组织。

上述诸种企业分类中，第一、二、三种分类的意义主要限于行政管理和立法学上的意义，对于司法实务的探讨并无多大实际意义；第四种分类在实务上的意义主要在于涉外企业与非涉外企业在设立条件、设立程序、税费征收等方面存在不同。

二、企业类型比较

创业者首先必须做出的一个决策是所建企业的法律形式，这种初始的决策并非一成不变的。随着时间的推移，企业的发展和运作方式变化，都可能要求对企业法律形式做出调整。

依据财产组织形式和法律责任，国际上通常把企业分为三类，即公司企业、合伙企业和独资企业。但在现代高度发达的市场经济条件下，企业的组织形式日益多样化。

（一）个人独资企业

个人独资企业是指依法独立，由一个自然人投资，财产为投资者个人所有，投资人以其个人财产对企业债务承担无限责任的经营实体。

根据法律规定，设立个人独资企业应当具备以下五个条件：

第一，投资人为自然人。法律、行政法规禁止从事营利性活动的人不得作为投资人申请设立个人独资企业。

第二，有合法的企业名称。

第三，有投资人申报的出资。

第四，有固定的生产经营场所和必要的生产经营条件。

第五，有必要的从业人员。

（二）合伙企业

合伙企业是指两人以上书面协议共同投资、共同经营、共同盈亏，合伙人对企业债务负连带无限责任的企业。

根据法律规定，设立合伙企业应当具备以下五个条件：

第一，有两个以上的合伙人，且都是依法承担无限责任者。

第二，有书面的合伙协议。

第三，有各合伙人实际缴付的出资。

第四，有合伙企业的名称。

第五，有经营场所和从事合伙经营的必要条件。

法律法规禁止从事营利性活动的人不得成为合伙企业的合伙人，如，国家公务员、机关、学校、医院、部队等机构的人员。

合伙人可以用货币、实物、土地使用权、知识产权或其他财产权利出资。对货币以外的出资需要做价值评估的，可以由全体合伙人协商确定，也可以由全体合伙人委托法定评估机构来判定。经全体合伙人协商一致，合伙人也可以劳务出资，其评估办法由全体合伙人协商确定。

合伙协议是合伙成立的依据，也是合伙人权利和义务的依据，必须以书面形式订立，且经过全体合伙人签名、盖章方能生效。合伙人依照协议享有权利，并承担责任。经合伙人协商一致，可以修改或者补充合伙协议。

（三）公司

公司是企业法人，有独立的法人财产，享有法人财产权，公司以其全部资产对公司的债务承担责任。

有限责任公司，是指股东以其认缴的出资额为限对公司承担责任。

股份有限责任公司，将全部资本分为等额股份，股东仅就所认购的股份为限，对公司的债务负清偿责任。

公司股东作为出资者按投入公司的资本额享有所有者的资产收益、重大决策和选择管理者等权利。公司享有由股东投资形成的全部法人财产权，依法享有民事权利，承担民事责任。

1. 有限责任公司的设立条件

有限责任公司由50名以下的股东出资设立，设立时应当具备五个条件：股东符合法定人数（50个股东以下）；股东出资达到法定资本最低限额（有限责任公司注册资本的最低限额为人民币3万元，法律、行政法规对有限责任公司注册资本的最低限额有较高规定的，从其规定）；股东共同制定公司章程；有公司名称，建立符合有限责任公司要求的组织机构；有公司住所。

2. 股份有限公司的设立条件

股份有限公司的设立可以采取发起设立或者募集设立的方式。发起设立，是指由发起人认购公司应发行的全部股份而设立公司。募集设立，是指由发起人认购公司应发行股份的一部分，其余股份向社会公开募集或者向特定对象募集而设立公司。

设立股份有限公司应当具备六个条件：一是发起人符合法定人数（设立股份有限公司，应当有2人以上200以下的发起人，其中须有半数以上的发起人在中国境内有住所）；二是发起人认购和募集的股本达到法定资本最低限额；三是股份发行、筹办事项符合法律规定；四是发起人制定公司章程，采用募集方式设立的须经创立大会通过；五是有公司名称并且符合股份有限公司要求的组织机构；六是有公司住所。

股份有限公司采用发起设立方式设立的，注册资本为在公司登记机关登记的全部发起人认购的股本总额。公司全体发起人的首次出资额不得低于注册资本的20%，其余部分由发起人自公司成立之日起两年内缴足；其中，投资公司可以在五年内缴足。在缴足前，不得向他人募集股份。股份有限公司采取募集方式设立的，注册资本为在公司登记机关登记的实收股本总额。股份有限公司注册资本的最低限额为500万元人民币。法律、行政法规对股份有限公司注册资本的最低限额有较高规定的，从其规定。

表 6-1 各种企业类型的优缺点

企业形式	优点	缺点
个人独资企业	企业设定、转让和解散等行为手续非常方便，仅须向登记机关登记即可。 企业主独资经营，制约因素较少。经营方式灵活，能迅速应对市场变化。 利润归企业主所有，不需要与其他人进行分享。在技术和经营方面易于保密，利于保护其在市场中的竞争地位。 若企业主因个人努力而使企业获得成功，则可以满足个人的成就感	当个人独资企业财产不足以清偿债务时，企业主将依法承担无限责任，必须以其个人的其他财产予以清偿，因此，经营风险较大。 一般来说，个人独资企业受信用限制不易从外部获得资金，如果企业主资本有限或者经营能力不强，则企业的经营规模难以扩大。 一旦企业主发生意外事故或者犯罪、转业、破产，则个人独资企业也随之不复存在
合伙企业	由于出资人较多，扩大了资本来源和企业信用能力。 由于合伙人具有不同的专业和经验，能够发挥团队作用，增强了企业的管理能力。 资本实力和管理能力的提高，增强了企业扩大经营规模的可能性	在合伙企业存续期，如果某一个合伙人有意向合伙人以外的人转让其在合伙企业中的全部或部分财产时，必须经过其他合伙人的一致同意。 当合伙企业以其财产清偿合伙企业债务时，其不足部分，由各合伙人用其在合伙企业出资以外的个人财产承担无限连带清偿责任。 尽管合伙企业的资本来源及信用能力比个人独资企业有所增加，但其融资能力仍然有限，不易充分满足企业进一步扩大生产规模的资本需要
公司企业	公司的股东只对公司承担有限责任，与个人的其他财产无关，因而股东的风险不大，并且股份有限公司的股东还可以自由转让股票而转移风险。 通过公开发行股票，提高了公司的社会声望，因而融资能力很强。 公司具有独立存续时间，除非因经营不善导致破产或停业，不会因个别股东或高层管理人员的意外或离职而消失。 个人独资企业和合伙企业相比，公司的所有权与经营管理权分离，可以聘用专职的经理人员管理公司，因而管理水平高，能够适应竞争激烈的市场环境	公司设立的程序比较复杂，创办费用高。 按照相关法律要求，股份有限公司需要定期披露经营信息，公开财务数据。容易造成商业机密的外泄。 由于公司是从社会吸纳资金，为了保护利益相关者，政府对公司的限制较多，法律法规的要求也较为严格

第三节 创业资源的整合

创业的过程就是创业者建立、整合和拓展资源的过程。创业者能否成功地开发出机会，进而推动创业活动向前发展，通常取决于他们掌握和能整合到的资源及对资源的利用能力。许多创业者早期所能获取与利用的资源都相当匮乏，而优秀的创业者在创业过程中所体现出的卓越创业技能之一，就是创造性地整合和运用资源，尤其是那种能够创造竞争优势，并带来持续竞争优势的战略资源。那么，什么是创业资源？在创业初期我们能挖掘的创业资源有哪些呢？

一、创业者的资源

（一）知识资源

要实现创业的成功，深厚的知识积累绝对是不可或缺的。大家要创业，要想当个名副其实的大老板，是要会管理自己的事业的。创业是开始，守业是关键。因此，要在一开始时，就为守业打好坚实的基础，那就是知识的积累。

知识为人创造财富。教育不但可以教会人专门的技能，而且可以训练人的思维，而思想是跨入新经济的入场券。当然，不是说必须有高的学历层次，不断进行各个方面的学习和知识积累是创业者获得成功的法宝。尤其对于具备高知识含量的创业公司，开发和拥有具有完全自主知识产权的产品，对于占领市场、抵御经济风险无疑具有十分重要的意义。

（二）社会资源

如果能拥有广泛而良好的社会关系基础，那么在创业时就会事半功倍。反过来说，假如之前没有储备良好的社会关系，那么，在创业时就会比别人付出更多的劳动，甚至会有许多莫名其妙的社会势力与创业者作对，阻碍创业步伐，使创业者举步维艰。

明智的创业者，在创业之前，如果他已有意于从事某个行业，他就会尽自己的所能去结识这个行业里的知名人士，虚心向这些知名人士或成功人士请教，聆听他们的教诲，把这些作为重要的资源储备起来，以便在将来发挥作用，帮助自己解决许多实际问题。

很多创业者最初的创业想法是在朋友的启发下产生的，或干脆就是由朋友直接提出的。因此，这些人在创业成功后，都会更加积极地保持与老朋友的联系，并且广交天下友，不断地开拓自己的社交圈子。

总之，关系、智慧、知识、时间、健康等是创业者的最大资源，只要你懂得珍惜和利用，你就能走向成功。

二、关系创造财富

在人际关系中，有因血亲和姻亲产生的亲缘关系，有战友、同事、同行、上下级、主顾等业缘关系，有同学、师生、师徒等学缘关系，有邻里、同乡等地缘关系，有人生道路上偶然接触而相识、建立友谊的机缘关系。

（一）同学

同学是人际关系中的第一资源。

在许多成功者身后都可以看到同学的身影，有少年时代的同学，有大学时代的同学，更有各种成人班级如进修班、研修班上的同学。

同学之间因为接触比较密切，彼此比较了解，同时因为青年人利害冲突少，成年后则大多数从五湖四海走到一起，彼此也甚少存在大的利害冲突，所以友谊一般都较可靠，纯洁度更高。对于创业者或商人来说，是值得珍惜的最重要的外部资源之一。

（二）老师

教师是人类灵魂的工程师，他们丰富的社会阅历和学识能给你启迪，提升你的素质与能力，是你人生的导师，而桃李满天下也是一种优质的人际资源。从小学到大学，你获得无数恩师的帮助和教诲，如能长久地保持联系，将是你人生的一大资源。

（三）同乡

可以与同学和战友相提并论的是同乡。共同的人文地理背景，使老乡有一种天然的亲近感。曾国藩用兵只喜欢用湖南人。中国历史上最成功的两大同乡帮——徽商和晋商，他们不管走到哪里，都是老乡成群结伙。正是同乡之间互为犄角、互为支援，成就了徽商和晋商历史上的辉煌。在很长一段时间内，中国几乎所有商业繁盛之地，其最惹眼、最气派的建设不是徽商会馆，就是晋商会馆。会馆者，老乡交游约会之场所也。如今，浙商、粤商、鲁商、闽商及新的徽商等畅游天下，他们或血脉相连，或乡情相通，或互通信息，或互相提携，或互相帮助，从而形成了声势浩大、所向披靡的创业经商群体。

“同乡”——这两个字眼里面蕴藏了多少“缘分”和“情结”，是我们创业经商可贵的资源。

（四）职业人脉

对创业者和企业家来说，效用最明显的首推职业资源。所谓职业资源，即创业者和企业家在创业或经商之前，为他人工作时所建立的各种资源，主要包括项目资源和人际资源。充分利用职业资源，从职业资源入手创业，符合创业活动“不熟不做”的教条。尤其是在国内目前还没有像美国或欧洲国家一样，普遍认同和执行“竞业避止”法则的情况下，选择从职业资源入手进行创业已经成为许多人创业或经商成功的捷径和法宝。

（五）朋友

朋友应该是一个总称。同学是朋友，战友也是朋友，老乡是朋友，同事一样是朋友。一个创业者、企业家或商人，三教九流的朋友都要交，谈得来，交得上，就好像十八般兵刃，到时候说不定就用上了哪般。靠朋友创业并走上事业顶峰的事例俯拾即是。一个创业者、企业家或商人，如果不能交朋友，或没有几个朋友，很难打开局面。“一个篱笆三个桩，一个好汉三个帮。”成功，不是上帝的恩赐，它需要自己的奋斗、朋友的帮助和机会的降临。而“朋友的帮助”则是支持你走上成功之路取之不尽的能量。这种能量在我们的事业上有着无与伦比的作用。

三、智慧创造财富

人人都向往财富，人人都在不断地追求财富。为什么财富总是青睐极少数人呢？生活中有许多人都抱怨命运的不公，或者抱怨找不出道路，其实要想富有，就要用好自己的大脑。能够成功的人都懂得为自己开辟一条道路，用独特的眼光去发现、创造商机，有智慧的人才能够在激烈的竞争中立于不败之地。不要忽视每一个小小的智慧，拥有了这些智慧，就会慢慢积累更多的经验和阅历，这些小智慧会给你带来财富，很多成功的商人就是由一个小智慧发家致富的。在精明能干的商人眼中，智慧是任何东西都不能代替的，只有智慧，才是每个人的无价之宝，也是我们一生的财富源泉。

在困境中，智慧可以为你开辟一条通往光明的大道；在失败时，智慧可以为你架起一座通往成功的桥梁。我们追寻商人们的足迹，发现了他们用小智慧赚大钱的历程。前人的历程告诉我们：智慧是创造财富的源泉。谁拥有了智慧，谁就会拥有财富。

四、知识创造财富

（一）知识资本是一座具有无限财富的“宝矿”

新经济时代的主流是知本创富，知识资本是一座具有无限财富的宝矿。在知识经济时代，人们已经深刻地认识到，知识就是资源，知识就是资本，知识就是财富。

何谓知识资本？简单地说，所谓知识资本是指以知识为主体参与企业经营活动，并为企业创造价值的资本形态。与有形的物质资本不同，知识资本是一种无形资本。资本形态经过商业资本、工业资本、金融资本后，进入知识资本时代了，谁拥有更多的知识，谁就拥有更多的主宰权。目前我们正在脱离工业文明时代，进入知识经济文明时代。在这个时代，推动社会生产发展的是知识。知识之所以成为经济增长的关键因素，当今社会之所以强调知识价值，讲知识资本，是因为知识本身就是财富。知识除了替代资本、物质成为决定生产的第一要素之外，还对各种经济要素起到优化和增效的作用。

（二）知识资本创业的五大优势

新经济时代推动社会发展的主导力量已经不是简单的劳动者的力量，也不是资本的力量，而是知识资本的力量。经营管理的资本要让位于“知识资本”，在我国，政府也意识到了知识的重要意义，确立了“科教兴国”的知识经济发展战略。当今的中国企业界也逐步认识到知识经济时代企业的参与者不再单纯是以资本入股者，而且也包括以知识入股者。正是由于知识资本的驱动，现在的世界经济已经逐步转型，由能量驱动转向由知识驱动。依靠知识资本进行创业也具有了明显优势。

1. 创业将更加容易

由于信息产业的出现和壮大，人们获取市场信息的渠道更加快捷容易。技术的日新月异、市场的快速变化、人们生活节奏与方式的变化，使创业机会大大增加。在知识经济时代，只要有愿望，人人都可以找到创业的机会。

2. 创业与成功的距离拉得更近

由于创业环境大大改善，创业所需的信息可以快捷低廉地获得，创业所需的资金也可以从风险投资家那儿得到；同时，由于企业孵化器和创业中心的大量出现，加之资本市场的发育成熟，使得从创业到成功、从投入到回报所花的时间比以往任何时候都短，使得创业成功的机会比以往任何时候都多。

3. 创业的源泉更加广泛

由于知识与技术获取渠道的增多，技术发明者与技术掌握者已经不是主要的创业者来源，知识与技术能够面对更多的人，创业行为将更加普遍。

4. 创富的速度更快

在新经济时代，一些拥有知识资本的人在较短的时间内，依靠知识资本的力量成为百万富翁再也不是梦想。其中的道理十分简单。例如，一个工人可以利用自己的手艺在 8 个小时之外去开修车摊、理发店或饮食摊，这也叫创业，但收入是有限的，其风吹日晒之苦就更不必说了。而这些职业对那些没有任何手艺的工人来说还难以做到，他们只能利用业余时间蹬着三轮车到火车站去拉客人。白天在厂里干了 8 小时，晚上又去卖苦力，辛苦自不必言，收入也很有限。靠这些小本生意和力气活可以使日子过得更好一些，但要想创富却并不容易。但是拥有知识的人却不同。假如他拥有为社会所急需的专业知识，并将他的知识转化为产品，给社会带来效益，他就会很快从中获取财富。奋斗几年成为百万富翁、千万富翁、亿万富翁已经不是可望而不可即的神话。

五、时间创造财富

“时间就是财富”不仅是一般的理论描述，而且是现实生活的反映。许多人都知道

“时间就是金钱”这句名言，但没有多少人能理解“时间就是财富”。现代社会经济生活中时间的确是财富，你抓住了时间，就得到财富；你放纵了时间，财富就从你手中溜掉了。利用好时间是非常重要的，一天的时间如果不好好计划一下，就会白白浪费掉就会消失得无影无踪，我们就会一无所成。经验表明，成功与失败的界限在于怎样分配时间，怎样安排时间。人们往往认为，这儿几分钟、那儿几小时没什么用，其实它们的作用很大。

六、健康创造财富

创造财富可以说是人生中最大的快乐之一，它除了能够提供多数创业者主要的智力刺激和社会互动之外，还是许多创业者能展露才能、参与竞争并获得掌声的标准。但是，如果你真的把清醒的每一分钟都用来赚钱，而完全忽略了自己的健康，那将得不偿失。强健的心理、良好的情绪与精神，都来自健壮的身体，假如你想功成名就，第一步就是要考虑健康问题。因此，当你能够出人头地之前，需要学习的一个简单而重要的课题，就是如何让你自己的体格变得强壮。因为只有身体健壮的人才能具有精明的脑子和旺盛的精力。没有好的身体，在这个物质世界上，什么也甭想实现。简单地说，身体健康是创业者获得成功的“硬件”，一个创业者成功的基础是身体健康。

可现代大多数人最容易犯的一个毛病就是，对于已经拥有的东西不怎么珍惜，而对于将要失去的却总想挽留，这一点在对待健康方面体现得最为明显。当一个创业者无病无灾时，他总觉得自己是“铁打”的机器人，可以不吃不喝一天 24 小时工作。这种情况多体现在年轻力壮正当年的创业者身上，因为年轻，他们不懂得爱惜身体，每日为赚钱而奔波，在商海里逐鹿争雄，总想着出人头地。不过，当到了一定的岁数，精神和体力都会明显衰退。到了百病缠身时，创业者可能要花上大量的时间用来休养和用无数的金钱进行治疗。其实，如果在年轻时就注意自己身体的保养，也可能用不了多少时间和金钱，你就会拥有一个强健的体魄。

七、创业资源开发与整合的原则

创业资源在开发、整合过程中，应注意以下原则：

第一，尽可能多地搜寻出利益相关者。

第二，识别利益相关者的利益所在，寻找共同利益。

第三，共同利益的实现需要共赢的利益机制作保证，多数情况下难以同时赢，更多是先后赢，创业者要设计出让利益相关者感觉到赢而且是优先赢的机制。

第四，强化沟通。沟通是创业者与利益相关者之间相互了解的重要手段，信任关系的建立有助于资源整合，降低风险，扩大收益。

第四节　创业资金的筹措

创业融资是指创业者筹集资金的行为与过程，即创业者根据自身的生产经营状况、资金拥有的状况及未来经营发展的需要，采用一定的方式，从一定的渠道去筹集资金，组织资金的供应的行为。

另外，相关调研也发现，青年自主创业中最大的困难来自资金短缺、融资难。创业企业相比既有企业在融资时面临更多障碍：创业企业缺少甚至没有资产，无法进行抵押；创业企业没有可参考的经营情况，摸着石头过河；创业企业的融资规模相对较小，从贷款规模比较，对中小企业贷款的管理成本平均为大型企业的五倍左右。

近年来，国家出台的一系列法规为个人投资创业提供了很好的平台，然而由于个人投资多受制于资金这个瓶颈，因此，如何筹集到所需要的资金已成为个人创业最先面临的问题，而解决的关键在于能合理预测资金需要量，选择合理的融资渠道。

创业的门槛不仅在于个人的能力和素质，还在于它需要投入资金以启动项目。创业面临的第一个难题就是“启动资金从何而来”。一方面政府以优惠商业贷款或风险投资形式支持大学毕业生创业的力度有待加强；另一方面相当部分大学生的筹资渠道单一，筹资能力不足。加之许多创业者之所以创业，原因之一就是经济上并不富裕，因此，几乎完全通过自有资金开展创业活动，可能性不大，并且由于创业风险大，为了分散风险，创业者也倾向于利用外部资金进行创业。今天，在中国，包括大学毕业生在内的创业者面临的主要问题仍是资金短缺。由于社会普遍信用水平低，使得真正的创业者的融资环境恶化；融资难，不仅出现在创业企业身上，有时甚至表现在成熟的大企业身上。如何在信用制度不健全的环境下融资，是摆在每一位立志创业者面前的主要问题。

创业者面临的主要问题就是为创业融资。如何融资、何时融资和向谁融资是创业者最为关心的问题。

一、融资与融资渠道

“融资”，即资金融通，它有广义和狭义之分。广义融资指资金持有者之间流动，以余补缺的一种经济行为。它是资金双向互动的过程，不仅包括资金的融入，还包括资金的融出，即不仅包括资金的来源，还包括资金的运用。狭义“融资”指资金的融入，即资金来源。具体指企业从自身生产经营及资金运用情况出发，根据未来经营发展的需要，通过科学的预测和决策，采用一定的渠道和方式，利用企业内部积累或向企业投资者及债务人筹集资金，保证企业经济发展需要的一种经济行为。它既包括不同资金持有者之间的供应，也包括某一经济主体通过一定方式在企业内部进行的资金融通，即企业自我组织与自我调剂资金的活动。中小企业融资，即是中小企业的资金融通。资金是一种稀缺的资源，中小企业融资的实质就是对资金的配置过程。

融资渠道是指资金来源的方向与通路，体现着资金的源泉和流量。认识融资渠道的种类及每种渠道的特点，有利于企业充分开拓和正确利用融资渠道。总体而言，企业筹集资金的渠道有以下七种：

（一）国家财政资金

国家对企业的投资，历来是国有企业，包括国有独资公司的主要资金来源。现有国有企业的资金来源大部分是过去由国家以拨款方式投资形成的。

（二）银行信贷资金

银行对企业的各种贷款，是各类企业重要的资金来源。银行一般分为商业性银行和政策性银行。前者为各类企业提供商业性贷款，后者主要为特定企业提供政策性贷款。银行信贷资金有居民储蓄、单位存款等经常性的资金源泉，贷款方式多种多样，可以适应各类企业的多种资金需要。

（三）非银行金融机构资金

非银行金融机构主要有信托投资公司、租赁公司、保险公司、证券公司、企业集团的财务公司等。它们有的承销证券，有的融资融物，有的为了一定的目的而集聚资金，可以为一些企业直接提供部分资金或为企业融资提供服务。这种融资渠道的财力比银行要小，但具有广阔的发展前景。

（四）其他企业资金

企业在生产经营过程中，往往形成部分暂时闲置的资金，同时为了一定的目的也需要相互投资。这也为融资企业提供了资金来源。

（五）民间资金

企业职工和城乡居民的节余货币，可以对企业进行投资，形成民间资金渠道，为企业所利用。

（六）企业自留资

企业内部形成的资金，主要是计提折旧。提取公积金和未分配利润而形成的资金。这是企业的“自动化”融资渠道。

（七）外面资金

外面资金是外国投资者投入的资金，是外商投资企业的重要资金来源。

二、评估筹资渠道的指标

评估筹资渠道，应该考虑下面五个方面的问题：

（一）成本与收益

与贷款的成本相比较，该筹资渠道有什么好处？

评价筹资的成本通常是看它对企业当前所有者收入可能产生的影响，而不仅是企业增加的支出。假设有一个企业要筹集 20 000 元，那么它是应该按 10%的年利率借这笔款，还是应该卖出 25%的股份来筹集这笔资金？如果借款，每年支付 2 000 元的利息，从而减少其税前利润 2 000 元，即如果原来利润是 30 000 元，则支付利息后就减少为 28 000 元。

在股权融资的情形下，因为无须支付利息，因此利润是 30 000 元。但其中只有 22 500 元归当前的所有者，因为有 7 500 元要归新的持股人。因此，股权融资情况下，利润较高，但归当前所有者的较少。

每一种筹资渠道都有成本，内部融资也一样。通过出售或变卖存货会造成一定的损失，处置生产用的机器设备可能增加营运成本。做融资决策时，应综合考虑各种融资方式相关成本。

（二）风险

筹集资金时会有一定风险。延期支付货款很可能导致供应商不满，损害自己的信誉。借来的钱要连本带利归还，因此，企业通过借债融来的资金一定要避免无法履行偿债义务。不能按时偿还债务会带来一系列不良后果，如没收抵押、被迫破产等。唯一没有风险的资金来源就是股权资金，因为是股权投资者本身而不是经营者承担了资金的风险。

（三）灵活性

该筹资渠道会降低企业今后再融资和使用经营所得资金的灵活性和机动性吗？

资金的目的是利润，但对利润的过分关注可能导致企业在扩大规模或购置存货方面过于谨慎而错失良机。而把赊购作为主要筹资来源又常常会导致企业对少数几个供应商的过分依赖，无法得到其他供应商的价格优惠。

（四）控制

所有者对企业的控制权会受到不利影响吗？控制权削弱会阻碍创业者做出有利的决策吗？

内部融资、借款和使用商业信用不会影响企业所有者对企业的控制。股权投资人通常有资格在一定程度上控制企业营运，但贷款机构（人）一般不参与企业事务，也不像普通股东那样有资格在公司内行使表决权。

（五）可获得性

哪种渠道的资金更容易得到？

通常，企业由于缺乏有效的资金来源而在融资时受到一定的限制。尽管有时某些渠道看起来非常可行，却并不一定能够得到。

总而言之，对每一项资金来源，都要进行成本、风险、灵活性、控制权和可获得性评估。在这些因素中，哪个更重要，哪个不那么重要，这要看具体情况。多数情况下，可获得性都是很重要的因素。另外一些情况下，则主要考虑成本因素。应在综合考虑各种情况之后做出相应的融资决策。

三、股权融资与债权融资

企业的融资方式有两类：债权融资和股权融资。股权融资是指企业的股东愿意让出部分企业所有权，通过企业增资的方式引进新的股东的融资方式。债权融资是指企业通过借钱的方式进行融资，债权融资所获得的资金，企业首先要承担资金的利息，另外在借款到期后要向债权人偿还资金的本金。

四、创业贷款

创业贷款是指具有一定生产经营能力或已经从事生产经营的个人，因创业或再创业提出资金需求申请，经银行、典当行等认可有效担保后而发放的一种专项贷款。其中银行又是最主要的贷款渠道，以下主要介绍银行贷款的相关知识。

（一）申请贷款须考虑事项

不同的贷款机构有着不同的贷款程序。对此，借款人必须清楚。贷款机构同意借款时，必须确信借款人会按照其承诺及时还款。下面是评估贷款申请人的一些因素，有必要了解。

1. 贷款类型

短期贷款（如一年内）和长期贷款（如超过一年）。

2. 贷款目的

确保贷款不被用于非法的、受到政府政策限制的或者与社区利益相悖的企业中。

3. 借款人的信用

银行在评审企业贷款申请时，要考虑以下几项：

（1）还款人品质。考查申请人对待信用的态度，包括过去的信用记录。

（2）偿还能力。审查申请人的收入情况及确定其是否有能力偿还借款。

（3）资本状况。审查申请人的个人财产，包括存款、不动产及其他个人财产。

（4）经营条件。地区、国家的经济状况对贷款的难易程度有很大影响。

（5）担保物。是否有担保或抵押财产及这些财产的质量也是银行要考虑的重要方面。

（6）事业的连续性。借款企业持续经营的前景。银行要考虑借款人能否在日益激烈的竞争环境中生存与发展。

4. 能力

创业者运作项目的专业能力。能力特征有助于贷款机构确定借款人是否有能力按照计划目的用好贷款。

5. 还款期限

还款期限对借贷双方都非常重要。贷款机构需要确认借款人提出的还款方案是否现实，可以通过计算经济效益来测算。贷款机构会提出有关贷款期限和还款方式等方面的建议。

6. 安全性

安全性或贷款担保情况必须是贷款机构能够接受的，即使其他条件都能满足，只要贷款机构所要求的安全条件得不到满足，贷款也很难发放。企业首次贷款时更是如此。

7. 担保人

有些机构要求有不动产、有形资产的担保，或要求有担保人。

8. 商业计划

商业计划是贷款机构确定贷款是否可以发放的主要依据。商业计划可以表明企业的可行性，借款人应该请专业人士准备一份让银行感到值得研究的商业计划。贷款机构通过评估借款人提交的商业计划，得出自己的结论，有时也针对贷款项目自己做可行性研究以评估企业将来的生存能力。

（二）创业贷款的条件

（1）具有完全民事行为能力。

（2）身份及营业场所证明。贷款申请人必须具备合法有效的身份证明和在贷款行所在地合法居住的证明及固定的住所或营业场所。固定住所的证明可以是房产证（父母名字的房产证也可），营业场所的证明应该持有工商行政管理机关核发的营业执照及相关行业的经营许可证，说明正在从事正常的生产经营活动。

（3）资金证明。贷款申请人的投资项目要求已经有一定的自有资金。这是银行衡量是否借贷的一个重要条件，因为创业贷款金额要求一般最高不超过贷款人正常生产经营活动所需流动资金，以及购置（安装或修理）小型设备和特许连锁经营所需资金总额的70%。

（4）结算账户。贷款申请人必须在所贷款银行开立结算账户，营业收入要经过银行结算。而且贷款用途符合国家有关法律和本行信贷政策规定，不允许用于股本权益性等其他投机性投资项目。

（5）贷款担保。贷款申请人需要提供一定的担保，包括房产抵押、存单质押及第三方担保三种形式。另外，尽可能提供一些自己的信用状况、还款能力及贷款投资方面的信息给银行，这样会增加贷款诚信度，以便于顺利地获得贷款。

（6）创业贷款申请资料。

①有效身份证件和户籍证明、婚姻状况证明、个人收入证明。

②相关营业执照或创业证明。

③银行要求的其他材料。

（三）创业贷款的申请程序

1. 准备材料

这些材料包括身份证明、婚姻状况证明、个人或家庭收入及财产状况等还款能力证明文件；贷款用途中的相关协议、合同；担保材料，涉及抵押品或质押品的权属凭证和清单，银行认可的评估部门出具的抵押物估价报告。最后，要有抵押物，抵押方式较多，可以是动产、不动产抵押，或定期存单质押、有价证券质押及流通性较强的动产质押等。

2. 填写申请

申请人持开业计划书（或贷款项目书）向贷款担保推荐机构或开业专家提出论证要求，经论证通过者可申领《开业贷款申请书》。

3. 获得推荐

推荐机构组织开业指导专家或有关人员对申请项目论证后，对符合开业贷款要求的，在《开业贷款申请书》的推荐意见栏签署推荐意见；对不符合要求的，应对申请人提出咨询意见，退回申请人所提供的有关材料。

4. 身份确认

申请人到户籍所在地街道就业服务机构取得身份确认并在《开业贷款申请书》的身份确认栏签章。

5. 银行受理

申请人持已签署推荐意见和身份确认意见的《开业贷款申请书》，向指定银行的受理点提出贷款申请，并提供有关材料。

6. 贷款审核

银行从受理之日起 10 日内做出贷款审核意见，并在《开业贷款申请书》的银行审核意见栏填写意见，报送开业指导服务中心。如不同意贷款的，应及时通知申请人，并提出咨询意见。

7. 办理贷款

受理银行获得贷款担保意见后，即可在5个工作日内按银行信贷规章制度要求，办理贷款人的个人（或单位）担保手续和贷款手续。

第七章　大学生创业实践机会的捕捉与风险管理

第一节　实地探索创业机会

一、创业机会的概念

创业机会，主要是指具有较强吸引力的、较为持久的、有利于创业的商业机会。创业者可以据此为市场提供有价值的产品或服务，并同时获益。

二、创业机会的特征

有的创业者认为自己有很好的创意，对创业充满信心，但许多创业者仅凭创意去创业而失败。有创意固然重要，但是并不是每个大胆的创意都能转化为创业机会。创业机会具有以下特征。

（一）潜在的营利性

对于创业机会来说，营利性属于前提与基础。创业者创造创业机会的主要目的在于为自己营利。如果不存在营利性，那么创业机会也就不存在了。同时，创业机会的营利性是具有潜在特征的。具体来说，需要创业者具备一定的知识与经验。因此，这对于创业者来说有一定难度。从表面看，很多创业机会具有较大的营利性，但是经过实践之后，可能并未获得营利。因此，这就要求创业者需要付出更多的努力，进行识别与评价。

（二）适应性

商业环境是初创企业赖以生存和发展的重要条件，包括政策法规环境、经济环境、社会环境、生产环境等。创业机会必须适应商业环境，能够使创业者在该环境中获得收益，创业活动才有可能延续下去。

（三）客观性

创业机会是客观存在的，无论创业企业是否意识到，它都会客观存在于一定的社会经济环境之中。客观存在的创业机会对所有人都是公开的，每个创业者都有可能发现，不存在独占权。在创业者发现创业机会的时候，就要考虑潜在的竞争对手，不能认为发现创业机会就意味着独占，独占创业机会就意味着成功。

（四）时效性

创业机会存在于一定的时空范围之内，随着产生创业机会的客观条件的变化，创业机会就会相应地消逝和流失。而且由于机会的公开性，别人也可能利用，这就改变了供需矛盾，加速了事物的变化过程，机会也就失去了效用，甚至成为创业者的威胁。对于创业者来说，要抓住创业机会并及时利用，越早发现创业机会并采取措施将机会付诸实施，成功的可能性也就越大。

（五）偶然性

创业机会需要靠人去发现，但是由于缺乏科学方法的指导而没有发现创业机会是很正常的，但不能说没有创业机会。大多数时候，创业机会不可能明显地摆在创业者面前，机会的发现常常具有一定的偶然性，关键要靠创业者去努力寻找。创业机会无处不在、无时不有，关键在于寻找和识别，要从不断变化的必然规律中预测和把握机会。

（六）独特性

创业机会的独特性就在于能经由重新组合资源来创造一种新的目的——手段关系，是一种独特的商业机会。奥地利经济学派认为创业机会与商业机会的根本区别在于利润或价值创造潜力的差异，创业机会具有创造超额利润的潜力，而商业机会只可能改善现有的利润水平。

（七）隐蔽性

生活充满机会，机会每天都在撞击着我们的大门。可惜的是，大多数人都意识不到它的存在。这就是机会的隐蔽性。创业机会更是如此，有了隐蔽性。如果人们一眼便能看到它，一伸手就能摸到它。那么，也就不能成为创业机会了。

（八）不确定性

创业机会总是存在的，但机会的发展事先往往难以预料。创业机会在一定的条件下产生，条件改变了，结果往往也会随之而改变。创业者在发现创业机会的时候，一般是根据已知条件进行的，但结果可能会出乎意料，因为条件改变了，或者创业者利用机会的努力程度不够。

（九）资源可获得性

创业者只有具有或者有途径获得足够的资源，才有可能取得创业的成功。

三、创业机会的分类

根据不同的标准，可以将创业机会分为不同的类型。

（一）根据目的的性质进行分类

根据目的的性质，可以将创业机会分为问题型机会、趋势型机会和组合型机会三种类型。

1. 问题型机会

问题型机会是指由实现中存在的未被解决的问题所产生的一类机会。

2. 趋势型机会

趋势型机会就是在变化中看到未来的发展方向，预测到将来的潜力和机会。

3. 组合型机会

组合型机会就是将现有的两项以上的技术、产品、服务等因素组合起来实现新的用途和价值而获得的创业机会。

（二）根据目的与手段关系的明确程度进行分类

根据目的与手段关系的明确程度，可以将创业机会分为识别型机会、发现型机会和创造型机会。

1. 识别型机会

识别型机会是指市场中的目的与手段关系十分明确时，创业者可通过目的与手段关系的连接来辨识机会。

2. 发现型机会

发现型机会是指目的或手段任意一方的状况未知，等待创业者去发掘机会。

3. 创造型机会

创造型机会是指目的和手段皆不明确，因此，创业者要比他人更具先见之明，才能创造出有价值的市场机会。

四、创业机会的来源

机会无处不在，需要用心才能发现。机会更青睐于心态积极善于决断和能抓住有用信息的人，机会也偏爱勤奋且具有坚持不懈精神的人。无论创业机会的潜在价值有多大，都需要创业者独具慧眼，以灵敏的眼光去发现和探索机会，以积极的心态去耕耘，以坚持不懈的精神去实现创业。概括来说，创业机会主要来源于以下几方面：

（一）宏观环境机会

为了从繁乱复杂的市场信息中寻找创业机会，创业者需要将目光聚集到具体的创业项目之上，创业者首先需要关注整体的宏观环境，这是影响创业活动推进的大环境。对创业机会识别的宏观环境分析主要是从以下几方面进行分析。

1. 经济环境

经济环境是制约企业发展的宏观经济因素，包括经济结构、经济周期、国民收入及其变化趋势、居民可支配收入、储蓄及其资本市场发育程度等。经济的发展，如投融资、普惠金融、融资担保等各种业务推陈出新地为创业者提供了创业机会。

2. 科技环境

科技环境包括社会科技水平、社会科技力量、国家科技体系、科技立法等。企业的活动或多或少被这些环境影响，尤其是高科技创业活动。创业者如果对国家对科技的重点投资对象有所了解，并且了解科技成果商品化的速度及预期淘汰时间，并且在这个基础上选择投资的时机和对象，那么就会比较容易取得创业的成功。

3. 自然环境

自然环境因素主要考察企业创立所需要的资源和环境条件是否具备。在新的发展形势下，社会对环境保护和资源利用的重视程度日益增加，这些因素对于企业的建立及发展都产生了重要的影响，创业者必须在经营中协调自身利益与消费者利益、社会利益及生态利益，实现可持续的发展目标。

4. 政治环境

政治环境主要包括政局和政治事件、国家政策等。无论大小企业的创办与发展都必须重视政治环境，这是其发展的前提。因此在进行创业之前要对易受政治环境影响的产品进行政治敏锐性分析。为深入分析政治环境因素，创业者应当了解与创业机会有关的政策，考察这些政策是否会对市场进行或多或少的干预、许可、鼓励、支持或是限制、抑制、打击等，同时还应当对政策的稳定性和变化的趋势进行分析。

5. 社会环境

社会环境的构成因素是众多而复杂的，包括人口结构、生活方式等社会文化因素。企业经营活动的基础和最终对象就是人，人口的变化会影响市场结构的变化，人口的生活方式也直接影响着市场上消费需求的种类和数量、购买习惯和行为等。企业只有全面地了解和准确判断社会文化环境，才能把握住消费者的需求。

6. 法律环境

法律规范着企业的经营行为并且影响着消费需求数量和结构变化。创业者在创业之前首先要了解我国的基本法律环境，在创业中也必须拥有充分的法律意识，用法律来解决创业活动中的争端。

（二）地区环境机会

近年来，创业的地区环境机会增多，主要表现在以下几方面：

第一，担保服务机构、风险投资机构、信用服务机构、顾问咨询等服务机构得到发展，更有利于创业的启动与发展，为创业者提供了便利的条件。

第二，国家和地方政府对基础设施的投入力度加大，商业运作硬件条件得到较大的改善，创业园区孵化基地、园区建设、社区建设、企业服务中心、指导机构等不断新增。

第三，创业教育的普及、创业者文化素养的提高和创业专业服务机构的发展，为创业提供了较好的支持，使得创业项目和创意理念能够更顺畅实现市场价值。

（三）行业机会

对行业环境进行分析能够有助于创业者抓住合适的机遇。本书从行业的生命周期、行业进入障碍、行业的竞争要素和行业内部结构四个方面分析行业机会。

1. 行业的生命周期

行业的发展阶段就是要分析创业机会所属行业的发展态势。对于大多数行业来说，其发展过程大致可以分为以下四个阶段：

（1）孕育阶段。在这一阶段，行业之中存在大量的创业机会，而且抢先进入市场的创业者能够率先制定行业生产、技术标准，优势十分明显，但由于行业的发展尚不明朗，也存在着较高的创业风险。

（2）成长阶段。在成长阶段，行业刚刚形成，规模比较小，而且产品的总量和品种也很少，所以留给创业者开拓的余地比较大，因此创业机会也非常多。

（3）成熟阶段。在成熟阶段，行业的发展已经趋于稳定，企业之间竞争激烈，实力强的企业会继续发展壮大，还会兼并或淘汰实力较弱的企业，因此，处于成熟阶段的行业留给创业者的创业机会相对来说比较少。

（4）衰退阶段。在衰退阶段，行业逐渐进入消亡、退出市场的阶段，技术和产品都出现了新的替代品。这一阶段没有什么创业机会，若是在这个时期加入，创业者的成功概率就很小。

行业生命周期在运用上有一定的局限性，因为生命周期曲线是经过抽象化了的典型曲线，各行业按照实际销售量绘制出的曲线不会光滑规则，因此，判定行业所处的阶段具有一定的困难。

2. 行业进入障碍

在选定行业之后，创业者就需要考虑进入这一行业可能会遇到的障碍。事实上，那些隶属于全新行业的创业机会相对来说较少，而出现这种创业机会时，由于该行业刚刚出现或者尚未出现，未知因素太多，市场风险太大，很多创业者可能不敢直接进入，反而是那些行业市场已经发育到一定程度的创业机会成为创业者追捧的对象。一般来说，影响或阻碍创业者进入行业的因素主要包括以下两个方面：

（1）行业的规模。不论是进入哪个行业，创业的项目都必须达到一定的规模，才能达到一定的盈利水平，否则就无法抵销成本实现盈利。一个行业所需要的生产经营技术越复杂、固定设备要求越高，则需要的投资规模就越大，而且这些投资都具备高风险，一旦创业失败就无法收回成本。因此，当一个行业的最低投资规模的水平过高时，创业者进入这一行业就会有较大的难度。

（2）销售渠道的限制。行业内部原有的正常销售渠道已经为原有企业服务。创业者往往需要通过合作、提供服务和津贴等方式来说服原来的渠道接受它的产品，这也构成了创业者进入市场的成本。如果企业进入一种行业不能利用原有的销售渠道，这就提高了销售渠道开发的费用，进入该行业的难度也大大提升。

3. 行业竞争要素

（1）现有竞争者之间的激烈竞争。在一个行业中，企业最先关注的是现有竞争对手及竞争对手采用的竞争行为。当行业中的企业数量众多，则会出现有些企业为占有更大市场份额和取得更高利润而采用打击、排斥其他企业的竞争手段，从而形成激烈的竞争场面。当行业有相当高的固定成本或库存成本时，企业会降低单位产品固定成本，因而会采用价格战的竞争方式加剧市场竞争。如果行业产品差异化很小或没有行业转化成本，这时会使供给方在价格和服务上展开竞争，购买者有较大的选择自由。当行业退出时障碍大，如清算价值低、转换成本高、退出费用高、政府和社会限制等原因，经营不好的企业只能选择继续经营，会使得行业内竞争激化。

（2）替代产品的威胁。替代产品指那些与本行业的产品有同样功能的其他产品。由于其他产品与本行业的产品具有相同的功能，如果替代产品的价格较低，则投入市场会使本行业产品价格受限，降低本行业利润率。替代产品价格越有吸引力，则对本行业构成的压力越大。因此，创业企业在制定战略时，需要识别替代产品的威胁及威胁程度。

（3）潜在进入者的威胁。潜在进入者的威胁大小取决于该行业的进入壁垒和潜在进入者对行业内已有企业的反击。如果进入壁垒高、潜在进入者认为现有企业严阵以待，则这种威胁会变小。进入壁垒的高低取决于规模经济、产品差异优势、资本需求、转化成本、获得分销渠道等因素。创业企业在进入一个行业前，需要对该行业的进入壁垒和行业内所处情况进行全面分析。

（4）供应商的议价能力。行业所受压力还可能来自供应商通过提价或降价所购产品或服务的质量的威胁。供应商向一些行业销售产品且每个行业在其销售额中占比不大时，当供应商的产品是买方的工艺或产品质量的关键时，供应商便有更大的议价能力。

（5）购买商的议价能力。买方的议价能力体现在购买商可能要求降低购买价格，同时要求高质量产品和更优质的服务，这使得行业的竞争者之间相互竞争，致使行业利润下降。当购买商们相对集中，并且购买的产品占购买商购买量中很大的比重、购买商的行为转化成本低、购买商的利润很低、购买商掌握供应商充足的信息的情况下，购买商的议价能力较强。

4. 行业的内部结构

在选择进入行业市场时，为了考察未来创业项目在行业内的成长空间，创业者还需要对于行业内部的主要力量进行分析。行业内部的主要力量分为竞争对手以及供需双方。

（1）行业内竞争对手的分析。通常可以从行业内的竞争者数量以及竞争者规模两个角度考察。行业内的竞争越激烈，行业的平均利润就越低，创业者未来就要面临更为巨大的压力。另外，竞争者之间不仅仅只有竞争还有合作关系。创业者总是希望能够寻找竞争者更少的行业，事实上，一个竞争者少的行业多半成长性太差或者刚刚起步，因而价值并不明显。试图进入具备吸引力的行业的创业者总是会遭遇竞争者，创业者应当试图用合作的观点去影响竞争者。

（2）供需双方分析。供应方包括行业所有外购投入如技术、设备、资金、原材料、劳动力和信息等要素的提供者，购买方则包括为消费而购买的消费者和为销售而购买的经销商。供应方和购买方应当满足创业者的基本需求，帮助创业者实现价值创造。但如果行业中的供应方或者购买方实力太强，那么未来创业者在与之交易的时候就会面临更多的压力，利润也会受到挤压，因此，创业者需要慎重选择供需双方，使得自己的创业主张和经营方案能够在行业内部顺畅地推行下去。

（四）市场机会

1. 现有市场的需求

（1）规模经济下的市场空间。行业不同，企业的最佳规模也不同。大小企业生产经营都要遵循这一规律。有最佳规模经济存在，市场就存在需求空间。

（2）企业集群下的市场空缺。企业集群是一种动态的企业联盟。企业集群是指在某种产业领域内由于具有共性和互补性而联系在一起的、在地理位置上相对集中的企业和机构的集合体。企业集群内中小企业存在高效的竞争与合作关系，形成高度灵活的、专业化的生产经营协作网络，从而使企业获得专业化生产的低成本和差异化优势，克服规模与产品研发方面的劣势，实现外部规模经济优势，提高企业的竞争优势。随着社会分工和专业化的发展，生产技术变得越来越细密，因此，在企业集群下必定会产生新的市场空缺

2. 潜在市场的需求

潜在市场的需求来自新科技和需求的多样化，成功的创业者能敏锐地感知这种需求，并从中捕捉到创业机会。通信技术和互联网的发展，改变了人们工作、学习、生活、交友的方式，网上办公、网络教育、网上购物快速发展。经济社会的不断发展推动了市场需求的多样化。一方面，消费潮流的不断变化带来了新的创业机会，另一方面，企业从消费者的角度出发，通过产品和服务的创新，引导需求并满足需求。

3. 衍生市场的需求

（1）经济活动的多样化。经济活动的多样化和个性化为创业拓展了新途径。经济社会的快速发展，带来了经济活动的多样化，也促进了社会需求的多样化和个性化。现代社会人们对信息情报、咨询、文化教育、金融、服务、修理、运输、娱乐等行业提出了更多、更高的需求，从而促进了服务业的发展，由于服务业一般不需要大规模的设备投资，它的发展为中小企业提供了非常多的成长点，也为其经营和发展提供了广阔的空间。

（2）产业结构的调整。国企改革、民营经济的发展，为创业提供了新契机。产业结构合理的主要标志是各产业协调发展，能合理利用资源，能提供社会需要的产品和服务，能提供劳动者充分就业的机会，能推广应用先进的产业技术，能获得最佳经济效益等。在产业结构调整过程中，由于国家政策的调整会产生出很多创业机会。随着国企改革的推进和民营经济的发展，中小企业除了涉足制造业、商贸餐饮服务业、房地产等传统业务领域外，有了介入中介服务、生物医药等领域的创业机会。

五、创业机会的开发

具体来看，创业机会的开发一般经过以下几个发展过程：

（一）产生创意

有一些人将创业点子的产生，归因于机缘凑巧，所谓“无心插柳柳成荫”。不过，研究创意的专家以为，创意只是冰山上的一角，没有平日的用心耕耘，机缘也不会如此的凑巧。所谓的机缘凑巧或第六感的直觉，主要还是因为创业者在平日培养出侦测环境变化的敏锐观察力，因此，能够先知先觉形成创意构想。

（二）收集信息

具体来看，收集创业机会信息，可以通过以下渠道进行：

1. 现有企业

如果创业者对于自己的创业方向有了一个大概的确定，此行业内的现有企业是创业机会的另外一个来源。例如，可调查感兴趣地区的企业。针对自己居住区或你想创办企业的地方，按照以下步骤搜集现有企业的信息，以及潜在企业信息，进而挖掘创业项目。

（1）按表格记录你已经选择区域内不同类型的企业，统计每种类型的企业有多少个，具体的企业名称是什么。

（2）研究这张现有企业一览表，尽力找出以下问题答案：

第一，哪些企业多，哪些企业少，分析原因。

第二，关于当地市场和此区域的居民消费方式，你的一览表给你提供了什么信息？写出你对当地市场的看法。

第三，除了现存企业，潜在市场还有发展余地吗？你认为你还有创业机会吗？填写潜在企业一览表。

2. 消费者

消费者是企业产品需要面对的最终购买者，直接到消费者中间去，了解和分析消费者的需求，是创业者需要做的重要一步，也是创业机会的重要来源。收集消费者的信息，主要是与消费者偏好、消费者的个人收入、消费者行为相关的信息。

（1）消费者偏好。在市场上，即使收入相同的消费者，由于每个人的性格和爱好不同，人们对商品与服务的需求也不同。消费者的偏好支配着他在使用价值相同或相近的商品之间的消费选择。

（2）消费者的个人收入。收入的增减是影响需求的重要因素。一般来说，消费者收入增加，将引起需求增加，反之亦然。

（3）消费者行为是指消费者为获取、使用、处置消费物品或服务所采取的各种行动，包括先于且决定这些行动的决策过程。消费者行为可以看成由两个部分构成。

第一，消费者的购买决策过程。消费者在使用和处置所购买的产品和服务之前的心理活动和行为倾向，属于消费态度的形成过程。

第二，消费者的行动。消费者行动则更多的是购买决策的实践过程。在现实的消费生活中，消费者行为的这两个部分相互渗透，相互影响，共同构成了消费者行为的完整过程。

3. 政府机构

传统上政府本身并不参与市场，但企业的经营是处于政府的种种法规管制之中的，很多市场也受到政府的影响。另外，政府对市场的规制也是一个值得重视的方面。

4. 分销渠道

分销渠道是企业和消费者之间的桥梁，是企业产品推向市场的直接通道。分销渠道的各个环节之间需要通过信息网络来协调关系，实现商品的合理供给和利润的合理分配；同时，信息网络作为最终顾客了解市场的媒介，还承担着弥合消费者与生产商之间信息不对称的职能。

5. 研发机构

研发工作可能是在大学、科研机构、企业中，或者仅仅是个人行为。我国属于企业主导型的研发投入模式，基础研究不单纯是纯学术研究，还包括具有社会和经济目的、包含技术创新成分的战略性基础研究，在产业链上往往表现为共性技术或关键技术，高新技术企业的研发不是追求“领先知识”，而应树立“知识创造财富”的理念。很多企业或者大学都拥有很强的研发能力，但由于种种原因而没有实现产业化，创业者将其重新包装和推出，往往可以取得出人意料的效果。因此，创业者也需要注意对研究机构信息的收集。

（三）进行市场测试

市场测试是指在选定的较小市场，将产品或服务进行展示和促销，检验产品或服务的相关信息。如果说市场调查是询问一个消费者是否想购买，那么市场测试是检验这位消费者实际是否购买。市场测试规模较小、成本低，通过提供一种真实或模拟市场的测试来评估产品，识别产品的弱点，并给创业者提供机会改正这些弱点。市场测试所获得的信息包括评估市场份额与容量，新产品对市场上已有的类似产品销售量的影响程度，购买产品的消费者特征。这些信息有利于创业者有效地改进产品的营销战略。市场测试期间竞争者的反应也可以提供一些信息，预示产品在全面推广后竞争者可能的动态。

（四）评价并确定创业机会

在一些研究中，机会识别和机会评价是共同存在的，可以说，机会评价伴随在整个机会识别的过程中。创业机会评估的最后一部分是确定从创意到新企业所需的关键环节，并将这些环节进行排序，还要对每个环节需投入的时间和资金进行预算。要客观评价现有资金和财产，如果自有资金不足，则需确定资金的来源。

六、创业市场实地调查

（一）项目选择前的市场调查

市场是生产经营的前提，是企业生存和发展的空间，没有市场，创业就是一句空话。选择项目要注意市场调研，项目的选择要依靠数据的理性分析而不能仅凭感性的主观意识。市场调查的目的在于发现可开发的市场空间、可选择的产品或服务，在市场调查过程中寻找机会，寻找项目。只有通过市场调查，才能搞清楚应该做什么，可以做什么。有一位创业者准备投资开办一家高档卫生洁具店，那么他首先要考虑的问题，就是在他所处的这个地区有没有消费市场，市场容量有多大，市场饱和程度及可否进入等。项目选择取决于三个要素，即需求+专长+资源，专长是创业者主观方面的因素，需要对自己有一个全面的评价，而需求和资源，则需要通过市场调查。选择项目一般应从以下几个方面开展调查。

1. 供求状况调查

这是对市场主体的调查，包括对生产者和消费者两级的调查。首先是需求量的调查，包括实物需求量和购买力的调查，目的在于了解所选项目是否有需求，有没有能力实现需求；其次是供应量的调查，即目前市场上某种产品生产者投放市场出售的商品量，目的在于了解市场饱和程度，进入市场后的发展空间。同时，还要了解作为生产经营者可从市场上获得的原材料或货源量，这是制约企业发展规模的重要因素。

2. 商品变动调查

这是对市场客体的调查，包括创业项目的选择供求变化、产品更新换代变化、替代品的变化、价格的变化等。商品变动情况调查，实质上是对商品生命周期进行的调查，通过调查以了解所选择的产品或服务的生命周期处在哪一个阶段，如果处在萌芽期或成长期，那么进入的价值就大。同时，还要了解与其相关的可替代品有什么变化，对所选择的项目有什么影响等。

3. 消费者行为调查

这里主要是指消费者购买行为，包括消费者购买动机、购买行为趋势及购买行为特性，目前及未来消费者的消费水平、消费心理、消费行为的变化以及影响消费心理和消费行为的各种因素。同一产品或服务，会因不同区域不同人群不同消费行为而表现出极大的差异性，在甲地区可行但在乙地区不一定可行，消费者行为调查的目的就在于确保项目选择能遵循消费行为的变化规律。

4. 竞争者调查

这是对即将进入行业的调查，竞争者是指与企业生产经营相同或类似产品的企业和个人。企业的生产营销活动总会受到一群竞争对手的包围和影响，企业要想进入某一领域并在市场竞争中获得成功，就必须了解竞争对手。选择创业项目，必须建立在对同行全面了解的基础上，才能确定是否可以进去，是否有发展空间，是否有能力参与竞争，是否有发展前途等，这是至关重要的不可或缺的环节。否则，进去后再退出损失就大了。

5. 市场环境调查

市场环境是与企业生产经营活动相关的各种因素和条件，企业生产经营的关键就在于企业能否适应不断变化着的市场环境。市场环境包括宏观环境和微观环境：宏观环境是一定区域人口、经济、政治法律、社会文化以及生态环境等一些大范围的社会约束力；微观环境是对企业的生产经营活动产生直接影响的环境因素，主要包括企业内部环境、供应商、中间商和服务商、顾客、竞争者等。此外，还有行业背景，包括行业发展规模、阶段、饱和程度，行业的区域分布、各类型所占份额等。

6. 市场预测

经营的关键在决策，决策的关键在预测。调查的结果是要对未来市场做出准确的判断。市场预测就是运用科学的方法，在对市场进行充分调查研究的基础上，分析和预见其发展趋势，为项目选择提供可靠依据。市场预测包括市场潜量预测、市场销售水平预测、生产经营资源预测、产品竞争能力预测以及价格即成本预测等。

（二）市场调研

1. 市场调研的概念

市场调研，又称市场研究，是市场营销学、传播学、广告学和统计学中十分重要的课题。一般有狭义和广义两种理解。

狭义上，市场调研是针对消费者进行的调查研究，是运用市场分析方法和手段收集、整理和分析消费者对产品消费及其使用的数据、意见和趋势等资料，识别市场机会，诊断市场问题，制定和优化市场营销组合和策略的研究。

广义上，市场调研是将调研范围从消费和流通领域扩展到生产领域，包括对销售产品的产前跟踪、产后调研及售后调研。美国市场营销协会将其细分为消费者研究、市场研究、销售研究、广告研究和营销策略等内容。市场行为复杂多变，信息变换频繁，市场管理者的信息需求多样，决定了市场调研的活动领域非常广泛。

2. 市场调研的作用

市场调研具有识别功能和信息功能，据此，市场调研也具有信息传递、机会寻找与把握、风向预测、改善管理等作用。具体可分为以下三个主要方面：

一是可以沟通信息传递者和接收者之间的传递和交流，为经营管理者决策提供必需的市场信息，完善市场信息管理系统，把握市场变化的规律；二是可以为企业开拓市场和研发新产品提供必要的市场数据，提高企业的管理经济效益；三是可以研究和预测消费者的行为及趋势，检验人们的倾向、爱好、心理等方面的理论假设，为企业的产品发展方向及改善营销组合策略提供信息支持和参考性方案。

3. 市场调研的类型

（1）探测性调研。探测性调研广泛运用于市场信息不明朗之时，其目的是探测企业重点研究内容。例如，企业欲在某地开设一家综合性超市，可先做探测性调研，了解该地区的市场需求量、物流条件和投资效益等。探测性调研目的明确，常用于方案设计的事前阶段，不一定强调样本的代表性，数据的分析主要是定性的，其调研结果是试探性的、暂时的。在研究方法上比较灵活，事先也不一定需要周密的策划，研究过程也可以随时根据情况进行调整。

（2）描述性调研。描述性调研需要解决的核心问题是说明市场是什么，而不是为什么，它是指对需要调研的现象进行的正式调研，主要描述调研现象的数量表现及实际情况。例如，对市场潜力、市场占有率、竞争对手的状况描述；消费者需求描述调研，主要收集消费者的收支状况、商品的需求量和需求倾向等方面的基本信息。

描述性调研基本 6 要素，即 6W：为何调研；向谁调研；调研内容；调研时间；调研地点；调研的方式和方法等。与探测性调研相比，描述性调研的目的更加明确，事先也有制定好的结构性问卷、调研表格，既要收集原始资料，又要分析次级资料；既要定量研究，又要定性研究；既要以定量研究为主，又必须使结论正式。

（3）因果性调研。因果性调研又称相关调研，是为了研究市场现象和市场变量之间的因果关系而进行的。例如，在价格与销售量、广告与销售量、员工的薪资与销售量等关系中，要分析起主导作用的因素，就需要运用因果性调研。

为了找出市场变量之间的因果关系，既可运用描述性调研资料，也可以收集各种变量的现成资料，运用综合分析法、实验法等揭示市场现象之间的因果关系。

（4）预测性调研。预测性调研是指依据现有的市场分析，对市场变化趋势及企业生产经营前景进行的具有推断性的调研。例如，消费者购买意向调研、宏观市场运行态势调研、黄金周汽车市场调研、产品价格变动趋势预测等。

预测性调研要充分利用描述性调研和因果调研的现成资料，又要抓住市场变化的第一手资料，如新情况、新问题、新动态等信息。这是创业决策和制定市场营销策略的前提，也是规避风险和损失的有效手段。

4. 市场调研的过程

市场调研过程是指从调研策划到调研结论产生的全过程及作业程序。因其课题不同，调研过程和作业程序也不尽相同。但要获取客观的信息和科学的调研结论，必须有计划、有组织、有步骤地实施。

（1）确定调研课题。确定调研课题即明确调研内容、目的。课题一般来源于生产经营决策的信息需求，所以调研既要注重信息需求的针对性，又要注重获取信息的可行性，以及信息的价值。

（2）市场调研策划。这是市场调研的准备阶段，主要运用定性研究和系统规划的方法，对调研的目的和任务、调研对象和单位、调研内容与项目、调研问卷和表格、调研时间与期限、调研的方式和手段、调研的过程控制、调研的数据分析和研究、调研进度安排和监控、调研成本预算、调研机构的组织和安排等，做出正式和具体的设计，形成调研方案或计划书。

（3）正式调研，收集数据。按照调研方案或计划书，组织调研人员深入单位、个人展开调研，收集相关数据，包括现成资料和原始资料，尤其要重视内部资料的收集和整理。调研收集的资料是定量分析的起点，关系到市场调研的成败，必须科学地组织，严格控制过程，使数据收集及时、准确、全面和系统。

（4）调研资料整理。一般来说，调研收集的资料比较零散，数据也不系统，必须要对资料进行审校与校订、分组与汇总、编码与制表等。小型调研可采用手工汇总处理，大型调研则需要计算机和软件来处理，包括资料编码、数据录入、逻辑检测、数据分析、制表等。

（5）资料分析与研究。资料分析，尤其是数据分析与研究，运用的方法是很丰富的，例如，综合指标法、时序分析法、指数分析法、相关与回归分析法、方差分析法、聚类分析法、主要成分分析法等。运用恰当的方法对大量的资料与数据进行科学的分析和综合研究，借以揭示市场的特征与规律，找出市场变化的主次因素，提出切实可行的方案。

（6）编写调研报告。市场调研报告是根据市场调研的资料分析和研究结果而编写的书面报告，是市场调研的最终结果，其内容一般有：交代市场调研的基本情况、调研结论、主要内容阐述，包括基本情况与存在的问题，因果分析、建议等。报告一般由标题、开头、正文、结尾和附件等部分组成。

5. 市场调研的内容

市场调研的内容非常广泛，凡是直接或间接与企业有关的市场信息资料，都要进行搜集、整理、分析。但就具体市场调研来说，出于其目的、任务的不同，其调研内容也不同。

（1）市场环境调研。市场环境是企业生存和发展的外部条件，企业的生产经营活动必须要与市场环境相适应。市场环境调研的主要内容如下：

①政治环境调研。政治环境调研主要是调研、熟悉政治形势，掌握国家的方针、经济改革措施等政治因素对市场带来的影响及其导向作用。

②法律环境调研。法律环境调研主要是了解国家和地方权力机关颁布的有关法律法规、命令、条例、规定等。涉外型企业还要调研了解有关国际法律和惯例。这些法律法规对市场都有重大影响。

③经济环境调研。经济环境调研目的是了解某一时期社会生产的发展和动态情况。如宏观经济运行状况、产业结构的调整、交通运输条件、经济增长速度、居民消费水平、物价总水平、就业率等。

④社会文化环境调研。社会文化环境调研主要是调研居民文化教育程度、民族习俗、风土人情、宗教信仰、伦理道德、价值观念、思维方式和审美观等，这些社会文化环境在很大程度上决定人们在市场上的购买欲望、购买行为与消费方式。

⑤科技环境调研。科技环境调研主要是调研国内科学技术的新动态和发展方向。如新产业、新技术、新工艺、新材料、新能源、新产品等的发展变化情况，这些往往会成为市场的风向标。

（2）市场需求调研。在一定时期内，影响市场需求的因素有三个：人口状况、社会购买力水平、消费者购买动机与行为。

①人口状况调研。某地区购买力总量和人均购买力水平，决定了该地区的市场需求的大小。而通常人均购买力大小直接受消费者人口总数的影响。对人口状况的调研，应进行市场细化研究：总人口数、地理分布、家庭总数、民族结构、年龄构成、性别比例、职业构成和受教育程度等。

②社会购买力水平调研。一个时期内，全社会在市场上用于购买商品和服务的货币支付能力就是社会购买力。它主要分为居民购买力、单位购买力和生产资料购买力。其中，居民购买力是社会购买力的主要部分，是社会调研的重点。

通常情况下：

市场需求量=人口数量（用户数量）×人均（户均）购买量+其他需求量

③消费者购买动机与行为调研。这种调研主要针对消费者的购买模式和消费行为，通常被称作“3W”和“1H”调研。购买动机是为了满足消费需要，从而引起人们的购买行为的愿望、意向、目的和预期，而购买行为则是指消费者购买什么、在哪里买、由谁买、什么时候买等。

（3）市场供给调研。市场供给调研是调研全社会在一定时期内提供市场进行交换的商品与服务总量。

具体分为以下三个方面：

①商品供给来源调研。商品供给来源调研主要是调研市场上商品的货源。如进口商品与国内商品的比例，国内商品的产区、厂商等。调研清楚商品供给来源，便于企业掌握货源。

②商品供给范围调研。商品供给范围调研主要是调研商品在市场上销售的区域范围变化情况，如本地销售、外地销售、国内销售、国外销售等情况。

③商品供应能力调研。现有商品的生产、流转速度；主要经营企业的设施、设备条件；主要企业扩大再生产的能力；主要企业资金、效益情况；主要企业员工数量、素质、构成，以及企业科技创新能力。

（4）市场营销活动调研。市场营销活动调研是企业市场调研的重点，目的是要了解商品的寿命周期、市场占有率、销售渠道、销售价格和竞争对手等情况。主要包括以下内容：

①产品寿命周期调研。产品寿命周期调研，主要是调研产品从投入市场到成长期、成熟期和衰退期的情况。

②商品销售渠道调研。商品销售渠道调研的目的是找出商品最畅销的渠道，如批发、零售、自销、代销等。

③商品价格调研。商品价格调研主要是调研商品的价格水平及变化趋势。为企业制订商品价格策略提供依据。

④竞争对手调研。竞争对手调研主要是调查市场有无竞争对手；竞争对手的活动范围；竞争对手的经营范围、资金状况；竞争对手的产品价格、质量、销售方式；竞争对手的宣传手段以及潜在竞争对手等。

6. 市场调研方式

（1）全面市场调研。全面市场调研又称市场普查，是调查掌握调查对象全面、准确、系统的资料，是对全部调研个体进行逐一的调研。它具有专门性、全面性、一次性和标准化程度较高的优点，但是调研成本也比较高。全面市场调研有普查员直接登记式和被调研者自填式两种基本类型。前者能够搜集到比较丰富的资料，但是对普查员的素质要求较高；后者能够取得较为客观的第一手资料，但对问卷设计质量要求较高。

全面市场调研主要运用在以下领域：

①企业内部情况全面调查，如员工基本情况调查和建档、资产清查和全面统计等。

②企业人事制度、薪酬制度测评；员工满意度调查。

③经销商、代理商全面调研。

（2）典型市场调研

调研者为了特定的调查目的，从调研对象中有意识地选择一些有代表性的单位或个体组成样本而进行的专门调研，叫作典型市场调研。它具有专门性和代表性的特点，但不够全面。

要组织好典型市场调研，选择样本是关键。典型市场调研的实质并非随机抽样调研，为了防止样本选择的随意性和主观性，应根据已建立的数据库，充分比较、评估，选择有代表性的样本。选取的方法有“选中取典”法，即选择中等水平的单位组成样本；也有“划类选典”法，即从每种类型中选择若干典型单位组成样本的办法。如果是总结经验和教训，宜用“解剖麻雀式选典”法，意味着选择先进单位或落后单位作为典型。

典型市场调研普遍应用于市场定性问题研究和市场定量问题研究。就前者而言，发现市场中出现的新问题、新现象，总结市场经验教训，研究消费者心理与动机等，这种研究法可深入运用；就后者而言，利用典型市场调研法，可以验证全面调研数据的真实性、研究供求关系、商品经营的数量特征，以及对其他问题进行定量研究。

（3）重点市场调研

选择一部分重点单位组成样本而进行的非全面调研，叫作重点市场调研。所谓重点单位，是在标志总量占总体标志总量绝大比重的那些单位。由这些单位组成的样本，叫作重点样本。重点单位可以是一些企业、地区、城市、产品或消费者。选择重点单位，要依据目的性原则、依据性原则、可控性原则和时空性原则，才能避免误选，避免将真正的重点单位排除在样本之外，顺利实现调研目的。重点市场调研具有派员调研式、邮寄调研式、定期报告式三种基本类型。派员调研式适用于专门组织的某一次重点调研；而邮寄报告式适用于经费有限，对调研精度要求不高的专门调研；定期报告式适用于定期性或经常性的重点调研。重点市场调研具有专门性、选择性、重点性和数量性的特点，但其资料和结论往往不够全面。所以，重点市场调研常应用于以下领域：

①农产品重点产区调研。

②农产品主要批发市场价格走势调研。

③原材料、能源重点企业产、销调研。

④重点城市、经济区综合实力或竞争力分析。

⑤重点消费区域、重点消费全体调研等。

(4) 抽样市场调研。抽样市场调研，又称概率抽样调研、随机抽样调研，是指为了特定的调研目的，按照随机原则从调研总体中抽取一部分单位作为样本而进行的一种非全面调研。

抽样市场调研具有调研方式科学性、调研费用经济性、获取信息时效性、调研结果准确性等优点；但也具有对抽样技术方案设计要求很高，一般人员难以胜任等缺点。

抽样市场调研的组织方式有简单随机抽样、分层抽样、等距抽样、整群抽样、目录抽样、二重抽样和二阶段抽样等基本形式。不可能进行全面调研，不必进行全面调研，为了节省成本，修正全面调研成果，或假设检验时，使用抽样市场调研能够取得较客观的调研结论。

第二节　创业机会的识别与评价

一、大学生创业机会的识别

（一）创业机会的识别方法

创业机会的识别方法大致可归纳为以下几种。

1. 通过问题识别创业机会

寻找创业机会的一个重要途径是善于发现和体会自己和他人在需求方面的问题或生活中的难处。需求方面的问题就是创业机会，许多成功的企业都是从问题起步的，顾客需求在没有满足之前就是问题，而设法满足这一需求，就抓住了市场机会。

2. 通过技术创新识别创业机会

任何产品或服务都有生命周期，会不断趋于饱和，达到成熟，直至走向衰退，最终被新产品或新服务所替代，创业者如果能通过技术创新跟踪产品或服务替代的步伐，就能够不断识别新的发展机会。

3. 通过传媒、社会关系网等途径识别创业机会

当今，电视、广播、报纸、杂志和网络渠道都有各类创业项目的广告宣传，特别是招商加盟的广告宣传。要强调的是，一个成功的项目，它的原型必须是成功的，对这些广告宣传的项目，要认真对原型进行考察，切实从中找到好的创业机会，千万不可被虚假广告宣传忽悠。个人社会关系网的深度和广度影响着创业机会识别，在通常情况下，拥有很多社会关系的人比拥有少量社会关系的人容易得到创业机会，很多成功的创业者，都是在社会关系网的作用下识别和确定创业项目的。

4. 通过顾客建议发现机会

一个新的机会可能会由顾客识别出来。顾客建议多种多样，最简单的，他们会提出一些非正式建议。他们还可以有选择地采取非常详尽和正式的短文形式。例如，如果顾客是一个组织，巨额支出就得包括在内，一些组织在将他们的需求“反向推销”给潜在的供应商的过程中非常积极。无论使用什么样的手段，一个讲究实效的创业者总是渴望从顾客那里征求想法。

（二）创业机会识别的基本条件

面对具有相同期望值的创业机会，并非所有的创业者都能识别和把握。成功的创业机会识别是创业愿望、创业素质和能力等因素综合作用的结果。

1. 创业愿望是创业机会识别的前提

许多很好的创业机会并不是突然出现的。需要有创业愿望的人去寻找、发现。创业愿望是创业的原动力，推动创业者去识别创业机会。没有创业意愿，再好的创业机会也会视而不见，或失之交臂。

2. 创业素质和能力是创业机会识别的基础

识别创业机会在很大程度上取决于创业者的创业素质和能力，私营企业主的社会来源越来越以各领域精英为主，经济精英的转化尤为明显，而普通百姓转化为私营企业主的比例较少。

（三）影响创业机会识别的因素

在现实中，许多人都有创业的想法，富有创业幻想，但能否在众多的创业想法中发现真正的创业机会，并有能力抓住它，最终成为一个成功的创业者，这受到许多因素的影响。概括来说，这些影响因素主要包括以下几方面：

1. 机会的自然属性

机会的自然属性主要是指机会的特征。机会特征是影响人们是否对之进行评价的基本因素。创业者选择这项机会是因为相信其能够产生足够的价值来弥补投入的成本，创业机会的自然属性很大程度上决定创业者对其未来价值的预期，因而对创业者的机会评价产生重大影响。

2. 创业者的个人特征

对于机会识别来说，更重要的因素应当来自创业者的个人因素，这是因为从本质上来说，机会识别是一种主观色彩相当浓厚的行为。事实上，即使某一机会已经表现出较好的预期价值，但是并非每个人都会抓住这个创业机会，并且坚持到最后获得成功。因此，对于创业机会识别来说，创业者的个人特征具有重要影响。从整体上来看，影响创业机会识别的个人特征主要包括以下几方面的内容：

（1）自信。成功的创业者需要有执着的信念，并且能够坚持他们的事业直至最后成功。创业者的自信能够增强他们对机会的感知。

（2）警觉性。创业者要比一般的人对信息根基具有警觉性，他们更加渴望信息，更倾向于在信息搜索上花更多的时间，所使用的搜索方式也更加有效。

（3）风险感知。机会评价与创业者的风险感知显著相关，而创业者的风险感知又取决于创业者的自信心不依赖计划、渴求控制等因素。

（4）社会网络。创业者的网络对机会识别相当重要，拥有大量社会网络的创业者与单独行动的创业者在机会识别上有显著的差异。通常来说，拥有大量社会网络的创业者更容易发现创业机会。

（5）已有的知识。创业者更加关注与他们已经拥有的信息、知识相关的机会，并且创业者拥有的知识将从技术开发、机会识别、机会开发三个方面影响机会的发现。

3. 先前经验

在特定产业中的先前经验有助于创业者识别机会。在某个产业工作，个体可能识别出来被满足的市场。另外，创业经验也非常重要，一旦有过创业经验，创业者就很容易发现新的创业机会，这称为“击底原理”，这个原理提供的见解是，某个人一旦投身于某产业创业，将比那些从产业外观察的人更容易看到产业内的新机会。我们的调查发现，创业者创业前所担任过管理职位的多样性越高，行业经验相关性越强。相对于创新性较低的机会而言，创新性较强的机会更多地被经验多样性高的创业者所识别和开发。

二、大学生创业机会的评价

（一）创业机会评价的技巧

常规的市场研究方法不一定对创业机会评价完全适应，特别是对原创性创业机会的评价，初次创业者必须牢记以下关键内容。

1. 问卷调查

如果条件允许，可以在目标市场中对未来的顾客群做一次针对性的问卷调查。对未来的服务以及产品进行一个详细的描述，在问卷调查中，主要调查顾客对它的反应，通过这个调查报告，从而对这个项目的可行性进行确定。

2. 商机评估

如果一个创业项目在经过商机评估之后的结果不够完美，市场的竞争并不十分理想，或者是在对顾客进行调查时可以发现，经营的设想并不被大家看好。但是这并不代表不可以创业，这意味的是需要对这个创业项目进行重新的设计。

3. 确立目标

只有商品或者服务被市场看好时，人们才会来购买它，钱才会滚滚而来，有了钱才可以扩大业务。确立自己可达到的目标，然后去实现这些目标！现代市场，是需求决定产品而不是产品决定需求。

4. 分析对手

第一，对顾客的需求和竞争对手的情况做一次深入的分析。

第二，推出符合市场需求的服务或产品。

5. 独特创意

以市场需求为导向，了解竞争对手的优势和劣势。对项目所在的行业要了如指掌，才能在同类产品中脱颖而出，做出特色。产品只有与众不同，企业在市场上才可以立足。

6. 求教咨询

和有经验的成功创业者多进行交流与沟通，他们可以将创业过程中的一些经验传递给创业者。一个成功的企业家，往往会将一些系统的、实用的建议传递给创业者，从而将创业者引向成功之路。

（二）创业机会的主要评价方法

创业机会的评价方法主要包括以下几种：

1. 定性方法

定性方法的评估内容包括以下几方面：

第一，通过前期调研分析，确定该创业机会所必须具备的成功条件。

第二，分析本企业在该市场机会上所拥有的优势。

第三，公司创立之后所拥有的竞争优势。

第四，分析与本公司的发展方向和目标是否一致。

2. 定量方法

在初步拟定营销规划的基础上，从财务上进一步判断选定机会是否符合创业目标，一般从以下几方面进行分析。

（1）运行成本分析。运行成本主要研究利用该机会所需要付出的资金人力成本，应从投资成本、生产成本和营销成本三方面进行分析，可采用专门的成本预测方法，如直线回归法和趋势预测法等。

（2）市场需求量预测。通过市场需求量的预测，可以了解该机会所面临的市场状况及市场潜量，也是进行经济效益分析的基础。市场需求量的预测可以运用趋势预测法、因果预测分析法、市场调查分析法和判断分析法等方法来进行。

（3）项目利润分析。在市场需求量和成本的预测基础上进行利润核算，一般可采用损益平衡模型、简单市场营销组合和投资收益率等分析方法进行。

3. 阶段性决策方法

阶段性决策方法要求创业者在创业机会开发的每个阶段都要进行机会评价。一个创业机会是否能够通过每个阶段预先设置的障碍，在很大程度上取决于创业者经常面对的约束或限制，如创业者的目标回报率、风险偏好、金融资源、个人责任心等。

三、大学生创业项目的选择

（一）创业项目与个人匹配

创业活动是创业者与创业机会的结合，影响创业机会识别既有主观因素，也有客观因素。由于创业者个性特质的差异，更由于各个创业者所面临的创业环境和资源约束条件的不同，创业者尽管发现了创业机会，但这并不意味着要创业，更不意味着成功就在眼前，因为并非所有机会都适合每个人。

1. 判断创业机会是否适合自己的主要依据

判断创业机会是否适合自己的主要依据在于机会特征与个人特质的匹配。学者们普遍认同，一方面，创业者识别并开发创业机会；另一方面，创业机会也在选择创业者。只有当创业者和创业机会之间存在着恰当的匹配关系时，创业活动才最有可能发生，也更有可能取得成功。

2. 个人特质和机会特征匹配理论

个体能否感知到创业机会的存在，取决于他们是否拥有先前经验和特定知识去甄别外部信息，这意味着掌握特定领域的知识对识别创业机会至关重要。从个人特质和机会特征匹配的视角看，创业机会识别过程大体可分为以下两个阶段：

（1）识别“第三人机会”阶段。所谓“第三人机会”，是指对于某些市场主体而言感知到的某种潜在机会。创业者依据先前经验和认知因素，对外部信息进行搜集、分析和甄别，通过增补型匹配、互补型匹配和结构性匹配三种匹配方式，识别出第三人机会。

第一，增补型匹配，指有关顾客信息与创业者所掌握的知识相同或相似，或者有关技术的信息与创业者所掌握的技术知识相同或相似，从而能产生类似于成员—组织匹配理论中的增补型匹配的效果。

第二，互补型匹配，指个人因素或机会因素能在一定程度上改善创业环境或者补充创业环境所缺少的东西，从而产生类似于成员—组织匹配理论中的互补型匹配的效果。

第三，结构性匹配，指已知某种知识关系（如某种技术或服务适合应用于某类顾客）通过直接推理、类比推理、相似性比较、模式匹配等方式，把这种知识关系应用于改进新的潜在或实际的顾客需求与创业者所拥有的知识、技术和服务方法或新技术之间的匹配上，这与认知领域结构匹配理论中的结构性匹配相类似。

（2）识别“第一人机会”阶段。“第一人机会”阶段是指对于创业者本人而言有价值的机会的阶段。根据创业意图理论，创业者在考察创业机会时会重点考察机会特征中的营利性和不确定性，而机会的创新性与机会的营利性和不确定性密切相关，同时创业者个人的认知因素、成就需要、自我效能感也有所区别。因此，在识别出第三人机会的基础上，若该机会的创新性、营利性和不确定性程度，能与特定创业者个人特质中认知因素、成就需要和自我效能感相匹配，那么创业者就可能感知和识别出第一人机会。如果两者不能匹配，那么，创业者就会放弃第三人机会。可见，创业机会是否适合自己的主要依据在于机会特征与个人特质的匹配。

（二）创业项目选择的过程

创业项目的确定一般需要经过这样几个步骤。

1. 创业环境分析

创业环境是指创业者周围的境况，是在创业者创立企业的整个过程中，围绕着新创企业生存和发展变化，对其产生影响或制约新创企业发展的一系列外部因素及其组成的有机整体。在选择创业项目之前一定要对创业环境进行分析。

2. 创业市场调研

（1）创业市场调研的内容

创业市场调研是指为创业项目的相关决策提供依据或者为验证创业决策中的相关推断和策划而进行的各种市场信息的收集、整理、分析和应用的过程。创业市场调研的内容主要包括以下几方面：

①行业调研。创业者对自己即将从事的行业，需要有全面、充分、系统、细致的考察与评估。比如，你即将进入的行业是属于成长型行业，还是属于已经成熟甚至达到饱和状态的行业？主要的合作商和客户是谁？未来的发展趋势如何？只有对此类问题有了深入的了解，你才会知道如何更好地进入特定的市场。

②政策调研。创业者只有熟悉政策，利用好政策中对自己有利的因素，规避不利因素，才能少走弯路，从而更快地让企业启动起来。

③客户调研。进行客户调研就是了解客户需求的过程，了解即将开发的产品和服务能否满足客户和市场的需求。客户调研包括对客户的消费心理、消费行为等特征进行调查分析，研究社会、经济、文化等因素对购买决策的影响，同时还要了解潜在客户的需求情况、影响需求的各因素变化情况、消费者的品牌偏好等。

④产品和服务调研。对同类产品的调研，主要解决以下问题：这些同类产品的外观、色彩等都有什么特点？这些同类产品具有什么样的优势，是质量取胜，还是功能取胜？同行业中失败的产品存在什么样的问题？对这些问题的答案都是你创建未来产品特色和优势的有效依据。对目标消费人群的调研分析，需要着重了解以下问题：哪类人群可能是你的长期客户？他们更看重同类产品的什么功能和服务？他们期望得到什么样的服务？

⑤商业模式调研。商业模式就是企业通过怎样的模式和渠道来盈利。商业模式是企业生存的根本，因此在企业启动之前，需要了解成功企业的商业模式是怎样的，失败企业的商业模式又是怎样的。只有这样，才能在确立自己企业的商业模式时有所借鉴、扬长避短。

（2）创业市场调研的方法

①直接调查法。收集市场信息最直接的方法就是直接观察或者调查相关人员有关问题或感受，根据得到的答案或信息整理出有用的市场信息。问卷调查法、面谈访问法、电话询问法、观察调查法、实验法等都是通常直接收集信息的方法。

②间接调查法。间接法收集市场信息就是收集已存在的、别人调查整理的二手信息、情报、数据或资料。这些间接信息可以从报纸、杂志、互联网、行业协会、研究机构、政府部门、统计机构、银行财税、咨询机构等各个渠道得到。

3. 创业机会评估

创业机会评估的一个重要部分是创业机会与个人的匹配问题，关于创业机会评估的技巧及方法在本书已有详细阐述，这里不再赘述。

（三）创业方向的选择

1. 科技服务

大学生可以通过学校、老师加强与企业的联系，帮助企业解决科技难题，为企业提供科技服务，从而实现科技创业。如果某项科技服务成果能成为大企业的一个长期的配套产品或服务，这就将为创业者奠定一个稳定发展的基础。

大学生创业应立足实际，切忌好高骛远，不一定把眼光放在改变社会生活的大项目上，与人们日常生活联系密切的小的科技服务项目也可能有大的市场。

2. 科技成果

当前社会，科学技术发展迅速，高校是培养高科技人才的重要场所，大学生如果自己在某一领域有科技成果，则可以利用自己的成果走科技创业的道路。

大学生进行科技创业时，要充分利用学校的资源，如校内其他人的科技成果、技术，以及校内有效设备、老师和同学等学校资源，将其转化为具有现实意义的成果。

3. 信息技术

在现代知识经济社，信息技术发展迅速，IT 产业一直被视为大学生争抢就业与创业的“香饽饽”，信息技术领域成为就业和创业的热点领域。大学生可以借助互联网信息技术的发展来进行创业，如电子商业服务。

电子商务成本低，不受时间、空间限制，大学生从小接触计算机，大学生网上创业不应停留在网上开店，买卖传统商品上，可结合自身特点提供一些网上智力服务，或开发创意电子商务。

4. 创意小店

大学生思维活跃、学习能力强、喜欢接受新鲜事物，可以发挥自己特点开一些有创意的小店。例如，陶艺、绣艺 DIY 店、幼儿绘画坊、个性礼品店、个性饰品店、咖啡屋等。

5. 智力服务

大学生创业应发挥自己的知识优势，选择一些需要知识和专业的智力服务，如翻译、电脑维修维护、家教培训等，或把软件设计应用到一些传统行业、中小企业、商务及商业连锁领域中。

6. 连锁加盟

连锁加盟是一种成功的商业模式，可以为加盟者提供成功的模式和经验。大学生经营、管理经验不足，可以选择通过连锁加盟形式创业，快速掌握经营所需的经验和知识，降低风险。大学生选择加盟连锁企业时，一定要选择体系相对完善、适合自己的项目，以更进一步降低创业风险，提高创业成功率。

（四）选择项目时避免进入创业误区

1. 盲目跟风

大学生缺乏创业实践经验，在创业道路上容易盲目照搬他人模式，例如“别人怎么干，我就怎么干”“跟着成功的大企业走不会有错”，但往往是人家创业成功，自己创业却失败。此类创业失败的原因无外乎以下两个方面：

第一，创业者急于求成，认为复制别人的创业经验与办法是一条捷径，没有认识到创业是一种创造性的生产活动，不能充分认识和有效使用自己的资源。

第二，有些创业企业为了实现快捷发展、做大做强目标，盲目套用大公司的成功经验，忽略本企业规模小和创办时间短的实际，机构臃肿、决策缓慢、执行力弱，丧失竞争优势。

2. 全民创业

当前，我国已经进入全民“创业时代”，经济的快速持续增长，为创业者提供了大量机会，创业者的发展空间广阔，越来越多的人具有创业意愿并付诸行动，但创业市场竞争激烈，创业成功者毕竟属于少数。面对激烈的社会竞争，很多大学生想创业，又不敢创业，认为创业困难大、难以成功，因此，放弃创业。

3. 认为资金充足创业就一定成功

很多创业者在创业初期面临的最大困难就是资金问题，因此，导致很多创业者认为，“只要有资金就不愁发大财”，实际上这是一种错误的创业认知，创业资金对于创业成功具有重要的影响，但绝不是创业成功与失败的决定性因素。

创业初期资金过于充分，对于创业者而言是一把双刃剑，可能给企业管理者和员工造成安乐感，缺乏约束的、冲动的花费可能给企业带来严重的人事管理和资金管理问题，要将钱花在关键之处。

4. 不重视合作

无数成功的企业发展案例告诉我们，单枪匹马地做强做大企业几乎是不可能的，即便是做大做强也难以持久，企业的发展只依靠一两个人是不够的，而是需要整个团队的共同努力。

大学生创业者各方面经验都比较缺乏，在创业时，更应该多寻求与人合作的机会，总想完全拥有整个公司的所有权和控制权只会限制企业的成长。创业者要有开阔的眼界、广阔的胸怀。

5. 急于求成

受各种因素的影响，很多创业者选择创业可能是投入了全部家当，只能背水一战。迫于各方面的压力，一些创业者会想要快速实现企业的盈利，渴望在短期内取得很大的成功，盲目追求扩大规模、扩大经营，急于求成，可能导致决策的失误，从而给年轻的企业带来不可挽回的致命打击。

必须充分认识到，任何一个企业的发展都有一个成长周期，是由小到大逐步成长的，在创业的前几年更应该为企业的未来发展奠定基础，扎实务实、不要冒进。

第三节　创业中的风险预见与应对

一、创业风险的主要类型

从创立企业的功能上，可以将创业风险可分为以下几大类。

（一）创业资金风险

在创业风险中，资金风险是最致命的风险，因为创业中投入的资金极有可能会血本无归。大学生在创业初期，缺乏资金是最普遍存在的问题。例如，创立销售型企业，资金短缺有可能导致货源供应不上，就有可能流失客户；或者创立某高科技技术企业，资金一旦供应不上，导致高科技技术无法转化成现成的产品，时间一长，辛苦研究的技术就会迅速贬值，最后的结果是前期的投资付诸流水。

（二）创业技术风险

技术创新与产品生产之间存在着天然的鸿沟，不是所有技术创新都可以在实践中转化为产品。一旦新技术在产品生产过程中出现障碍，那么掌握新技术的创业者极有可能要面对失败的结局。

（三）创业市场风险

创业市场风险是指在市场实施期间，由于市场环境的变化导致创业失败的情况。简单地说，新企业在创业之初，总会推出一些新型产品吸引消费者，许多消费者因为对新产品陌生，都采取观望态度。假如这种情况长时间持续下去，往往会使企业半路夭折，或者创业者对产品价格定位失误，导致产品的销售业绩长时间徘徊在低位，也会导致创业失败。新产品推向市场能否得到市场的认可，是很难预料的。所以，在将产品推向市场前要多做调研，使产品尽可能地符合大众需要。此外，在遇到问题时，还要及时进行调整，做到时刻紧跟市场脉搏。

（四）创业管理风险

创业管理要求企业管理层做到持续注入创业精神和创新活力，增强企业的战略管理柔性和竞争优势。一名优秀的创业者，可以不具备优秀的个人技术，但他一定要是一名优秀的管理者。创业管理更强调团队中不同层级员工的协同创业，而不是单打独斗式的创业。拥有先进技术是技术型公司成功的重要基础之一。但仅有技术，没有得力的管理人才，先进技术的效用也得不到最大限度的发挥。管理不是小事情，它关系到创业者能否充分整合现有资源，形成团队合力，共创成功。

（五）创业环境风险

影响创业的因素很多，包括市场需求变化，政治、政策、法律法规的调整，以及突发的自然灾害等。这些因素共同构成了创业的大环境，其中任一因素的改变，都有可能给创业者带来致命的打击。因此，大学生创业之前，必须重视创业环境的分析和预测，从而将创业风险降至最低。

二、创业风险的特征

创业风险具有显著特征，概括来说主要包括以下几方面：

（一）客观性

风险的客观性表现为风险不以人的意志为转移，是由客观存在的自然现象和社会现象引起的。

（二）相对性

风险的相对性指的是风险因为面临对象的不同，基于时间和空间的差异，不同的对象面临的风险大小不完全相同。

（三）不确定性

风险的不确定性指的是风险发生的条件、风险的程度和种类都是不确定的，有时候就是防不胜防。

（四）可测量性

随着科技的进步和人们对风险认识的加深，企业可以通过定性或定量的方法对风险进行评估和测量，为风险管理提供可靠依据。

三、创业风险的来源

概括来说，创业风险主要来源于以下几方面：

（一）资金短缺

创业需要资金来支持整个环节的运转，资金的流动伴随着整个创业过程。资金筹集通常来自个人、银行贷款或民间机构，但创业初期往往需要大量的资金投入，短期内却看不到收益，投资人可能因此失去信心而选择撤资。一旦资金出现短缺，就会给创业带来极大的风险。

（二）信息沟通不畅

创业集合的是一群人的力量，团队之间的沟通尤为重要，这决定了有效信息能否及时被捕捉和传达。团队的每一个人所处的位置不同，那么看待问题的角度自然也就不同，这决定了公司未来的命运。但往往因为团队成员之间还不能彼此信任，而导致相互之间不能进行有效的沟通，从而带来更大的风险。

（三）市场定位不准

市场定位往往涉及市场调查、市场分析以及消费者行为分析等专业领域的知识，所以需要一定的专业型人才。但往往创业者忽视了这方面的需求，从而找不准自己的市场定位，而导致了一系列的市场风险。

（四）研究困难

研究缺口主要存在于仅凭个人兴趣所做的研究判断和基于市场潜力的商业判断之间。当一个创业者最初证明一个特定的科学突破或技术突破可以成为商业产品基础时，他仅仅停留在自己满意的论证程度上。然而，这种程度的论证后来不可行了，在将预想的产品真正转化为商业化产品的过程中，即具备有效的性能、低廉的成本和高质量的产品，在从市场竞争中生存下来的过程中，需要面对大量困难且可能耗资巨大的研究工作，进而形成创业风险。

（五）资源缺口

创业如果没有所需的资源，创业者将一筹莫展，创业也就无从谈起。在大多数情况下，创业者不一定也不可能拥有所需的全部资源，这就形成了资源缺口。如果创业者没有能力弥补相应的资源缺口，要么创业无法起步，要么在创业中受制于人。

（六）管理不规范

创业者不一定是知识渊博的学者，不一定懂得大量的管理学方面的知识。创业者往往只是因为发现了一个其他人都忽视的市场或某一个创新的点子，才萌发了创业的想法。但他们在战略规划上不具备出色的才能，或不擅长管理具体的实务，从而形成管理缺口。

四、创业风险的识别

创业风险识别是指创业者依据创业活动的迹象，在各类风险事件发生之前运用各种方法对风险进行的辨认和鉴别，是系统地、连续地发现风险的过程。

（一）创业风险识别的特点

创业风险识别的特点主要包括以下几方面：

1. 制度性

创业风险识别是一项制度性的工作。制度性是指创业风险管理作为一项科学的管理活动本身需要有组织上和制度上的保障，否则就难以保证此项工作的系统性、连续性。

2. 系统性

风险识别是一项复杂的系统工程。系统性是指风险识别不能局限于某一部门或某一环节，而应对整个企业各个方面的风险进行识别和分析。

3. 连续性

风险识别是一项连续性的工作。连续性是指创业风险识别随着企业及其经营环境的不断变化必须时刻关注新出现的创业风险与各种潜在的创业风险。

（二）创业风险识别的步骤

1. 信息收集

信息收集工作的好坏直接关系到对创业风险的评价。

第一，通过调查、问询及现场考察等途径获得相关信息。

第二，需要敏锐的观察和科学的分析，对各类数据及现象做出处理，在实践中最好自己亲自整理信息，这样对信息的敏感性就会得到加强，便于更好的决策。

2. 风险识别

根据信息的分析结果，确定创业中存在的主要风险或潜在风险的范围。

3. 重点评估

根据量化结果，运用定量分析、定性分析、假设和模拟等方法，进行创业风险影响评估，预计可能发生的后果，提出可供选择的方案。

4. 拟订计划

根据评估结果，广泛征询建议，提出处理风险的方法和行动方案。

（三）创业风险识别的方法

不同的创业风险要采用不同的识别方法。因此，创业者要根据自身的具体情况，采用合适的识别方法。概括来说，创业风险识别的方法主要包括以下几方面：

1. 观察分析法

创业者可以通过直接观察企业进行的各种经营活动和企业拥有的生产设备，记录下现场所发现的漏洞，以便找出其中所隐藏的风险。

2. 询问法

当创业者由于自身的知识结构的限制不能靠自己的力量来进行风险识别时，就可以花钱请专家或专业的公司来进行风险识别，并请他们给出风险解决方案。

3. 流程图分析法

创业者可以将自己的原材料采购、产品生产、产品运输及销售等整个业务进行细分，划分为多个具体的细节，再将每一个细节具体化为更加具体的流程图，依次来找出每一个细节现有的或潜在的风险。

4. SWOT 分析法

在制订创业计划时，创业者会对整个市场进行全面的调查，此时可以采用 SWOT 分析法对自身的优势、劣势、机会以及成本有一个清晰的认识，从而识别出其中的创业风险。

5. 财务报表分析法

通过对资产负债表、利润表、现金流量表等报表进行分析，了解每一笔资金的去向及资源损耗情况。方便创业者确定企业在哪种情况下，可能出现的何种损失以及为什么会出现这种损失。这种方法可以更直接和准确地识别出创业风险，所以被采用得比较多。

五、创业风险的规避

（一）创业风险规避的原则

在规避创业风险时需要遵循一定的原则，概括来说，这些原则主要包括以下几方面。

1. 科学性原则

企业设立的指标必须是可以衡量的，概念要清晰、明确，这样建立的体系才能够完整、可靠。

2. 比较性原则

企业设立的指标体系在横向和纵向可以进行对比，从而更好地规避创业风险。

3. 简单性原则

企业设立的指标是可以进行定量计算的，其计算过程是简单、易懂的，其结果是真实可信的。

4. 关键性原则

企业设立的指标在风险规避上可以起到关键性作用的，能够体现出风险的特殊性。

5. 预测性原则

企业设立的指标能够体现出创业资源以及生产经营等风险的未来趋势，从而寻找到规避风险的有效方法。

6. 关联性原则

企业所设立的指标能够全面地、系统地体现出风险规避的具体内容，指标之间是相互关联的，是一个有机的整体。

（二）创业风险规避的方法

1. 创业者不断提高自身素质

要想成为一个优秀的创业者，必须具备一定的学识和技能。

（1）具备市场的相关知识。市场问题是每个创业者都必须面对的问题。虽然不是一定要求创业者有能力解决所有的难题，但是创业者应该对市场有一定的了解。创业者可以通过请教专家或询问专业公司等途径，来获取所需的市场知识。这样可以帮助创业者制订正确的营销策略，从而降低创业的风险。

（2）具备管理的相关知识。创业往往聚集的是一群来自不同行业的人，有人的地方就涉及管理。所以创业者要想提高团队的工作效率就得进行有效管理。创业者应该对企业管理有基本的理解，掌握整个企业的管理流程，以此来规避管理过程中可能会出现的风险。

（3）具备组织与判断能力。组织能力是指创业者能够建立有效的指挥体系，可以保证企业各部门或各环节能够高效运转，保证各项工作能够顺利开展。另外，创业者还应该具备一定的判断能力，知道哪些信息是有用的，哪些信息是虚假的，要有自己的见解，从而具备及时发现创业风险的能力。

（4）具备创新与沟通能力。创业者要想自己的企业立于不败之地，就要不断创新，给企业不断注入新的活力。创业者不能因为眼前的胜利，就有所松懈、停下前进的脚步，而是不断地学习新的知识，保持思维的活跃度。创业过程中会接触到形形色色的人，怎样让别人接受，这就需要一定的沟通能力。良好的沟通能力可以帮助创业者协调好各种人际关系，从而创造出友好的合作氛围。

2. 有效地保障信息的传递

如何有效地保障信息的传递是企业要优先考虑的。企业外部信息的收集、内部信息的交流以及信息传递的安全性等问题，是企业所要解决的。企业可以建立专门的信息传递通道，保障信息的畅通，减少因为信息沟通不畅而导致的风险。

3. 常常反省与改良

企业应该记录在经营过程中所遇到的风险事件以及在面对风险事件时所采取的解决办法。经常回顾这些风险事件，反省自身为何会导致风险事件的发生，吸取教训并找出缺陷，提出改良的办法，提高企业应对风险的能力，避免以后出现类似的风险。

4. 不断完善管理体系

企业的管理指的是对企业的生产经营活动进行计划、组织、指挥、协调和控制等一系列职能的总称。每个成功的企业都有一套管理体制，创业者大可不必复制成功企业的管理机制，只需要完善自己现有的管理体系，使之提高自己的核心竞争力，降低经营风险。

参考文献

[1] 周子卜，郭龙，刘向君．契机市场灵感关于大学生创新创业项目的市场营销策略［M］．成都：四川大学出版社，2022.05.

[2] 崔永红．互联网+背景下大学生创新创业实践研究［M］．北京：线装书局，2022.08.

[3] 徐庆福．创赢人生大学生创新创业教育［M］．哈尔滨：哈尔滨工业大学出版社，2022.02.

[4] 宫淑瑰，张英泽，苏新民．大学生创新创业基础［M］．苏州：苏州大学出版社，2022.02.

[5] 赵杨．创新创业实践与应用型高校人才培养研究［M］．北京：中国纺织出版社，2022.04.

[6] 马永霞．创新创业教育［M］．北京：北京理工大学出版社，2022.05.

[7] 赵红妍，李真，刘浩．从创新思维到创业实践［M］．哈尔滨：哈尔滨工业大学出版社，2022.05.

[8] 陈建．大学生创新与创业基础［M］．北京：北京理工大学出版社，2021.03.

[9] 李明慧．大学生创新创业理论与技能指导［M］．成都：四川大学出版社，2021.03.

[10] 杨复伟，张美华．大学生创新创业实践手册［M］．重庆：重庆大学出版社，2021.04.

[11] 宋建卫，魏金普，杨洪瑞．大学生创新与创业教育［M］．北京：北京理工大学出版社，2021.09.

[12] 李春江．新工科背景下大学生创新创业教育及其融合递进支持体系的探索与实践［M］．北京：中国纺织出版社，2021.08.

[13] 高勇．大学生创新创业教育与能力培养实践［M］．西安：西北工业大学出版社，2020.09.

[14] 熊维娟．应用型人才培养视阈下的大学生创新创业实践能力培养研究［M］．延吉：延边大学出版社，2020.04.

[15] 颜廷丽．“互联网+”背景下大学生创新创业能力培养研究［M］．北京：北京理工大学出版社，2020.09.

[16] 傅时波．大学生创新创业基础［M］．北京：中国原子能出版社，2020.09.

[17] 吕娜，鲁玲．大学生创新创业［M］．中国原子能出版社，2020.09.

[18] 施永川．大学生创业基础［M］．长春：吉林大学出版社，2020.08.

[19] 曹巍. 地方高校大学生创业能力现状调查及创业教育质量评价研究［M］. 长春：吉林大学出版社，2020.03.
[20] 黄瑞宇. 新时代高校学生工作的创新研究与实践探索［M］. 北京：中国政法大学出版社，2020.09.
[21] 李晓峰，徐海鑫. 大学生创业教育体系的构建与实践［M］. 北京：经济日报出版社，2019.06.
[22] 余华东. 创新能力培养新视野［M］. 北京：中国书籍出版社，2019.12.
[23] 孙菲，路程. 基于培养创新创业人才的科技创新研究［M］. 北京：经济日报出版社，2019.06.
[24] 谢艳. 大学生创新创业思维导论与实践［M］. 长春：吉林大学出版社，2018.10.
[25] 罗晓彤，汤咏梅，刘志东. 大学生创新创业基础［M］. 成都：四川科学技术出版社，2018.06.
[26] 张翠凤. 大学生创业素养教育与能力培养课程体系研究［M］. 天津：天津科学技术出版社，2018.07.
[27] 杨秀冬. 当代高职大学生创新创业能力培养研究［M］. 北京：九州出版社，2018.08.
[28] 葛茂奎. 大学生创新创业教育与探索［M］. 吉林出版集团股份有限公司，2018.05.
[29] 王凯，赵荣，李峰. 大学生创新创业理论与实务［M］. 上海：上海交通大学出版社，2018.06.
[30] 伍媛婷. 大学生创新创业项目理论指导与实践［M］. 西安：西北工业大学出版社，2018.07.
[31] 谭丽溪，黄志坚. 基于赛创融合的大学生创新创业教育模式的探索与实践——以深圳职业技术大学为例［J］. 高等工程教育研究，2024（4）：117-121.
[32] 龚凡. 高校创新创业教育开展及成果孵化模式的探索与研究［J］. 教育理论与实践，2024（1）：1-3.
[33] 李润亚，张潮，张珂，等. 大学生创新创业能力系统构成及其表现研究［J］. 教育理论与实践，2024，44（18）：10-15.
[34] 方奕珊，陈莹雪，崔波，等. 新工科背景下大学生创新创业能力培养研究——以齐鲁工业大学（山东省科学院）为例［J］. 食品工业，2024，45（1）：135-138.
[35] 郭磊，周慧玲. 高校创新创业教育“赛创融合”评价机制构建［J］. 河北师范大学学报（教育科学版），2024，26（2）：128-135.
[36] 周聃，蔡斐. 互联网背景下大学生创新创业教育的数字化转型［J］. 中国科技论文，2024（12）：1345.

